写给中国人的社会风俗史

秦永洲 · 著

中国工人出版社

图书在版编目（CIP）数据

写给中国人的社会风俗史 / 秦永洲著. —北京：中国工人出版社，2023.5
ISBN 978-7-5008-8083-7

Ⅰ.①写… Ⅱ.①秦… Ⅲ.①风俗习惯史－中国 Ⅳ.①K892

中国国家版本馆CIP数据核字（2023）第086218号

写给中国人的社会风俗史

出 版 人 董 宽
责任编辑 葛忠雨
责任校对 张 彦
责任印制 黄 丽
出版发行 中国工人出版社
地　　址 北京市东城区鼓楼外大街45号 邮编：100120
网　　址 http://www.wp-china.com
电　　话 （010）62005043（总编室） 62005039（印制管理中心）
（010）62379038（社科文艺分社）
发行热线 （010）82029051 62383056
经　　销 各地书店
印　　刷 三河市东方印刷有限公司
开　　本 710毫米×1000毫米 1/16
印　　张 26.5
字　　数 400千字
版　　次 2023年7月第1版 2024年1月第2次印刷
定　　价 128.00元

前言

社会风俗是历代相沿积久、约定俗成的风尚、礼节、习惯的总和，也是人们在衣食住行、婚丧嫁娶、生老病死、岁时节庆、生产活动、儒学思想、文化娱乐等方面广泛的行为规范。它是一个国家、民族、地区的物质生活、科学文化、价值观念、文化心理等社会物质文明和精神文明在日常生活中的反映。

一

关于风俗，中国古代有“风”“风俗”“民风”“习俗”“谣俗”等说法。西汉毛亨《诗经·周南·关雎诂训传》讲道：

> 风之始也，所以风天下而正夫妇也。故用之乡人焉，用之邦国焉。风，风也，教也；风以动之，教以化之，诗者，志之所之也，在心为志，发言为诗。情动于中，而形于言。言之不足，故嗟叹之，嗟叹之不足，故永（咏）歌之，永歌之不足，不知手之舞之，足之蹈之也。情发于声，声成文谓之音。治世之音安以乐，其政和；乱世之音怨以怒，其政乖；亡国之音哀以思，其民困。故正得失，动天地，感鬼神，莫近于诗。先王以是经夫妇，成孝敬，厚人伦，美教化，移风俗。故诗有六义焉。一曰风，二曰赋，三曰比，四曰兴，五曰雅，六曰颂。上以风化下，下以风刺上。主文而谲谏，言之者无罪，闻之者足以戒，故曰风。

所谓的“风”，是氏族民主社会上下沟通的语言，也是远古民众品评政治、臧否人物、参政议政的渠道。“上以风化下”，即“风教”“风化”；“下以风刺上”，即“风谣”“风谏”“风刺”。“风”反映了在氏族民主制时代上下间的互动，即“风以动之，教以化之”。“风”所采用的形式就是诗、言、嗟叹、咏歌、舞蹈、音等。《诗经》中的风、雅、颂也都是风。

由此我们可以理解“风”与诗、歌、谣以及音乐、舞蹈的关系。

《尚书·舜典》称：“诗言志，歌永言。”诗和歌，就是要把自己的意志、言论表达出来。上述“在心为志，发言为诗”“永（咏）歌”即是此意。

《诗经·魏风·园有桃》云：“我歌且谣。”东汉郑玄笺曰：“曲和乐曰歌，徒歌曰谣。”

歌是一种有宫商曲调，配以钟石管弦伴奏的诗，或者是没有伴奏，但有曲调的清唱。古代“民歌之曰”之类的歌，在一般场合下都没有管弦伴奏，即使在祭祀、乡饮等隆重场合下，高层统治者的歌有时也不用管弦。汉高祖入宗庙，“独上歌，不以管弦乱人声，欲在位者遍闻之，犹古《清庙》之歌也”〔1〕。汉高祖的歌和祭祀周文王的《清庙》之歌没有管弦，但都称作歌。齐庄公到崔杼家与棠姜偷情，“拊楹而歌”〔2〕。楚狂接舆歌而过孔子曰：“凤兮，凤兮！何德之衰，往者不可谏，来者犹可追。”〔3〕齐国孟尝君的食客冯驩弹剑歌曰：“长铗归来乎！”〔4〕这些歌，显然都没有伴奏。

《左传·僖公五年》载：“童谣云：‘丙之晨，龙尾伏辰。’”孔颖达疏曰：“徒歌谓之谣，言无乐而空歌，其声逍遥然也。”谣是没有宫商曲调，但有节奏的顺口溜。

从上述“永歌之不足，不知手之舞之，足之蹈之也”来看，手的动作称作“舞”，脚的动作称作“蹈”，都是用来帮助表达语言的，也是“风”的组成部分。

“风”又可称作“音”，上述“声成文谓之音”“治世之音”“乱世之音”“亡国之音”即是。音与乐相连即为“音乐”，都是远古时代用来听政议政的。《淮南子·汜论训》载：“禹之时，以五音听治。悬钟、鼓、磬、铎，置鞀，以待四方之士。为号曰：教寡人以道者，击鼓；谕寡人以义者，击钟；告寡人以事者，振铎；

〔1〕《汉书·礼乐志》，北京：中华书局，1962年版。
〔2〕《左传·襄公二十五年》，载《十三经注疏》，北京：中华书局，1980年版。
〔3〕《论语·微子》，载《诸子集成》，上海：上海书店，1986年影印版。
〔4〕《战国策·齐策四》，上海：上海古籍出版社，1985年版。

语寡人以忧者，击磬；有狱讼者，摇鞀。”这里的“五音”，可以是宫、商、角、徵、羽，也可以是钟、鼓、磬、铎、鞀等奏出的音乐，它们都是“风”的组成部分。《国语·周语上》载：“天子听政，使公卿至于列士献诗，瞽献曲，史献书，师箴，瞍赋，矇诵，百工谏，庶人传语。”诗、曲、书、箴、赋、诵、谏、语等，也都是“风”。

由此我们可以理解孔子讲的“移风易俗，莫善于乐”[1]的道理所在了。《吕氏春秋·仲夏记·适音》讲道：“凡音乐通乎政，而移风平俗者也，俗定而音乐化之矣。故有道之世，观其音而知其俗矣。”《史记·乐书》载：“博采风俗，协比音律。”这些都表明：音乐是“风”的表现形式。

封建文化专制形成后，统治者把这些诗、赋、歌、谣称作“诗妖”，再也登不得朝堂，只能在民间流传了。《汉书·五行志中之上》载：“君炕阳而暴虐，臣畏刑而柑（钳）口，则怨谤之气发于歌谣，故有诗妖。”《韩诗外传》卷三第九章载：“无使百姓歌吟诽谤，则风不作。”后来史书中的“时人为之语曰”“谚曰”“时人号曰”等，也都是“风”。

“俗”指长期形成的礼节、习惯。《说文八上·人部》称：“俗，习也。”《礼记·曲礼上》载：“入竟（境）而问禁，入国而问俗，入门而问讳。”据唐朝贾公彦之疏，“禁”，指诸侯国中政教所忌；“俗”，谓常所行也，即习以为常的行为；“讳”，主人的祖先、国君的名讳。三者都是日常生活中的习惯、禁令、忌讳。用通俗的话说，就是该说、该做的，以及不该说、不该做的。

严格讲，风俗和民俗的含义并不完全一致。民俗的说法缺了“风”这一块内容。现代民俗学作为学科性用语，是北京大学1922年创办《歌谣》周刊时，在发刊词中根据英语“Folklore”确立的，这个“民俗”虽在中国古代已广为人知，但作为一个外来语，应该也涵盖了风和俗两种含义。

在实际运用中，“风”和“俗”往往混同为一个概念了。《汉书·王吉传》讲：“百里不同风，千里不同俗，户异政，人殊服。”《汉书·五行志下之上》载：“夫天子省风以作乐。”东汉应劭注：“‘风’，土地风俗也。”这里的“风”和“俗”，

〔1〕《孝经·广要道》，载《十三经注疏》，北京：中华书局，1980年版。

指的都是风俗。

《汉书·地理志》载："凡民函五常之性，而其刚柔缓急，音声不同，系水土之风气，故谓之风；好恶取舍，动静亡常，随君上之情欲，故谓之俗。"班固认为，自然条件不同而形成的风俗叫作风，社会条件不同而形成的风俗叫作俗。从表面看，班固的解释与毛亨的解释不一致，其实他是为了说明"百里不同风，千里不同俗"的道理。而且，他讲的是风俗的形成，而不是风俗的含义。

在现代民俗学中习惯用"民俗"，一般都界定为：民俗是存在于民众中，为民众所创造、传承的社会文化传统。从这个意义上讲，民俗即民间风俗。

其实，上与下、民众和官员、民间和官方的界限很难说清。汉武帝将细君嫁给乌孙昆莫王为右夫人。昆莫老，要传位其孙岑陬，同时也要把细君嫁给岑陬，公主上书言状。汉武帝回信说："从其国俗，欲与乌孙共灭胡。"〔1〕汉武帝实行和亲政策，昆莫老王为传位而嫁细君，都是政府行为，但又要遵从当地民间的风俗。另外，许多风俗事象都是朝廷、政府倡导，经反复传袭而形成的。现在的清明节、端午节、中秋节放假，既是国家的休假制度，又融入社会风俗之中。是否可以这样说：风俗不仅流行于民间，也流行于官方，即上述"用之乡人焉，用之邦国焉"。而且，越往远古，"用之邦国"的越多。我觉得还是用一个大概念比较稳妥："社会风俗"。本书叙述的风俗事象、物象，也不仅局限于民间。

由于"风"是民众品评政治、臧否人物的语言，远古统治者非常注意听取这些言论。《淮南子·主术训》载："尧置敢谏之鼓，舜立诽谤之木。"《后汉书·杨震传》叫"谏鼓谤木"。

所谓"诽谤之木"，类似现在的"意见箱"。崔豹《古今注·问答释义》载："程雅问曰：'尧设诽谤之木，何也？'答曰：'今之华表木也。以横木交柱头，状若花也，形似桔槔，大路交衢悉施焉。或谓之表木，以表王者纳谏也，亦以表识衢路也。'"

北京天安门前有一对汉白玉雕刻的华表，下面是笔直的柱身，柱身上雕刻着蟠龙流云纹饰，柱的上部横插着一块云形长石片，一头大，一头小，似柱身直插

〔1〕《资治通鉴·武帝元封六年》，北京：北京古籍出版社，1956年版。

云间，仍然保持了“以横木交柱头”“形似桔槔”的基本形制，就是尧舜时代的“诽谤之木”。它是民主和“王者纳谏”的象征。

二

关于社会风俗的特点，许多民俗学专家都做过系统论述，笔者在此挂一漏万，仅谈自己一得之见。

（一）社会风俗属于俗文化

在20世纪的文化研究中，又把文化分为雅文化和俗文化。雅文化是一种自觉的、表现为典籍形态的思想体系，流行于知识层次较高的阶层，对社会的影响深刻而狭窄。俗文化以世俗生活为中心，是民众自发的、无意识的文化心理，对社会的影响肤浅而广泛。

二者之间只有形式上的自觉思想体系与民众直观体认，典籍形态与世俗传承的区别，实际上雅中有俗、俗中有雅，由俗到雅、由雅到俗。《论语》《孟子》中的语录不仅记载于典籍，也被世俗传诵。《诗经》原本是当时的民谣俚曲，亦即上述的“风”，后世竟成为儒家的经典。

雅、俗文化之间存在一种双向互动关系，它与各种思想理论体系间相互吸收不同，具有矛盾组合性的种种特征。

第一，非逻辑性和多元兼容性。雅文化中矛盾对立的价值观念、抵牾相悖的思想命题，可以同时被俗文化选择和认同。孔子的“食不厌精，脍不厌细”与墨子的“量腹而食，度身而衣”在饮食风俗中并行不悖，而蕴涵的基本文化精神却又是一致的。

第二，雅、俗文化互动中的创造性。雅文化的思想内容一旦渗透到民间，经过民众的直观体认，往往赋予更深刻的内涵和更准确的把握。“君子爱财，取之有道”的俗语，比孔子“富与贵是人之所欲也，不以其道得之不处也”的表述，更为简明而精准。

第三，渐进而稳固的传承性。文化真正的存在价值和真实的生命力在于俗文化。在儒学被排斥、墨学中衰的时代，社会风俗仍始终不渝地运载着儒、墨思想的基本精神。所谓“礼失求诸野”，即指此。

第四，渗透的广泛性和承载的无意识性。雅文化中仁、义、礼、智、信的君子品格渗透到社会的方方面面，甚至影响那些杀人越货的江洋大盗和黑社会集团，形成了“盗亦有道”，讲求江湖信义等荒谬而合理的江湖道德品格。杀人不眨眼的李逵放掉有“孝顺之心”的李鬼，还给了他十两银子，并没认识到这是传承了儒家的孝道。

第五，雅文化对俗文化的制控性。两千多年来，作为正统统治思想的儒学始终控制着社会风俗的发展方向。孔子的“移风易俗”为历代统治者奉行不悖，“子曰”成为判定一切是非的标准。

（二）社会风俗是一种普遍的道德维存力量

除行政、法律手段外，包括计划经济时代在内的道德维存力量主要有四个：第一，追求个体品格完善的道德自律；第二，社会舆论监督力量的他律；第三，朝廷、政府表彰、旌扬等道德回报机制的激励；第四，互利、互惠的道德等价交换。这四种维存力量都属于社会风俗的范畴。

儒家思想很早就提出了仁、义、礼、智、信、忠、孝、节、廉、温、良、俭、让、恭、宽、敏、惠等伦理道德素质。社会风俗不断承接着儒家雅文化层次规范化的引导，将其落实到世俗社会。仅以饮食为例，讲座次、举案齐眉是礼；食君禄、报王恩是忠；吃饭穿衣敬父母是孝；宣传孔融让梨是悌；讲滴水之恩，当涌泉相报，一饭千金是信义；志士不饮盗泉之水，廉者不食嗟来之食，不为五斗米折腰是廉节。岁月的推移又不断增加着风俗的约束力和权威性，使它成为一种强固的社会舆论监督力量，一方面激励着人们加强个体品格的自律，抑制着社会公德的沦丧；另一方面，一些陈规陋俗也摧残着人们的心灵，束缚着人们的正当行为。

所以，中国传统道德的真正存在价值在于社会风俗之中，在俗文化层次无不流动着雅文化的基本精神和中国国情的呼唤。

（三）越往远古，社会风俗就越是国家政治的组成部分

最早出现的媒人是国家法定的官员，《周礼》中的“媒氏”，齐国的“掌媒”，都是“官媒”。齐国的掌媒负责“合独”，是齐国的“九惠之教”之一。设立媒妁是国家推行的婚姻法，它与安定民生、培养税源、富国强兵的统治政策联系在

一起，亦即是一种政府行为。公元前651年，齐桓公在葵丘大会诸侯，订立的盟约竟然有“诛不孝，无易树子，无以妾为妻”。其中，“诛不孝”“无以妾为妻”都属于社会风俗的内容。

不光是婚姻，其他风俗莫不如此。如岁时节庆，《尚书·舜典》孔颖达疏曰：“节气晦朔，皆天子颁之。”古代祭祀是政治权力的象征，“国之大事，在祀与戎”。西周的五礼——吉、凶、军、宾、嘉，都是国家制定的有关风俗方面的礼制。后来衣食住行、婚丧生老等方面的风俗都是那时奠定的，因此本书把它称作“礼俗”。

中国古代社会前期的统治者都深知移风易俗、观览风俗的重要性，不同程度地保留着远古氏族民主遗风。

《管子·正世》载：“料事务，察民俗。”

《礼记·王制》载，天子“命大（太）师陈诗，以观民风”。

《汉书·艺文志》载：“古有采诗之官，王者所以观风俗，知得失，自考证也。”

（四）远古的社会风俗反映了在生产力低下的情况下对大自然奥妙的探索，对自然、神灵的征服、改造和利用，对人类险恶生存环境的抗争，对远古人类生活的创造和开拓。

《国语·鲁语上》记载的柳下惠语，明确说明了远古祭祀的宗旨：“圣王之制祀也，法施于民则祀之，以死勤事则祀之，以劳定国则祀之，能御大灾则祀之，能扞大患则祀之。非是族也，不在祀典。”殖百谷百蔬的柱和弃、平九土的后土、成命百物的黄帝、治水的大禹等，“加之以社稷山川之神，皆有功烈于民也。及前哲令德之人，所以为明质也；及天之三辰（日、月、星），民所以瞻仰也；及地之五行，所以生殖也；及九州名山川泽，所以出财用也。非是不在祀典”。古人还按照这一宗旨，对后来的神灵进行改造：观音菩萨的杨柳枝、净水瓶要为农业普降甘霖，佛教的四大天王要职司“风调雨顺”，老天爷、玉皇、龙王、雷公、电母、风伯、雨师都要在农业社会中挂职。

古人凭借着感性的、质朴的认识来同危害人类的现象抗争。除夕“逐傩”，是为了驱逐邪鬼。经过一冬的干燥，春天一打雷，极容易引起火灾，便产生了远古禁火、寒食的风俗。春季是瘟疫、流行感冒的易发季节，古人到郊外水上祓禊防疫。进入夏季五月，蛇、蝎、蜈蚣、蜂、蜮五毒虫和蚊、蝇等都进入活动和繁殖旺季，受伤后的伤口也容易发炎。由于五月给人们带来的种种不幸，所以将其视为恶月，于是产生了五月端午的戴五色丝、插艾草、簪石榴花、饮雄黄酒等各种风俗。甚至是孕妇“见兔其子缺唇，见麋其子四目”，以及怀孕期间的诸多禁忌，也反映了古人对危害人类生育现象的抗争意识。古代多近亲结婚，缺唇、连体、多指等怪胎现象屡屡使人们的心灵产生恐惧，为了优化一切影响胎儿发育的生长环境，才产生出种种附会。而每一种附会都向科学真理的边缘靠近一步，最后终于探索到怪胎的原因：“男女同姓，其生不蕃（繁）。”

回首先民们的蹒跚足迹，就能领略到社会风俗中蕴含着生生不息的精神和征服自然的顽强信念。风俗的传承是为了弘扬这一可贵的文化精神，为了寄托对幸福吉祥、平安如意的美好生活的向往，如果仍然痴迷上述的种种说法，则演变为陋俗，演变为对自然、对宗教神灵的屈服、迷信。

三

风俗绝不仅仅是裸露在社会生活表层的现象，它沟通着历史与现实、物质与观念、道德与法律，折射着中华五千年的沧桑变革，至今仍有着不可估量的存在价值。

（一）在中国社会风俗中，层累地堆积着中华民族的高度智慧、高超技艺和高尚品德

学习中国社会风俗史，能激发我们的民族自尊心和自豪感。

中国人民从3000年前的商代就养蚕织丝，传说中是从黄帝妃子嫘祖。后来又创造了神奇美丽的绮、纨、锦、缎、绫、罗、纱等精美的丝织品。丝绸有柔软结实、轻薄透明、典雅华贵的优点，直到现在还没有一种服饰质料能超过它。自丝绸之路开辟后，丝绸成为西方人梦寐以求的珍品。唐道宣撰《广弘明集》卷三讲，汉代“胡人见锦，不信有虫食树吐丝而成”。罗马执政官恺撒穿着丝绸衣服出现在剧院，吸引了所有人的目光。人们翘首观望的不是他本人，而是他穿着的华丽的丝绸衣服。当时，罗马丝绸的价格达到12两黄金一磅，为进口丝绸导致大量黄金流失，哲学家们把丝绸当成罗马腐败的象征。中国人的智慧为世界服饰披上了一层锦绣文采。

1972年，长沙马王堆出土了一件西汉时的素纱禅衣，薄如蝉翼，轻若烟雾，

衣长 1.28 米、通袖长 1.95 米禅衣仅重 49 克。唐中宗的女儿安乐公主有一件百鸟毛裙，“正视为一色，旁视为一色，日中为一色，影中为一色，而百鸟之状皆见”，是现在也没有的“变色裙”“变花纹裙”。这些罕见的珍品，足以让西方的国王、法老和贵妇人瞠目结舌。

（二）利用中国社会风俗史中转化出的经济价值观念、创意能力，来提高经济效益

从事工商业的生产和销售，关键在于处理好供求关系，尤其是衣食住行方面的商品，除了解各地行情和各种经济信息外，更要了解当地的风俗习惯、消费观念。

中国人很早就发现了工商业经营与社会风俗的关系。《庄子·逍遥游》载：“宋人资章甫而适诸越，越人断发文身，无所用之。”《韩非子·说林上》载：“鲁人身善织屦，妻善织缟，而欲徙于越。或谓之曰：‘子必穷矣！’鲁人曰：‘何也？’曰：‘屦为履之也，而越人跣行；缟为冠之也，而越人被发。以子之所长，游于不用之国，欲使无穷，其可得乎？’”不了解越国被发徒跣的风俗习惯，到那里销售章甫冠，得滞销；具有纺织技艺的手工业者到那里谋生，得穷困潦倒。

供求关系本身就包括文化风俗的因素。各个地区、民族、国家的文化风俗，古代在农、工、商经营方面积累的经验、知识，掌握这些文化知识后而转变出来的经营头脑、应变能力、创意能力，既是一个工商业者的文化创造，又是必备素质，现在叫无形资产。改革开放以来，先后出现了婚姻介绍所、装修公司、搬家公司、家教公司、家政服务公司、旅游公司，甚至还有“情感发泄吧”“失物招领公司”“代客祭扫”等。这些行业能否持久、能否红火姑且不论，但它需要经营者有这样的头脑将其创意出来，更要有敏锐的识别力来把握商机。

另外，将古代衣食住行物质风俗中像素纱禪衣、百鸟毛裙那样有实用价值的物品有选择地挖掘出来，不仅能丰富我们的生活，而且能创造绝高的经济效益。

（三）社会风俗更能反映中国传统文化的深刻内涵，通过它来把握一个民族的文化，来得更加直观而准确

通过社会风俗，了解中国人在生活风俗中所表现出来的个性特征、价值尺度、思维方式、道德标准、审美观念，明确它在面对现代化社会生活方面的优势和缺陷，不仅能自觉而有效地移风易俗，还能大大提高我们的道德水平和人文素质。

四

本书立足于21世纪的时代进程和学术研究成果，着重对具有普遍性的传统风俗进行介绍，节选原书的服饰、饮食、住居、行旅、岁时节日、婚姻、生老七章内容。在叙述中，将传统风俗与现代社会、雅文化与俗文化紧密接轨，对所涉及的风俗事象、物象，由风俗衍生出的典故、成语、谚语，均考述源流嬗变和风俗传承。对传统风俗在现代人心理深层和行为习惯中的存在形式，以及产生的正反两方面的影响，均结合中国传统文化的基本特征，以透视、品评、辨析等形式，联系古今，进行深层次的剖析。

由于社会风俗的涵盖十分广泛，每一项风俗不仅都有十分丰富的内容和深刻的内涵，而且交错重叠，难以缕述。限于篇幅，本书采用两种处理方法：其一，宁肯有所缺漏，而不面面俱到。对所涉及的风俗事象、物象，不提则已，提则说深说透。其二，各章节之间互相参照，相同的内容，只在一个章节中叙述。如，饮食风俗中的节日饮食，分散到春节、元宵节、中秋节等节日中叙述。

本书严格遵守言之有据的撰述原则，每一风俗物象、事象及语言、情节都取材于正史、经书、子书，参考相关的野史、论著、方志，绝对不敢杜撰，绝对不敢信手拈来一些没有依据的、稀奇古怪的道听途说。本书行文中，在不影响内容表述的情况下，尽量注明材料出处。同一内容的出处，只在第一次出现或者重点叙述之处注明，而不重复标注。

但愿读者朋友通过拙作，丰富知识，启迪思维，更新观念，接受民族精华的洗礼，冲破世俗偏见的误区，用风俗史的眼光观察社会，体味人生，以崭新的精神风貌面对21世纪的现代化社会生活。这是本书的宗旨，也是本人的期望。

在本书编著过程中，参阅了大量国内外学者的论著，除直接引用原文外，恕不一一注明。本人水平有限，不当之处，敬请读者朋友和方家教正。

2023年4月

目 录

第一章·服饰风俗

第二章·饮食风俗

第三章·住居风俗

第四章·行旅风俗

第六章·婚姻风俗

第七章·生老风俗

服饰是人类独有的生活技能和智慧的创造，是各族人民生活内容、社会制度、风俗习惯、审美观念和精神风貌的外在反映。服饰风俗主要包括服装、佩饰、化妆以及缠足等习俗，也包括与服饰有关的礼仪、等级、审美、习惯等风俗观念。

第一章

服饰风俗

第1节　中国的传统服饰

一、头衣

头衣又称元服。元的本义是头。晋文公死，狄人伐晋，先轸免胄冲入狄师战死，“狄人归其元，面如生”[1]。贵族举行冠礼也叫“加元服”。

古代贵族戴冠、弁、冕，庶人戴巾。

（一）冠、通天冠、远游冠、高山冠、进贤冠、獬豸（xiè zhì）冠、武冠、髫（tiáo）发、总角

冠是贵族的一般头衣。戴冠前把头发束在一起，在头顶上盘成髻，用缅（xǐ）包住。缅是一匹黑色的帛，又作縰，然后将冠套在髻上。冠梁在上，从前至后覆在头上，再用笄左右横穿过冠圈和发髻。冠圈两旁各有丝绳，称作冠缨，引到颌下打结。打结后余下的部分垂在颌下，称作緌（ruí），也写作“蕤”。有的用一根丝绳兜住颌下，两头系在冠圈上，称作纮（hóng）。

冠的主要功能不是实用，而是礼仪。戴冠后并不把头发全部遮住，周朝的冠梁很窄，秦汉以

〔1〕《左传·僖公三十三年》，载《十三经注疏》，北京：中华书局，1980年影印版。

从原始社会后期到商周时代，华夏民族的服饰基本定型。这就是：束发为髻、冠冕弁帻、上衣下裳、束带系芾。这种传统的服饰结构，后代虽有变化，但一直延续到明朝。

后增宽，但也不能罩住全部头发。所以，西汉刘安《淮南子·人间训》讲，冠“寒不能暖，风不能障，暴不能蔽”。

先秦时，冠的形制大体一致。秦以后，形状、名目增多，形制增大。常见的有以下几种：

天子戴通天冠，诸侯戴远游冠。二者的区别是后者没有前面的山述和许多装饰。官僚大臣戴高山冠，无山述而直挺，不向后倾斜。

文臣和儒生学人戴进贤冠。进贤冠以缅为展筒，裹于冠梁，以梁数多少来区分官爵高下。公卿列侯三梁，二千石以下至博士二梁，博士以下一梁。

隋唐以后，梁数增多。明朝一品官用加笼巾七梁冠，二品官六梁，三品五梁，四品四梁，五品三梁，六品、七品二梁，八品、九品一梁。二品以下不加笼巾。[1]

御史一类的法官戴獬豸冠，又称楚冠、南冠、柱后，汉以后称法冠。獬豸是传说中的神羊，能辨是非曲直，见人争斗，以角触无理者。战国楚王曾获之，因以为冠。秦灭楚后，赐执法御史，历代均为法官所戴，取其执法不徇私情之意。其形制，以铁为柱卷，以缅为展筒，不曲挠，上有一角。[2]

武官戴武冠，亦称鹖冠、大冠。鹖好斗，至死方休。传说战国赵武灵王为表彰武士，制行此冠。形似头盔，有双鹖尾竖左右两边。《后汉书·舆服志》载：“武冠，一曰武弁大冠，诸武官冠之。侍中、中常侍加黄金珰，附蝉为文，貂尾为饰。”《三礼图·武弁大冠图说》中的武弁大冠，左右两边形似蝉翼，各竖一根鹖尾。是在鹖冠基础上加以装饰、发展。

▲武弁大冠

另外，据《后汉书·舆服志下》载，还有刘氏冠、却敌冠、建华冠、樊哙冠、方山冠等诸多冠式。

冠是贵族身份和成年的标志，该冠而不冠即为非礼。春秋时期的齐景公披发出宫门，守门者拉住他的马

〔1〕参见《三才图会·群臣冠服》，上海：上海古籍出版社，1988年版。
〔2〕参见《后汉书·舆服志》及注，北京：中华书局，1965年版。

说："尔非吾君也。"[1] 齐景公羞愧不上朝。子路在卫国的内乱中被人砍断了冠缨，说："君子死，冠不免。"[2] 在激战中放下武器结缨，结果被敌人杀死。

古代男子不冠者主要有庶人、小孩、夷人、罪犯。由于罪犯不冠，古人往往以免冠表示谢罪。现代社会的脱帽致意，就是这一习俗的传承。

男子未冠前，头发任其自然下垂，称作"髫发""垂髫"。《后汉书·伏湛传》载："髫发厉志，白首不衰。"东晋陶潜《桃花源记》载："黄发垂髫，并怡然自乐。"头发长长了，就贴着发根扎起，垂于脑后，叫作"总发"。有的把头发扎成左右两髽髻（zhuā jì），像兽角一样竖在后脑两边，叫作"总角"。陶潜《荣木》诗序："总角闻道，白首无成。"

（二）弁、爵弁、皮弁

弁是比冕低一级的礼冠，主要有爵弁和皮弁两种。

爵弁是一种无旒的冕，前后相平（冕前面略低），用雀头色的熟皮制作，爵与"雀"通。

皮弁用白鹿皮制作，裁成上窄下宽的形状，然后拼在一起，如两手相合状，并点缀上许多小玉石。《诗经·卫风·淇奥》载："会（缝）弁如星。"

（三）冕旒

冕是天子、诸侯、大夫的祭服，历代大略相同，一直沿用到明代。冕由延、旒、纩（kuàng）、统（dǎn）等组成，民间称为"平天冠""太平冠"。

延是装在冠圈上的长方形木板，前低后高，其义为戒王者骄矜之气。旒以五色丝穿玉珠从延的前后端垂下。纩也称瑱，是系在冠圈左右两边、悬在耳孔外的两块玉，先秦时用来充耳，戒帝王勿听奸佞之言。统是悬纩的丝绳。

〔1〕《晏子春秋·内篇杂上》，载《诸子集成》，上海：上海书店，1986 年影印版。
〔2〕《左传·哀公十五年》，载《十三经注疏》，北京：中华书局，1980 年影印版。

周代以旒的多少区别贵族的等级，天子十二旒、诸侯九旒、大夫五旒。魏晋后，皇帝的冕才准有旒，冕旒成了皇帝的代称。唐诗人王维《和贾舍人早朝大明宫之作》言：“九天阊阖开宫殿，万国衣冠拜冕旒。”

▲秦始皇冕冠图

（四）巾、帻巾、绿头巾、幅巾、纶巾、东坡巾、儒巾、角巾

庶人不戴冠，发髻上覆以巾。“巾者谨也，二十成人，士冠庶人巾”。[1]“古以尺布裹头为巾，后世以纱罗布葛缝合，方者曰巾，圆者曰帽”。[2]古人戴巾，要临时整理成形，与现在的巾不同，现在的帽就是由巾演变来的。

巾的种类很多，常见的有以下几种：

帻是较古老的巾。“帻，古者卑贱执事不冠者之所服也。”[3]一般以一块黑布包住发髻就可以了。帻一般是黑色，最低贱者为绿色。汉武帝姑母馆陶公主的情夫董偃戴绿帻见汉武帝，表示自己是奴仆身份。[4]后

---

〔1〕（东汉）刘熙著，（清）王先谦补正：《释名·释首饰》，上海：上海古籍出版社，1984年版。
〔2〕《本草纲目·服器部》，北京：华夏出版社，2004年版。
〔3〕《后汉书·舆服志下》注引《独断》，北京：中华书局，1965年版。
〔4〕参见《汉书·东方朔传》，北京：中华书局，1962年版。

▲南北朝 杨子华 《北齐校书图》展示了男子头上戴巾的形象

来，绿帻成为以不正当的手段谋取富贵的代名词，唐代又转义为轻薄、耻辱。李白《古风》诗："绿帻谁家子，卖珠轻薄儿。"唐人李封任延陵（今江苏丹阳西南）县令，县吏有罪即令其戴绿头巾，吴人认为是奇耻大辱。[1]

元朝令娼妓之家的家长及男亲属服绿头巾。明朝乐工的妻子多为教坊歌妓，乐工的常服是有"卍"字形的绿头巾。于是，到元明时，又把绿头巾从轻薄者的头上摘下来，戴到轻薄女子的丈夫头上。现在的绿头巾、绿帽子，仍然指妻子与别人有奸情，是丈夫的奇耻大辱。

汉代开始流行幅巾，也叫缣巾，用一整幅葛布或缣把头包住，并从脑后向左右伸出两个角。《后汉书·鲍永传》载："悉罢兵，但幅巾与诸将及同心客百余人诣河内。"李贤注曰："幅巾，谓不著冠，但幅巾束首也。"东汉王公将帅皆以著幅巾为雅。《三国志·魏志·武帝纪》裴松之注引《傅子》云："汉末王公，多委王服，以幅巾为雅。是以袁绍、（崔豹）〔崔钧〕之徒，虽为将帅，皆著缣

〔1〕参见（唐）封演：《封氏闻见记》，沈阳：辽宁教育出版社，1998年版。

巾。”东汉名士郭林宗在路上遇雨，巾的一个“脚（角）”耷拉下来，人们争相仿效，故意折下一脚，称作“林宗巾”。唐朝士人亦戴幅巾，唐诗人李贺《咏怀》诗：“头上无幅巾，苦檗（bò）已染衣。”

《晋书·谢万传》中还提到纶巾。北宋苏轼《念奴娇·赤壁怀古》有“羽扇纶巾”。纶巾又称“诸葛巾”，传说诸葛亮曾服纶巾执羽扇指挥军事，因其人而名之。

北宋苏轼被谪黄州（今湖北黄冈），自号东坡居士，所戴的巾称作“东坡巾”。其特点是里层有四墙，四角在前后左右，外层有重墙，较内墙稍低，前面开口，正对眉心。

一般读书人戴儒巾。儒巾又称方巾。明人王圻父子辑录的《三才图会·衣服》讲：“儒巾，古者士衣缝掖之衣，冠章甫之冠，此今之士冠也。凡举人未第者皆服之。”章甫是先秦时宋国的一种方冠，孔子“长居宋，冠章甫之冠”[1]。后来的

〔1〕《礼记·儒行》，载《十三经注疏》，北京：中华书局，1980年影印版。

儒生皆戴这种儒者之冠，并演变为儒巾。

《晋书》羊祜传、王浚传、王导传中还提到一种角巾，亦称方巾。其形制为四方平直，无硬脚，有垂带，巾式较高。明代的“四方平定巾”类似角巾，为儒士、生员、监生所戴。《明史·舆服三》载：“洪武三年（1370年），令士人戴四方平定巾。”四方平定巾的来历，相传与元末文学家杨维桢有关。明人郎瑛的《七修类稿》卷十四《平头巾网巾》载：“今里老所戴黑漆方巾，乃杨维祯入见太祖时所戴。上问曰：‘此巾何名？’对曰：‘此四方平定巾也。’遂颁式天下。”四方平定巾以黑色纱罗制成，呈倒梯形，四角皆方，也称“四角方巾”。由于巾式特高，民间有“头顶一书橱”之谚。

▲清　苏六朋　《太白醉酒图》画中李白头戴幅巾

（五）幞头、乌纱帽

戴巾时，要系裹整形，非常麻烦。从北周开始，把巾制作成形，可以随时戴脱，这种巾称作“幞头”。《新唐书·车服志》载：“太宗常以幞头起于后周，便武事也。”北周时仅以皂帛罩裹，定型为“软脚幞头”。后来又在“脚”内衬以桐木，做成硬脚幞头。五代时，幞头的双脚渐趋平直。宋代的幞头用铁作内衬，皇帝百官及士庶通服。到明朝，幞头成为法定的官服。群臣的官服用展脚幞头，校尉等武官服用交脚幞头。

乌纱帽也是幞头的一种，两脚宽短，外罩漆纱，始于晋代。《晋书·舆服志》载：“二宫直官著乌纱。”

唐武德九年（626年），唐太宗诏曰：“自今以后，天子服乌纱帽，百官士庶皆同服之。”[1]贞观八年（634年），唐太宗仿幞头制作了翼善冠，两脚上翘，称作“折上巾”，自己服用。又作进德冠，双脚下垂，赏赐贵臣。这两种冠都是乌纱帽，下述明朝的乌纱帽即仿此制。

唐宋时期，乌纱帽一直流行于官僚阶层，虽不是法定的官服，一般百姓却很少服用。唐诗人张籍《答元八遗纱帽》诗：

黑纱方帽君边得，称对山前坐竹床。
唯恐被人偷剪样，不曾闲戴出书堂。

元八任京兆尹、御史台侍御史，张籍历任太常寺太祝、水部员外郎、国子司业，二人都是官僚士大夫阶层。“黑纱方帽君边得”，是说这种黑纱方帽是从元八那里得到的，如果是法定的官服，士大夫既不能互相赠送，也没有人敢“偷剪样”。

北宋诗人梅尧臣描写乌纱帽在官僚阶层流行情况时说：“乌纱帽底青眸转，朱雀街前玉辔摇。”[2]

明朝，乌纱帽成为法定的官服。

据《明会典·冠服一》载，洪武三年（1370年），定皇帝常服为乌纱折角向上巾。明神宗定陵出土的全部用金丝编成的皇冠，即为乌纱折脚向上巾。文武官常朝视事，用乌纱帽、团领衫。后又定进士巾与乌纱帽同制。

---

〔1〕（后唐）马缟：《中华古今注·乌纱帽》，沈阳：辽宁教育出版社，1998年版。
〔2〕《古今图书集成·礼仪典·冠冕部·艺文》，北京：中华书局，成都：巴蜀书社，1985年版。

▲明代的乌纱帽

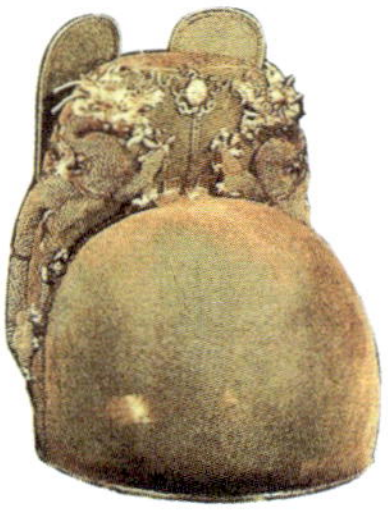

▲乌纱折脚向上巾

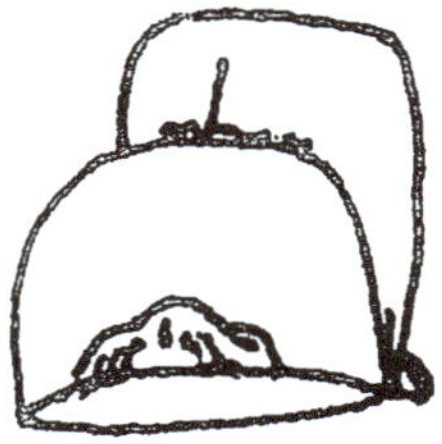

▲乌纱描金曲脚帽

◀明 佚名 右副都御史韩公宜可之像

明朝宫人戴“乌纱帽，饰以花帽额，缀团珠鬓梳，垂珠耳饰”[1]。“内使监冠乌纱描金曲脚帽”[2]。

这样，卑贱者服用的巾，先为上层士人服用，又发展演变为幞头、乌纱帽，到明朝便成为法定的官服。

二、上衣

现代的衣裳指上衣，古代的“衣裳”（音 cháng）是指上衣和下衣。如《诗经·邶风·绿衣》载：“绿兮衣兮，绿衣黄裳。”有的衣也可以是广义的衣，如“无衣无褐，何以卒岁？”[3]

〔1〕《三才图会·宫人冠服》，上海：上海古籍出版社，1988 年版。
〔2〕《三才图会·内使监冠服》，上海：上海古籍出版社，1988 年版。
〔3〕《诗经·豳风·七月》，载《十三经注疏》，北京：中华书局，1980 年影印版。

（一）襦、深衣

古代的上衣叫襦，有长襦、短襦之分。至腰以下到膝盖为长襦。汉文帝赐匈奴单于“绣袷（夹）绮衣、长襦、锦袍各一”[1]。“短而施腰者”是短襦，也称小襦、腰襦。《古诗》[2]有：“妾有绣腰襦，葳蕤（wēi ruí）金缕光。”杜甫《别李义》言：“忆昔初见时，小襦绣芳荪。”

春秋战国时，出现了一种连接上衣下裳的深衣。《礼记·深衣》孔颖达疏曰：“深衣衣裳相连，被体深邃，故谓之深衣。”其形制，交领、缘边、袖口和下摆宽，便于举足，下摆不开衩口，长度在足踝间，以不沾泥为宜。《礼记·深衣》称：“古者深衣盖有制度，以应规矩，绳权衡。短毋见肤，长毋被土。”

深衣制作方便，用途广泛，贵族、庶人都穿用它。因为不是礼服，贵族们只能在闲居时穿用，故《礼记·玉藻》讲：“朝玄端，夕深衣。”

（二）玄冕

据东汉郑玄注，玄端应为玄冕，是古代天子、诸侯、大夫穿的礼服，也称冕服、衮冕，由冕旒、玄衣、纁（赤黄色）裳、芾、革带、大带、佩绶、舄（xì）组成。战国时，冕服紊乱，东汉明帝仿古制重定冕服之制。冕旒不变，衣为玄（略带红的黑色）衣，裳为纁裳，赤舄、朱芾。

这种玄衣，纁裳最明显的标志是绣有十二章花纹。玄衣上绣日、月、星辰、龙、山、华虫（雉）、火、宗彝；纁裳上面绣藻（水草）、粉米、黼（fǔ，刃白身黑的斧），以及黻（fú，黑青相间的“亞”形）。

《后汉书·舆服志》载：“乘舆备文，日、月、星、辰十二章，三公、诸侯用山龙九章，九卿以下用华虫七章。”由于天子、三公、诸侯的衣裳上均有龙，又称华衮、衮衣，衮即卷曲的龙。华衮为当时最端庄华贵的服饰，所以古代有“一字之褒，荣于华衮；一字之贬，严于斧钺”之说。

〔1〕《汉书·匈奴传》，北京：中华书局，1962年版。
〔2〕《太平御览》卷六九五《服章部一二·襦》引，北京：中华书局，1960年影印版。

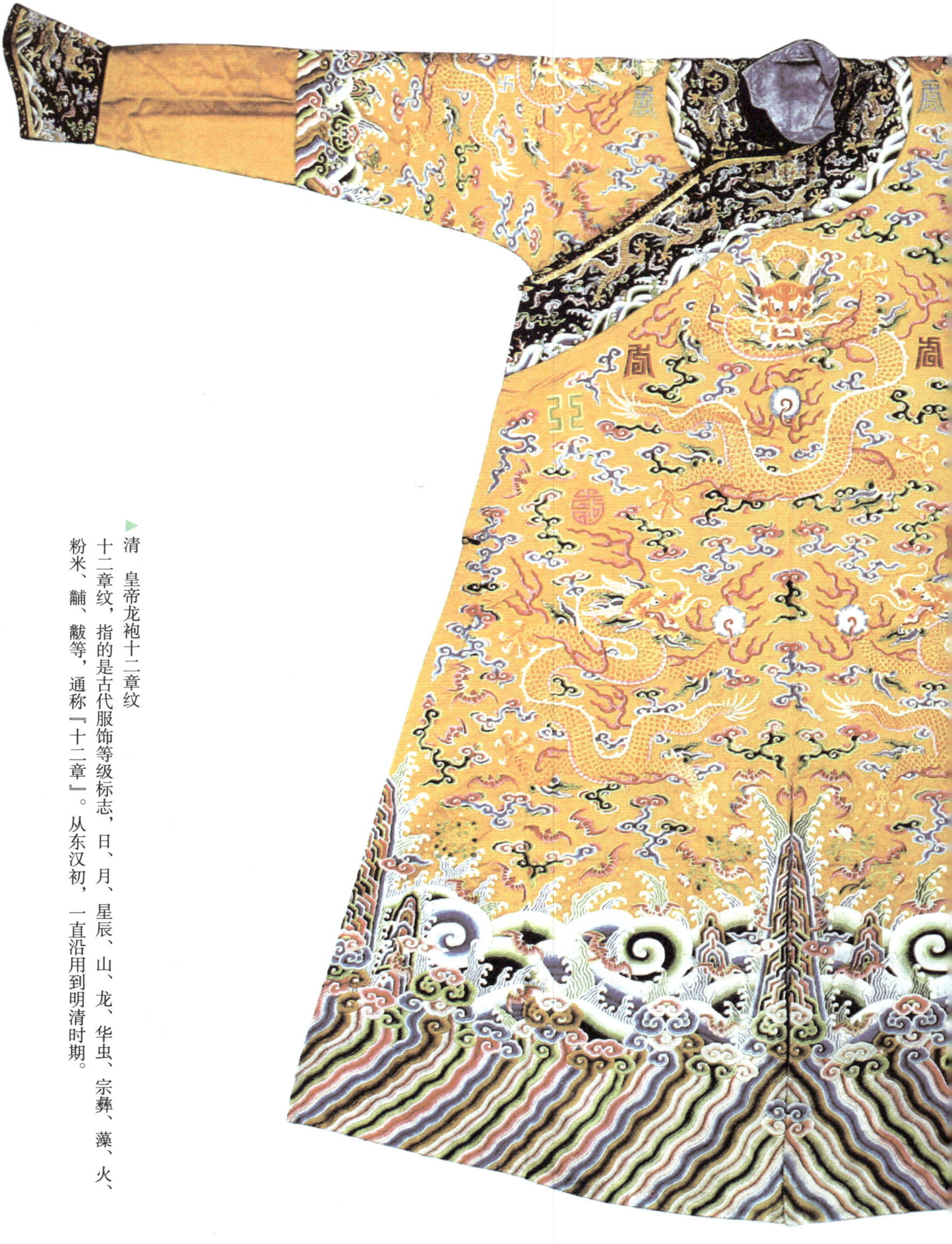

▶清　皇帝龙袍十二章纹

十二章纹，指的是古代服饰等级标志，日、月、星辰、山、龙、华虫、宗彝、藻、火、粉米、黼、黻等，通称『十二章』。从东汉初，一直沿用到明清时期。

1. 日

2. 月

3. 星辰

4. 山

5. 龙

6. 华虫

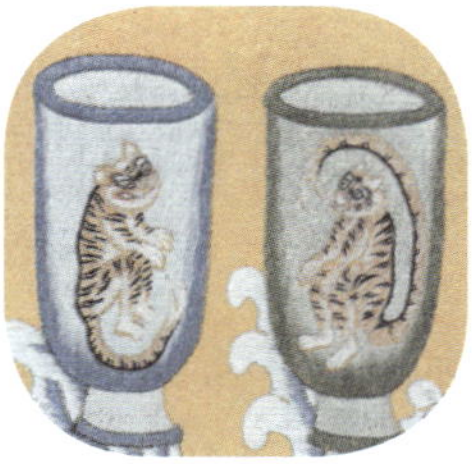

7. 宗彝

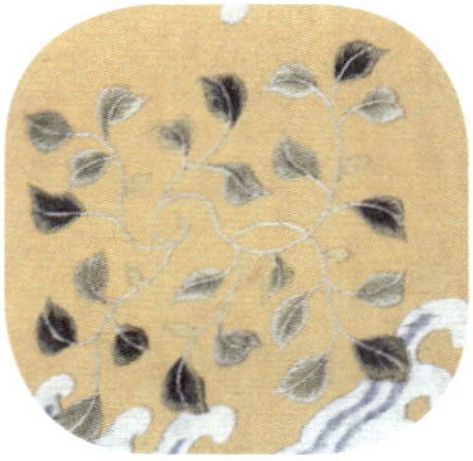

8. 藻

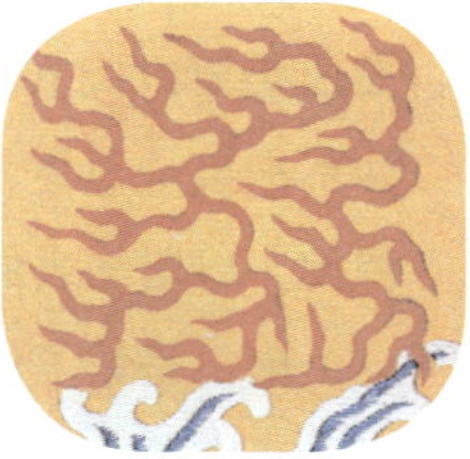

9. 火

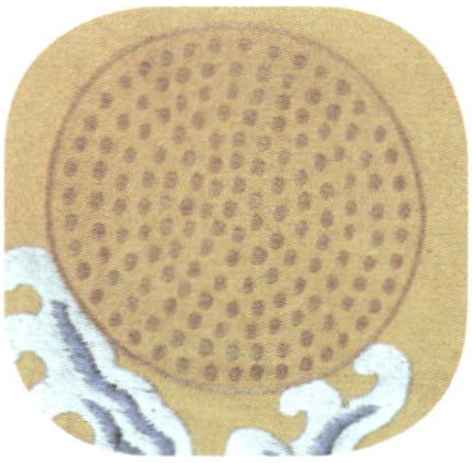

10. 粉米

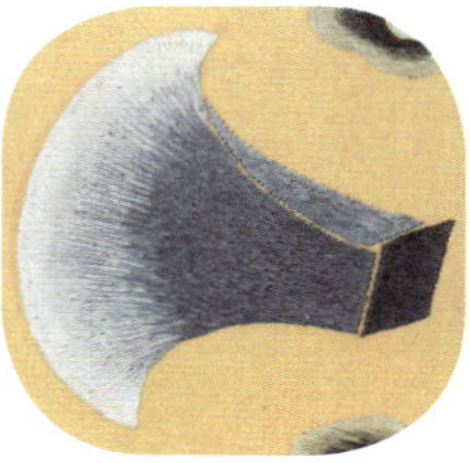

11. 黼

12. 黻

（三）裘、裼衣、绨袍、缊袍

裘，即现在的皮大衣，有狐白裘、羊羔裘、狐青裘、熊鹿裘、犬羊裘。其中最昂贵的是狐白裘，用许多狐狸的白腋毛拼接而成。古代有“千羊之皮不如一狐之腋”[1]和“士不衣狐白”[2]之说。唐代诗人张九龄曾有“万乘飞黄马，千金狐白裘”的诗句。《晏子春秋·内篇谏上》载，齐景公大雪天身穿狐白裘，对晏子说：“怪哉！雨（下）雪三日而天不寒。”晏子说：“古之贤君，饱而知人之饥，温而知人之寒，逸而知人之劳，君今不知也。”齐景公“乃出裘发粟，以与饥寒者”。战国孟尝君入秦被囚，派人向秦昭王的幸姬求情。幸姬说：“妾愿得君狐白裘。”[3]孟尝君有一狐白裘，天下无双，可已献给了秦昭王，多亏一个会“狗盗”的门客入宫偷了出来，献给秦昭王的幸姬，孟尝君才被放还。

战国齐将田单见一老人涉淄水而寒，“解裘而衣之”[4]。田单的“裘”，与齐景公“出裘发粟”的“裘”，虽不会是狐白裘，但也比较昂贵。《墨子·兼爱（中）》曾提到“牂羊之裘”，西汉齐人娄敬见虞将军穿用的羊裘，则是一般民众穿用的裘。

古代的裘，兽毛朝外，通体一色，要加上一层罩衣，称作“裼衣”，昂贵的狐白裘要以锦衣为裼衣。《礼记·玉藻》云：“君衣狐白裘，锦衣以裼之。”裼衣并不把裘全包住，而是单独成衣，就像今天的披风，没有袖，固定在脖子上任其飘拂，以增加裘的美色。

袍，是絮了丝绵（绨）或旧丝绵（缊）的长袍，常见的有绨袍、缊袍。

战国时范雎遭魏大夫须贾陷害，逃亡到秦国当了宰相。须贾出使秦国，范雎装扮成原来的样子拜访他。须贾见范雎贫寒，送给他一件绨袍。后来，范雎对须

〔1〕《史记·赵世家》，北京：中华书局，1959年版。
〔2〕《礼记·玉藻》，载《十三经注疏》，北京：中华书局，1980年影印版。
〔3〕《史记·孟尝君列传》，北京：中华书局，1959年版。
〔4〕《战国策·齐策六》，上海：上海古籍出版社，1985年版。

贾说，我之所以不杀你，是因为“绨袍恋恋，有故人意”[1]。后人又以绨袍表示不忘旧情。唐诗人高适诗：“尚有绨袍赠，应怜范叔寒。”[2]白居易《醉后狂言酬赠萧殷二协律》诗：“宾客不见绨袍惠，黎庶未沾襦袴恩。”

缊袍比绨袍低劣。孔子说：“衣敝缊袍与衣狐貉者立而不耻者，其由（子路）也与？”[3]

（四）缁布之衣和短褐

古代庶民穿不起裘衣和丝绸，一般穿用黑色布料制作的缁布之衣，或者是用兽毛和粗麻织成的短衣，称作“褐”“短褐”。

齐国晏婴“衣缁布之衣，麋鹿之裘”[4]朝见齐景公，田桓子说他是“隐君之赐”，还要罚他酒。晏婴之妻也“衣缁布之衣而无里裘”[5]。

《晏子春秋·内篇谏上》载，齐景公时“百姓老弱，冻寒不得短褐，饥饿不得糟糠”。《孟子·滕文公上》载，战国滕国来了一伙“为神农之言者”“皆衣褐、捆屦、织席以为食”。因此，“褐”“褐夫”成为古代贫贱之人的代称，做官或进士及第则称“释褐”。《孟子·公孙丑上》载：“刺万乘之君，若刺褐夫。”《旧唐书·杨炎传》载：“释褐，辟河西节度使掌书记。”北宋王禹偁《成武县作》诗：“释褐来成武，初官且自强。”

（五）禅、複、衷衣、领、衽、裾（jū）、袂、袪（qū）

古代的上衣有单、夹之分。单写作“禅”，夹称作“複”。《释名·释衣服》称：“有里曰複，无里曰禅。”《古诗·孤儿行》云：“冬无複襦，夏无禅衣。”

〔1〕《史记·范雎蔡泽列传》，北京：中华书局，1959年版。
〔2〕《古今图书集成·礼仪典·袍部》，北京：中华书局，成都：巴蜀书社，1985年版。
〔3〕《论语·子罕》，载《诸子集成》，上海：上海书店，1986年影印版。
〔4〕《晏子春秋·内篇杂下第六》，载《诸子集成》，上海：上海书店，1986年影印版。
〔5〕《晏子春秋·外篇不合经术者第八》，载《诸子集成》，上海：上海书店，1986年影印版。

▶明 唐寅《四美图》画中女子系直领

贴身穿的衣服称作衷衣、亵衣。西汉司马相如《美人赋》载："女乃弛其上服，表其衷衣。"贴身穿铠甲也叫衷甲。《左传·襄公二十七年》的"楚人衷甲"，即将甲贴身藏在里面。

衣领有交领和直领两种，一般是交领。衣前襟称作"衽"，中原风俗是向右掩，称作右衽，北方少数民族是左衽。越王勾践入臣吴国，夫人衣"左开之襦"[1]。孔子说："微管仲，吾其被发左衽矣。"[2]现在一些老年人穿的大襟便服也是右衽。

衣服的下摆叫作"裾"。三国辛毗曾"引其裾"[3]，向曹丕进谏。拽住人家的衣服后襟，古代称作"引裾""捉裾"。

古代的衣袖称袂，一般特别长大。长沙马王堆汉墓出土了一件素纱禅衣，身长1.28米，通体袖长1.95米。《史记·范雎蔡泽列传》载："长袖善舞，多钱善贾。"《战国策·齐策》载，苏秦对齐宣王说，临淄"连衽成帷，举袂成幕"。《后汉书·马援传》还记载当时的民谚说："城中好大袖，四方全匹帛。"可见，大袖是古代人一种奢侈追求。由于穿长袖衣，古人才出现了奋袖、振袖、挥袖、拂袖、挽袖等动作。现在衣袖变短，除挽袖外，其他动作一般见不到了。

袖口在古代又称作"袪"，也统指衣袖。《左传·僖公五年》载，晋献公派人杀公子重耳，结果"斩其袪"，就是砍下了他的衣袖。

（六）丝带、绅、革带、玉带

古人在上衣外面要系大带和革带。大带即丝带、博带。《汉书·隽不疑传》载："褒衣博带，盛服至门上谒。"古代衣服宽松褒博，丝带也宽，故称博带。《礼记·深衣》载："带，下毋压髀，上毋压肋。"

丝带在腹前打结，余下部分下垂，称作绅。《礼记·玉藻》载："绅，垂足与履齐。"丝带除束衣外，还用来搢（也作缙）笏。笏是大臣上朝时手执的狭长板，

〔1〕《太平御览》卷六九五《服章部一二·襦》引《吴越春秋》，北京：中华书局，1960年影印版。
〔2〕《论语·宪问》，载《诸子集成》，上海：上海书店，1986年影印版。
〔3〕《三国志·魏书·辛毗传》，北京：中华书局，1959年版。

▲南宋　至元　玉带钩

故古代的高官也称“搢绅”。《晋书·舆服志》载：“所谓搢绅之士者，搢笏而垂绅带也。”后来的官绅、绅士、乡绅，也由此而来。

革带称作鞶（pán），即皮带，在丝带之外，用来拴挂各种佩饰，前面有带钩连接。带钩在先秦时用青铜制作。春秋时，管仲曾射中小白（后来的齐桓公）的带钩。楚国叶公好龙，在带钩上也刻了龙。

从曹魏开始，在革带上装饰金玉，以表示官阶高下。五代马缟《中华古今注·文武品阶腰带》载：“汉中兴，每以端午赐百僚乌犀腰带，魏武帝赐宫人金隐起师子銙腰带，以助将军之勇也。”唐朝五品官皆金带，三品官兼金玉带。宋朝三品官、明清一品文官用玉带。带和冠合称“冠带”，是中原服饰和士人的代称。

三、下衣

（一）裳、绔、裈（kūn）

裳读作 cháng，又写作“常”。《说文七下·巾部》载：“常，下帬（裙）也。”东汉刘熙《释名》载：“上曰衣，下曰裳。裳，障也，以自障也。”“裙，下裳也……裙，群也，联接群幅也。”“古服，裙不居外，皆有

◀宋 佚名 唐太宗立像

衣笼之。"[1]东汉郑玄《仪礼·丧服》注："凡裳，前三幅，后四幅也。"可知古代的裳由前三幅、后四幅的衣料连接而成。穿着方法是"裙不居外"，不能外扎腰。古代男子也着裳，《诗经·豳风·七月》载："我朱孔阳，为公子裳。"

裳里面的胫衣称作"绔"，只有两个裤筒，没有前后裆，系在衣带上，类似现在的套裤。《说文十三上·糸部》载："绔，胫衣也。"着裳、绔后，以布帛缠前后裆，叫作裈，也写作㡒。古人席地而坐，以膝盖着地，臀部坐在脚后跟上。臀部着地，两脚八字前伸叫作"箕踞"。在古代，箕踞或撩起下裳都是很不礼貌的行为。

（二）穷绔、纨绔、犊鼻裈

到汉代又出现穷绔和夏天穿的犊鼻裈。

穷绔也叫裈、绲裆裤，很类似现在小孩穿的开裆裤，裆的两边有带，可以系起来。《汉书·外戚传》载，霍光的外孙女为汉昭帝皇后，欲专宠生子，左右阿附霍光，令宫女皆穿穷绔，"多其带"。东汉服虔注曰："穷绔，有前后裆，不得交通也。"

贵族人家的绔，以洁白的细绢"纨"制

〔1〕《太平御览》卷六九六《服章部一三·裙》引，北京：中华书局，1960年影印版。

作，称作“纨绔”。从西汉开始，用来指富贵子弟，《汉书·叙传上》叫作“绮襦纨绔”。杜甫《奉赠韦左丞丈二十二韵》云：“纨袴（绔）不饿死，儒冠多误身。”后来又指不务正业的富贵子弟。

犊鼻裈见于《史记·司马相如列传》。西汉司马相如在临邛大街上开了一家酒店，妻子卓文君卖酒，司马相如穿着犊鼻裈洗餐具，故意出老丈人卓王孙的丑。可见犊鼻裈是下人的服饰，形似牛鼻子，即现在的短裤头。

（三）芾、帨（shuì）

古人的下衣还有芾，也作韨，朝服称作韠，后人又称蔽膝，类似现在的围裙，但窄而长，系在大带上，是一种装饰。女子的蔽膝称作帨、褵（lí）。女子结婚，母亲要为女儿结帨。东汉马援言：“施衿结褵，申父母之戒。”[1]唐李贤引毛苌注云：“褵，妇人之袆也，女施衿结帨。”

四、足衣

（一）屦（jù）、履、屩（juē）、舄

先秦时称鞋为屦，如“国之诸市，屦贱踊贵”[2]。汉以后称履，也称屦。

古代的草鞋称作屩、屣。东汉刘熙《释名·释衣服》载：“屩，草履也。”有时屦也指草鞋，如《孟子·滕文公上》载：“捆屦织席以为食。”因为草鞋是贱物，古人常用“弃屣”比喻轻而易举或毫不犹豫。《汉书·郊祀志》载汉武帝语曰：“诚得如黄帝，吾视去妻子如脱屣耳。”

舄，是在履底下再加一层木底。《诗经·小雅·车攻》载：“赤芾金舄。”穿金黄舄的是诸侯，一般人也穿舄，如《史记·滑稽列传》载：“履舄交错。”

〔1〕《后汉书·马援传》，北京：中华书局，1965年版。
〔2〕《左传·昭公三年》，载《十三经注疏》，北京：中华书局，1980年影印版。

（二）木屐

木屐即木底鞋，也称帛屐，或有齿，或无齿。刘熙《释名·释衣服》称："帛屐，以帛作之，如屩者。不曰帛屩者，屩不可以践泥也，屐可以践泥也。此亦可以步泥而浣之，故为之屐也。"西汉史游《急就章》颜师古注曰："屐者，以木为之，而施之两齿，可以践泥。"《晋书·张华传》载，西晋武库失火，"汉高祖斩蛇剑、王莽头、孔子屐等尽焚焉"，可知孔夫子也穿屐。东汉戴良有五女，出嫁时都送给她们木屐。三国时，关中多蒺藜，司马懿曾命军士穿软质平底木屐前行。后赵石勒曾命军士穿铁屐施钉登城，这是木屐在军事上的运用。唐诗人王维《春园即事》诗："宿雨乘轻屐，春寒著弊袍。"可知唐人在下雨天多穿屐。

东晋南北朝隋唐时期，木屐大兴。东晋谢安接到淝水之战的捷报，异常激动，屐齿掉了竟然不觉。南朝齐虞玩之的一双屐穿了 20 多年。士大夫不仅喜欢穿，而且亲自动手制作。《晋书·阮籍传》载，东晋阮孚正在蜡屐，有人拜访他，神色闲雅，自言自语说："未知一生当着几量屐。"可见木屐做好后，还要涂上一层蜡。

南朝诗人谢灵运还发明了一种活齿屐，上山去其前齿，下山去其后齿，登山如履平地，人们称作"谢公屐"。李白《梦游天姥吟留别》云："脚著谢公屐，身登青云梯。"由于隋唐文化对日本的影响，木屐现在仍保留在日本人民的生活中。

▲三国孙吴漆木屐

▲唐　陆曜　《六逸图卷》

▲唐　陆曜　《六逸图卷》（局部）　图中人物手中拿着木屐

（三）鞮（dī）、靿（yào）靴

用皮革做的履叫鞮。《盐铁论·散不足篇》载："古者庶人贱……革鞮皮荐（垫）而已。"古代皮革没有现在昂贵，鞮是下层人穿用的履。

"靴，本胡服也，赵武灵王始服之。"[1]古代中原的鞮没有靿，战国时期，北

〔1〕《太平御览》卷六九八《服章部一五·靴》引《释名》，北京：中华书局，1960年影印版。

方少数民族穿的鞡靴传入中原。《说文三下·革部》解释说："鞮，革履也。"清段玉裁注曰："胡人履速（束）胫，谓之络鞮。"这种络鞮，就是鞡靴。在踝骨之上为短鞡靴，到膝盖是长鞡靴。

一般认为，北朝人穿鞡靴，南朝人着屐。其实，南朝人也穿鞡靴。《南齐书·豫章文献王传》载，豫章王萧嶷不愿听别人的过失，有投书相告者，就把书信放到靴中。

唐朝时，长鞡靴成为朝服。唐玄宗时，高力士为醉酒的李白脱靴，当然是长鞡靴，才那么费劲。李光弼在河北作战时，藏刀于靴内，随时准备自杀，免得被俘受辱。可见，无论朝服、军服，为官者都穿长鞡靴。

（四）鞋的装饰和形制

古代"君子不履丝屦"[1]，实际上不遵此制，追求奢侈的大有人在。春秋齐景公以金银珠玉装饰自己的屦，孔门弟子有若"丝屦组缨"。战国楚国春申君的三千门客，上等的皆"蹑珠履"，把平原君的门客给镇住了。

古代的履一般用带子固定。穿鞋带的孔叫絇（qú），鞋带叫綦、缨，帮与底间的沿边叫作繶（yì），鞋口的装饰边叫纯。春秋齐景公为履，"黄金之綦，饰以银，连以珠，良玉之絇"[2]，即以金丝为鞋带，良玉做带孔，鞋上装饰银、珠。

先秦时期，履的形制大体上是男方女圆，区别不大。战国时，女履开始出现

〔1〕《礼记·少仪》，载《十三经注疏》，北京：中华书局，1980年影印版。
〔2〕《晏子春秋·内篇谏下》，载《诸子集成》，上海：上海书店，1986年影印版。

锐形，叫作利屣。《史记·货殖列传》载："赵女郑姬揄长袂，蹑利屣。"有人据此为妇女缠足的证据。《宋书·五行志一》载："昔初作履者，妇人圆头，男子方头……晋太康初，妇人皆履方头。"因此，到南北朝时，男女靴可以互穿。《北齐书·任城王湝传》载，有一妇女在汾水边赤脚洗衣，将新靴脱在一边。有一乘马男人蹚水过来，扔下自己的旧靴，穿着她的新靴跑了。到了唐代，女子穿丈夫的衣靴蔚然成风。

（五）登堂脱履和躧（xǐ）履、徒跣（xiǎn）

隋唐以前，大臣上殿、一般人进屋登堂，都要先脱履，否则便是对主人不敬。《吕氏春秋·仲冬纪》载，齐湣王有病，医者文挚认为激怒他就能治好，不脱履而登堂，以激怒齐湣王。结果，把齐湣王的病给治好了，文挚却因失礼被烹死了。

西汉丞相萧何、东汉末曹操被特许"剑履上殿"，是一种特殊的恩宠。

登堂脱履的习俗，又形成了古人躧履（趿拉鞋）和徒跣（赤脚）的习惯。古人在屋内皆赤脚，遇到紧急情况，只好把鞋后跟压倒，拖着鞋走，这样显得对客人更尊重。西汉隽不疑去拜访暴胜之，胜之"躧履出迎"[1]。有时太紧急了，连躧履也来不及，只好徒跣。魏文帝曹丕以毒枣毒死弟弟曹彰，并把盛水的器具全部毁掉。其母卞太后为找水解毒，"徒跣趋井"[2]。

其实，一直到中华人民共和国成立后，在广大的农村，人们大部分时间都不穿鞋而赤脚，只有在隆重场合，或是严寒季节才穿鞋。

（六）袜

古代的足衣还有袜，写作韤、韈。据尚秉和《历代社会风俗考》，从先秦

〔1〕《汉书·隽不疑传》，北京：中华书局，1962年版。
〔2〕《世说新语·尤悔》，载《诸子集成》，上海：上海书店，1986年影印版。

到魏晋，很少穿袜，登堂脱履后即徒跣。古代衣裳宽博，脱履亦不露足，故不以为不敬。有人说，冬天赤足不冷吗？远古人类全部裸露尚不冷，且现代人的手、脸都露在外面，也不怕冷，赤足当然也不例外。

《左传·哀公二十五年》载，春秋褚师声子未脱履而登席，卫出公大怒。褚师声子反复解释说：我脚上生疮，您见了就会呕吐。此事证明，春秋人是不穿袜子的。

到汉代开始穿袜子，但不是普遍现象。《史记·张释之冯唐列传》载，有一个治黄老之言的王生，在朝廷上说，“吾袜解”“为我结袜”，张释之跪而结之。甚至唐朝妇女也有不穿袜者。李白《越女词》云：“屐上足如霜，不著鸦头袜。”

古代的袜用麻布、帛、熟皮制作。丝织的叫罗袜。曹植《洛神赋》言：“陵波微步，罗袜生尘。”用熟皮制作的写作韈、韤。布袜以麻布制作，棉花传入中国后用棉布制作。中华人民共和国成立前后，北方农村普遍穿用以白粗棉布缝制的布袜，上端用带子扎到腿上。

宽松博大是古代传统服饰的特点之一。这一特点与温和的气候，乘车、跪坐的生活方式相适应。北方民族适应“逐水草而迁徙”的骑马游牧生活和沙漠草原风雪严寒的自然条件，形成了“衣皮革，被旃（毡）裘”，短衣、长裤、皮鞠靴的服饰结构。南方多水且炎热，还没有固定的服饰，只是“断发文（纹）身”。所以，《列子·汤问》载：“南国之人，祝（断）发而裸；北国之人，鞨巾而裘；中国之人，冠冕而裳。”

第2节 中国历史上的服饰变革

一、秦汉冠服制的确立

春秋战国到秦汉的服饰变革主要表现在：出现了连接上衣下裳、不系带的深衣；由于赵武灵王胡服骑射，胡服中的短上衣、长裤、鞠靴传入中原。山西长治县分水岭出土的武士铜像，上身着直襟上衣，下身着长裤，足穿鞠靴，已是胡服的赵国武士了。

汉代是传统冠服制的确立时期。上述楚国的獬豸冠、赵国的鹖冠等都被吸收到冠服制中。通过对各国服饰的选择、吸收，完成了对商周时期传统服饰的完善和改造。

二、唐代的服饰新潮

十六国南北朝时，已吸收大量胡服的汉族服饰与胡服再度形成鲜明的对立。中原士人称“冠带”，“胡人”被称作“索虏”“岛夷”。北魏孝文帝为了标榜华夏正统，进行了以禁胡服为外在标志的全面改制，进一步拉近了华夷服饰的距离。隋唐时期，开始对这种华夷交错的服饰局面进行

中国的服饰一开始就呈现各民族多元化、本民族雷同化的特点。由于历史上民族分布格局的动荡和各族人民的互相交流，中原传统服饰和周边少数民族服饰一直处在互相碰撞、渗透、模仿和交相辉映中。不仅形成华夷杂服的多元化服饰结构，而且使周边的胡服不断被吸收、沉淀到中原传统服饰之中。

中国传统服饰的变革，有明显的周期性规律。经过春秋战国的民族动荡，到秦汉进入沉淀、稳定时期；经过东晋十六国南北朝的动荡，隋唐时又来了一次沉淀。从辽、金、元的动荡到明朝恢复汉族衣冠，从清朝强制推行满族服饰到民国后多元化服饰结构的形成，莫不如此。

沉淀，使唐代的服饰出现了如下新现象。

（一）标志官品高下的品色服

唐高祖李渊以天无二日，定赤黄色为皇帝专用色，黄袍从此成为皇帝的专利和代名词。

先秦时，黄色并不尊贵。《礼记·郊特牲》载："野夫黄冠；黄冠，草服也。"宋人王楙《野客丛书·禁用黄》载："唐高祖武德初，因隋制，天子常服黄袍，遂禁士庶不得服。而服黄有禁自此始。"五代郭威、北宋赵匡胤黄袍加身，就意味着当上了皇帝。

品色服始于隋唐时期。大业六年（610年），隋炀帝规定："从驾涉远者，文武官皆戎衣。五品以上，通着紫袍；六品以下，兼用绯绿；胥史以青，庶人以白，屠商以皂，士卒以黄。"[1]胡三省注曰："自此文武官常服，遂以为品色。"唐太宗贞观四年（630年），诏定品官服色："自今三品以上服紫，四品、五品服绯（大红色），六品、七品服绿，八品服青。妇人从夫色。"胡三省注："自四品以下，绯、绿、青有深浅之异，九品则服浅青。"[2]这样，形成了黄、紫、红、绿、青、白等颜色的等级序列，后来的各朝均视这种品色服为定制。

唐代宗时，宦官鱼朝恩专权，领着养子鱼令徽向代宗要官。鱼令徽为内给事，穿绿色官服，属六品、七品官。没等唐代宗发话，侍卫已把紫色服拿来，给鱼令徽穿上了。父子俩得意地谢恩后，扬长而去。

（二）倾心胡服的风尚

除朝廷规定的法服外，从帝王到士民皆倾心胡服，服饰呈现多民族、多元化的格局。"天宝初，贵族及士民好为胡服、胡帽。"[3]"胡着汉帽，汉着胡

〔1〕《资治通鉴·炀帝大业六年》，北京：古籍出版社，1956年版。
〔2〕《资治通鉴·太宗贞观四年》，北京：古籍出版社，1956年版。
〔3〕《新唐书·五行志一》，北京：中华书局，1975年版。

帽。”[1]

唐代以前的传统服饰，为宽长的大袖，交领或直领，没有圆领，下裾不开衩。受鲜卑服窄袖、圆领的影响，男服的袍和襕衫（深衣）也出现了小袖和圆领，下裾改为开衩。这样的袍衫叫作缺胯袍、缺胯衫。

男子的胡服大都结合汉服进行改造，而“仕女衣胡服”则原封不动地采用。

唐初女子盛行骑马“着幂䍦，全身障蔽”[2]。幂䍦是吐谷浑的女装，用半透明的纱绢制作，形似斗篷，但从头戴到脚可合可开，戴者能窥见外面，外面看不到里面。北方多风沙，用来遮面防沙。《旧唐书·李密传》载，武德元年（618年），李密图谋叛唐，“乃简骁勇数十人，着妇人衣，戴幂䍦，藏刀裙下，诈为妻妾，自率之入桃林县舍”。

永徽（650—655年）后，又流行西域的帷帽。新疆吐鲁番阿斯塔那187号墓曾出土一骑马戴帷帽的女俑，其形制高顶大檐，下垂丝网至颈，极其潇洒。开元天宝后，又换上了尖顶卷檐的胡帽，不仅原封不动地穿用胡服，而且明显地勾画出了日趋开放的新潮。《旧唐书·舆服志》载：“则天之后，帷帽大行，幂䍦渐息。中宗即位，宫禁宽弛，公私妇人无复幂䍦之制。开元初，从驾宫人骑马者，皆着胡帽，靓妆露面，无复障蔽。士庶之家，又相仿效，帷帽之制，绝不行用。俄又露髻驰骋，或有着丈夫衣服靴衫，而尊卑内外，斯一贯矣。”

唐朝诗人元稹在《法曲》诗中描绘当时好胡服、胡妆的盛况说：

自从胡骑起烟尘，毛毳腥膻满咸洛。
女为胡妇学胡妆，伎进胡音务胡乐。

（三）妇女服饰新风潮

唐代是封建社会的鼎盛时期，经济文化的高度繁荣和宽松开放的文化氛围，在服饰上打下了深刻的时代烙印。尤其是妇女服饰，成了唐代服饰新潮的晴雨

〔1〕《大唐新语·从善》，北京：中华书局，1984年版。
〔2〕《新唐书·五行志一》，北京：中华书局，1975年版。

表，款式之繁多、质料之昂贵、工艺之高超、袒露程度之空前绝后，都大大超过了前代。这种服饰新风潮，除上述胡服、胡妆外，还有以下表现：

其一，妇女“着丈夫衣服靴衫”。

陕西乾县永泰公主（唐中宗之女）墓中，有《虢国夫人游春图》《唐人双陆图》壁画。画中的妇女头戴幞头，身穿圆领窄袖袍衫，足蹬乌皮靴，与男子无异。武则天之女太平公主穿着男子的紫衫玉带、皂罗折上巾，出现在唐高宗的宴会上。当时的守旧人士李华看不惯这种现象，认为是颠倒了阴阳：“妇人为丈夫之象，丈夫为妇人之饰，颠之倒之，莫甚于此。”〔1〕

这种服饰新潮，表现了唐代妇女刚健强悍的审美追求，与唐代的政治气候是吻合的。武则天甚至敢服用男子的冕旒、黄袍，其他的男子服饰就更不在话下了。

其二，妇女穿着戎装。

唐代妇女还继承了北朝妇女尚武的习俗，特别喜欢穿着戎装。唐高祖李渊的女儿平阳公主曾在陕西鄠县（今户县经）司竹园起义，她是唐初著名的巾帼武将。唐玄宗时，有个善舞剑的公孙大娘，穿戎装舞剑，并收了许多女弟子。唐诗人司空图的《剑器》诗写道：“楼下公孙昔擅场，空教女子爱军装。”到僖宗年间，洛阳妇女仍流行戎装和军人冠。

其三，空前绝后的袒露装。

袒露装由袒胸窄袖衫或大袖衫、高束腰的长裙组成，并打破“裙不居外”的礼制，以显示女性形体的曲线美。永泰公主墓壁画《侍女图》中的侍女，身穿“V”字形的短罗衫或披帛，长裙束在外面，均袒露胸前肌肤，比现在的服饰还显得开放。不光是宫中侍女，一般少妇也着袒露装。唐诗人周濆《逢邻女》言：“慢束罗裙半露胸。”方干《赠美人》诗：“粉胸半掩疑晴雪。”就是证明。

还有的不穿内衣，仅用极薄而透明的轻罗纱。唐代画家周昉《簪花仕女图》中的妇女，仅穿透明的纱衣蔽体。《古今图书集成·礼仪典·裙部》引《荆湖近事》记载，当时还流行一种散幅裙，用多幅纱绢遮蔽下体，而不缝合在一起，是袒露装的另一种形式。

---

〔1〕李华：《与外孙崔氏二孩书》，载《全唐文》卷三一五，北京：中华书局，1983年影印版。

▲唐　周昉　《唐人双陆图》

▲唐　周昉　《簪花仕女图》

其四，姿态万千的裙式。

唐代的裙式名目繁多，有石榴裙、柳花裙、藕丝裙、珍珠裙、翡翠裙、郁金裙、花笼裙、千褶裙、羊肠裙、百鸟裙等，有的是指质料、颜色、样式，有的是指工艺。

石榴裙始于南朝。梁元帝《乌栖曲》有“芙蓉为带石榴裙”的诗句。到唐代，石榴裙成为最流行的裙式。白居易《卢侍御四妓乞诗》言：“山石榴花染舞裙。”万楚《五日观妓》言：“眉黛夺将萱草色，红裙妒杀石榴花。”

从工艺上讲，有绣花、染缬（在织物上染色显花）、作画、镂金、穿珠、嵌宝石等，使唐裙更加典雅华贵、富丽堂皇，成为世界服饰史上的奇葩。

唐中宗的女儿安乐公主“使尚方合百鸟毛织二裙，正视为一色，傍视为一色，日中为一色，影中为一色，而百鸟之状皆见”。这种百鸟毛裙，是现代也没有的“变色裙”“变花纹裙”。她出嫁时，“益州献单丝碧罗笼裙，缕金为花鸟，细如丝发，大如黍米，眼、鼻、嘴、甲皆备”[1]。

三、明朝恢复汉族衣冠

辽、金、元时期，契丹、女真、蒙古族的服饰对中国传统服饰进行了不同程度的冲击。明朝建立后，取法周汉唐宋，全面恢复汉族衣冠。除上述传统服饰外，明代服饰又有下列变化。

（一）龙袍、蟒袍和补服

龙袍是比冕服略低一级的皇帝常服。在中国人的风俗观念中，它还是皇帝的代名词和替身。元文宗时，曾“出金盘龙袍及宫女”[2]赐给速哥。可知明以前就有龙袍，但不是皇帝的专利。

〔1〕《新唐书·五行志一》，北京：中华书局，1975年版。
〔2〕《元史·速哥传》，北京：中华书局，1976年版。

明　佚名《明光宗坐像轴》画中明光宗朱常洛身穿龙袍

清　郎世宁《乾隆皇帝朝服像》

明朝嘉靖七年（1528年）更定的龙袍，“服如古玄端之制，色玄，边缘以青，两肩绣日月，前盘圆龙一，后盘方龙二，边加龙文八十一，领与两袪共龙文五九。衽同前后齐，共龙文四九。衬用深衣之制，色黄。袂圆袪方，下齐负绳及踝十二幅。素带，朱里青表，绿缘边，腰围饰以玉龙九”〔1〕。

龙袍是皇权至高无上的象征，他人不得僭用。明清时，龙袍成为定制。明初将领廖永忠，因“僭用龙凤诸不法事，赐死”〔2〕。

清代的龙袍承袭明朝，但略有区别。袖为马蹄袖，一般有龙纹。下裾边缘斜向排列着许多弯曲的蓝、黑、红、黄相间的线条，称作“水脚”。水脚之上有翻滚的波浪，上立山石宝物，俗称“海水江涯”。另外，明朝的龙袍为玄、黄二色，清代基本以明黄、金黄为主。

蟒袍是官员常用的礼服。古有“五爪为龙，四爪为蟒”的说法。明代文武官员“一品至六品，穿四爪龙”〔3〕的蟒袍。据《明会典》载，蟒袍是特赐给大臣的，不是够品级的都有，除特赐外，既不许违例奏请，也不许僭用，特赐的蟒袍久而损坏，也不许重新复制。

清代沿用明朝蟒袍。据《大清会典》载，皇子、亲王之袍，绣九条五爪金黄色蟒（五爪也称蟒，不准称龙）。一品至七品官，按品

▶张文忠公坐蟒赐服像

〔1〕《明史·舆服志二》，北京：中华书局，1974年版。
〔2〕《明史·廖永忠传》，北京：中华书局，1974年版。
〔3〕《明史·舆服志三》，北京：中华书局，1974年版。

级绣四爪蟒八至五条，不得用金黄色。

补服又称补子，为明朝独创，是表示官阶高下的鲜明标志。补服即在官服的前胸后背各缀一方形补丁，按照文禽武兽的原则绣上各种禽兽的图案。

清代沿用明代补服，四周绣有花边，并以青、黑、红色为底，比明代更加鲜艳。由于清代的官服为对襟服，胸前的补服被分为两块，后面的补服为一整块。

（二）凤冠、霞帔

古代贵族妇女往往以凤凰为冠饰。据《明史·舆服志》载，明朝皇后礼服的冠饰是九龙四凤。明神宗定陵出土了四顶凤冠，龙凤数目各不相同。其中一顶为六龙三凤，龙在顶两端，口衔长串珠滴，似有戏凤之意。正面有三只展翅凤凰。冠后下方有左右各三扇博鬓，展开后如同五彩缤纷的凤尾。

皇妃、公主、太子妃的冠饰是九翚（huī）四凤。翚是五彩的山雉。一品至七品命妇的凤冠没有凤，绣有不同数量的雉。

霞帔亦称“霞披”“披帛”，以其艳丽如彩霞，故名。披帛以一幅丝帛绕过肩背，交于胸前。前述永泰公主墓《侍女图》中的侍女，有的就服披帛。白居易《霓裳羽衣舞歌》言：“案前舞者颜如玉，不著人间俗衣服。虹裳霞帔步摇冠，钿璎累累佩珊珊。”说的就是这种披帛。《事林广记·服饰类》载：“晋永嘉中，制绛晕帔子，令王妃以下通服之。”宋代定为命妇冠服，非恩赐不得服。明代始为标志命妇品级的服饰，自公侯一品至九品命妇，皆服用不同绣纹的霞帔。

明 孝靖皇后十二龙九凤冠

明代以后，凤

冠、霞帔流入民间。直到中华人民共和国成立前，遇隆重庆典或结婚等，一般妇女能戴用一次凤冠霞帔，感到非常荣耀。

（三）“分等级，定尊卑”的服饰限定

明朝，标志品官等级的服色更加复杂。上述的幞头、乌纱帽、玉带、品色服、冠梁、蟒袍、补服等，都有严格的品级规定。上可兼下，下不得拟上。

据《明会典》记载，官民人等不仅不准僭用龙凤花纹、蟒龙、飞鱼、斗牛等，民间所有的器物一概不得用黄色。缝合衣衫靴鞋，既不能用金线装饰，也不能使用黄线。马鞍、坐垫等器物也不能用黄色。除了天然的黄金、黄树叶、黄花、黄土地外，民间几乎就没有黄色了。

至于一般平民百姓所受到的服饰限制，更是数不胜数。庶人首饰不许用金玉、玛瑙、珊瑚、琥珀等，只许用银和镀金。服饰不许僭用品官的服色花样，不能用金绣、绮丝、绫罗。妇女服饰除不许用黄色，还不许用大红、鸦青。洪武二十五年（1392年）还规定，庶民、商贾、技艺等不许穿靴。北方地寒，只许穿牛皮直缝靴。

这些服饰上的严格限定，是明代专制等级制度加强的反映，对形成中国人的服饰角色心态影响极大。

明 崇祯年代的人物服饰

四、清初的服饰变革

清军入关后，中国又发生了一次深刻的服饰变革。清初统治者把是否接受满洲服饰看成是否接受其统治的标志，强令汉民改变头饰和服饰。

明朝遗臣金之俊就典制、风俗向清廷上“十从十不从”的建议：“男从女不从；生从死不从；阳从阴不从；官从隶不从；老从少不从；儒从释道不从；娼从优伶不从；仕宦从而婚姬不从；国号从而官号不从；役税从而语言文字不从。”[1] 成年男子一律改成满洲服饰，流传数千年的衣、裳、冠、冕之制最后绝迹。

（一）薙（tì 剃）发留辫、瓜皮帽、马褂、马蹄袖

顺治元年（1644 年），清政府颁布薙（tì）发令。由于京畿各地汉民的反抗，才迫使清廷收回成命，“天下臣民照旧束发，悉从其便”[2]。第二年六月，清军攻下江南，重申薙发令。规定清军所到之处，限十日之内，尽行剃去前半部头发，后半部依满洲旧俗，垂发辫，废弃明朝衣冠，违者处死，并扬言“留发不留头，留头不留发”。

这一损伤汉族尊严、破坏传统风俗的政策，遭到汉族人民的英勇反抗。尤以嘉定、江阴最为壮烈，针锋相对地提出了“头可断，发不可剃”的口号。他们坚守城池，失败后遭到了野蛮的屠杀和血洗。清末民初人胡蕴玉曾撰《发史》，记载了一位位可歌可泣的反薙发的孝义之士：浙江人周齐曾为了不留辫子，把头发全部剃光，一根不少地埋入坟墓，称作“发冢”，作《囊云发冢铭》曰：“冢外有全人，已无须无发；冢中有全人，复无肉无骨。”宣城人麻三衡抗清失败，壮烈殉义，临刑赋诗：“欲存千尺发，笑弃百年头。”

一般说来，社会习俗的形成，往往表现为渐进而不是突变，即使统治阶级提

〔1〕天嘏：《清朝外史·金之俊限制满洲法》，台北：文桥书局，1972 年版，第 144—145 页。
〔2〕《清世祖实录》卷五《顺治元年五月辛亥》，台北：台湾华文书局，1984 年影印版。

倡，也要有一个沿袭过程和一定的民俗承受能力。清初的做法，与历代新建王朝“易服色”的传统别无二致，只是来得更加残酷野蛮，且带有异族征服的高压特征。汉民长期受“身体发肤受之父母，不敢毁伤”[1]的熏染，根本不具备这方面的承受能力。这一民族征服措施给汉民留下了不可磨灭的心理阴影，也就为清朝灭亡时遭到同样的报复，培植了必须吞食的苦果。清朝灭亡前后，剪发问题成为当时最敏感的关注焦点。《嘉定屠城记》《扬州十日记》等书，成为宣传革命的有力武器，原因也在于此。

清政府完成对全国的征服后，薙发留辫便成为清代成年男子的头式。

瓜皮帽又称“六合帽”“六瓣便帽”，形制像半个西瓜。《三才图会·帽子》载：“帽者，冒也。用帛六瓣缝成之。其制类古皮弁，特缝间少玉石耳。此为齐民之服。”据顾炎武《日知录》卷二十八载，六瓣便帽“始制于明太祖定鼎时，取六合统一之意”。可知瓜皮帽始自明代。瓜皮帽用布帛缝合成软胎，还可以折叠纳于怀中，比冠、弁更适应剃发留辫后的头饰，故清代比明代更加流行。清代士大夫燕居时亦多戴瓜皮帽。辛亥革命倡言易服时，有人呼吁“六瓣便帽系我汉制”“毋须改制”“若改六瓣为五瓣，则益合于五族一家之旨”[2]。

汉族原有类似马褂的服饰，唐代叫作“半臂”，明代叫作“背子”。清代的马褂也称“马甲”，属于满族男子的上衣，穿在长袍、长衫之外，便于骑射。马褂有半袖、短袖，无袖即为马甲，明人称作“背心”，身长均与肚脐齐。清代最高贵的是黄马褂，非特赐不得服。清代例准巡行、扈从大臣穿明黄色的黄马褂，正黄旗官兵用金黄色。

满人男女的礼服，均带马蹄袖。有的单做一个，扣在手袖内，俗称“龙吞口”，用毕解下可作便服。

（二）冠顶、旗袍和旗鞋

由于金之俊“十从十不从”的建议，成年男子一概改穿满洲服饰，汉族妇女

〔1〕《孝经·开宗明义》，载《十三经注疏》，北京：中华书局，1980年版。
〔2〕《瓜皮帽之研究》，载上海《民立报》，1912年4月5日。

▲清　金镶东珠猫睛石嫔妃朝冠顶

▲清　翠玉翎管

儿童仍着传统的明装，出现服饰杂乱的现象。满族妇女则着旗装。

入关后的满族妇女，将头发分成两把，梳成高髻，俗称“叉子头”“两把头”。又在脑后垂下一绺头发，修成两个尖角，名谓“燕尾”。宫廷妇女和贵妇在发髻上戴扇形冠，称作“冠顶”。

旗袍以一整块衣料剪裁，呈直筒状，圆领，右大襟，下摆和袖口较宽大，上下连体，不开衩，任何部位都不重叠。

旗袍有单、夹、棉、皮多种，省工省料，一件可抵汉族的衣、裙、裤多种，能展现女性的自然体态，又能和西式的高腰袜、高跟鞋配套。故清朝灭亡后，许多满族服饰被淘汰，而旗袍却被保留下来，成为上层女士流行的服装。不过，样式不断改观。袖子从宽到窄，从长到短，从有到无。下摆由长到短，再由短到长。下摆原来不开衩，后来下摆开衩成了旗袍的显著标志。

旗鞋是一种木底高跟鞋。不过，高跟不是在脚后跟，而是在脚心部位。在木底的中间，镶上一块约两寸多的木鞋跟。鞋底上大下小的，踏地部分像马蹄，叫“马蹄底”。上宽下圆的，踏地部分像花盆，叫“花盆底”。木跟以白布包裹，帮、纯、缯加刺绣、穿珠等装饰，配合旗袍穿用，显得体态修长，别具风韵。

（三）暖帽、凉帽、顶戴花翎

清代官服继承明代的蟒袍、玉带、补服，废除明代的冠服，代之以暖帽、凉帽和顶戴花翎。

满人起自东北，男子多戴暖帽。其形制为圆形，周围有一道檐边，用皮、呢、缎、布制成，黑色居多。檐内装一丝或缎制的圆顶帽，一般为红色。顶部有底座，伸出一根铜管，装上红缨、翎管、顶珠，然后用螺帽固定。夏秋则用各种草或藤丝编成没有四周檐边的凉帽，上锐而下阔，圆如覆釜，内有帽带结于颌下。原来满族男子的暖帽、凉帽顶部都饰红缨，又称“红缨帽”。入关后，只有官兵的帽子才有红缨。

翎管是用来插花翎的，花翎即孔雀羽毛，根据像眼睛一样的彩色斑纹的不同，分成单眼、双眼、三眼花翎。亲王、郡王、贝勒不戴花翎，固伦额驸、贝子戴三眼花翎，镇国公、辅国公、和硕额驸戴双眼花翎，五品以上官员戴单眼花翎，六品以下官员戴无眼花翎。

顶戴是暖帽、凉帽顶上镶嵌的宝石。一品官为红宝石，二品红珊瑚，三品蓝宝石，四品青金石，五品水晶石，六品砗磲，七品素金，八品阳文镂花金，九品阴文镂花金。无顶戴即为无品级，俗称“未入流”。革去官职时，首先摘掉顶戴花翎。由于一、二品高官是红顶戴，红顶、顶戴花翎与前述的蟒袍玉带、乌纱帽、缙绅一样，都是官位的代称。我们常说的“以人血染红顶”，即指用别人的鲜血来换取高官厚禄。

五、近代剪辫易服风潮

辛亥革命前后的剪辫易服风潮，是社会政治变革、西俗东渐和近代文明开化的产物，与清王朝的生死存亡、帝制与共和的政治选择紧密联系在一起。

（一）民族的屈辱、觉醒与剪辫风潮

鸦片战争后，中国的外交官、留学生一踏出国门，首先因一条发辫遭到外国人的讪笑和侮辱，被称为“拖尾奴才”“豚尾奴”。一种共同的民族屈辱感、羞耻感，使人们产生了对愚昧落后的自省和对剪辫易服的共识。清初薙发的阴影又回荡于国人的脑海，发辫作为清朝统治的标志，再次受到国人的憎恨和诅咒。在国外参加革命党的留学生毅然剪发，以示同清政府决裂和推翻帝制的决心。清末新政，为开明派官僚的“叛逆”行为提供了合理合法的参照。因为立宪已属大悖祖宗成法，剪发不仅不值得大惊小怪，且为推行新政所必需。一部分出使大臣、外部侍郎及军警学界，亦纷纷剪辫，清政府只得漠然置之。

此口一开，朝野上下剪辫易服的呼声一浪高过一浪，全国各大报刊均大力宣传，并指出蓄发留辫的种种弊端：屡被外人讪笑，有伤国体；军警演练、学生做操、工场作业，多有妨碍，甚至有生命之虞；污垢衣裳，有碍卫生。时论指责那些顽固分子“舍不得一条猪尾巴”，号召国人“免豚尾之讪笑，导文明之先机”[1]。

在剪辫呼声日益高涨的形势下，1910 年 12 月，清政府资政院开明派官僚与守旧派经过激烈舌战，终于通过剪辫议案。根据资政院奏请，清政府被迫准予官民自由剪辫。

辛亥革命爆发，湖北军政府都督黎元洪表示，革命“一俟成功，全体军民一律剪发。已饬府中各部办事人员全体剪发，否则不认之为同胞，并先行将烦恼丝毅然剪去，以为各部表率”[2]。剪发由各界的共同呼声，升华为资产阶级移风易俗的革命措施了。

由于辛亥革命后革命势力与复辟势力的斗争反复跌宕，使剪辫与反剪辫的斗争十分激烈尖锐，其发生的流血事件，几乎是清初薙发与反薙发的翻版。

据 1912 年 6 月 10 日上海《民立报》载，黑龙江交涉局总办李虞臣被杨某剪去辫子，在家僵卧绝食三日，痛不欲生。山东沂水县前清朝官吏组成保发

〔1〕上海《民立报》，1910 年 12 月 23 日。
〔2〕《武汉革命大风云》，载上海《民立报》，1911 年 10 月 22 日。

会，其喊出的“头可割，发不可断”[1]的口号，与清初汉民反薙发如出一辙。山东复辟势力在文登、荣成、诸城大杀“秃子”，“遇剪发者格杀勿论”[2]。文登有两个十几岁的剪辫小孩，被奶奶藏在被子里，仍被搜出遭残杀。[3]

据1912年7月24日《民立报》载，山东昌邑县王民政长，用强迫手段将县署内役吏剪去发辫。县里书差们将王民政长捉住，把剪发的执事人员以及主张剪辫的议员、绅士等杀死30余人。省里派员到县，借点名之机，不问青红皂白，将47名书差全部正法。省员回济南，幸存的书差又聚众来到主张剪发最强烈的庞绅士家，不分男女长幼30余口一概杀毙。如此反复仇杀，与清初薙发酿成的血案同样触目惊心。

经过疾风暴雨式剪辫风潮的洗礼，剪辫逐渐得到人们的认同。那些顽固守旧分子，也因民国建立而不再博取效忠清政府的空洞名节。到民国成立以后的20余年间，发辫逐渐在成年男子中绝迹。乡间的男人通常剃光头，俗称“和尚头”。城市职员、学生及各界上层的男人，留短发分头，俗称“分发头”。

（二）西装的传入和中山装的诞生

在近代“西风东渐”和中西文化碰撞、对比、筛选的过程中，人们越来越发现，传统服饰不仅臃肿、散漫、单调，给人以老气横秋的感觉，而且与日益加快的生活节奏很不协调。西装则显得挺直、整齐、紧凑、灵活，使人耳目一新。随着社会日趋文明开化，人们的服饰价值观念、审美观念不断地由古典向现代趋新。

中国最早着洋装的，是香港、广州、上海等口岸的一些为外国人当买办的华人。此外，是出于职业谋生需要的妓女阶层。近人徐珂《清稗类钞·风俗类》称，上海妓女“欲以标新领异，取悦狎客”“有戴西式猎帽，披西式大衣者，皆

〔1〕《顺天时报》，民国元年9月7日。
〔2〕《山东文献》，第11卷第2期，台北：台湾山东文献出版社，第151页。
〔3〕丛萍滋口述，林治文整理：《文登丛氏一门三烈》，载山东省政协文史资料委员会编：《辛亥革命在山东——纪念辛亥革命八十周年》，济南：山东人民出版社，1991年版，第288页。

泰西男子所服也”。在华夷大防传统观念的影响下是不允许的，尤其是不允许官僚阶层穿洋装。驻英公使郭嵩焘为避风寒临时披了洋人的衣服，竟作为罪状遭到弹劾。

戊戌维新、清末新政，冲破了服饰上的华夷大防。参照西装和日本制服而制作的军服、警服首先映入国人的视野。它一改长衫大褂的传统，展示了优越的实用价值和雄武刚健的审美形象。20 世纪初，大城市的中小学校又出现统一制作的学生装。它吸取了西装、日本制服和军警服的优点，使人领略到一种新时代的气息，西服洋装在国人视觉中不再像洪水猛兽那样可怕。就连最高统治阶层的满人，末代皇帝溥仪的父亲载沣也喜欢穿西装，而且把衬衫穿在裤子外面，闹出了笑话。1911 年 4 月 26 日上海《民立报》载《和尚改穿洋装》称：“（上海）城内沉香阁僧镇海不守清规，经佛教公所查确斥退……兹悉，该僧已易穿西服。”

辛亥革命后，全国掀起了一股“洋装热”。1911 年 11 月 15 日《民立报》载，上海制帽公司的毡制西帽积货甚巨，旬日之间被抢购一空。据 1912 年 6 月的《申报》统计，武昌改西装输出的金钱超过 2000 万。天津海关进口洋服、洋帽二项，达 125 万两白银。

以西装为代表的新服装的兴起，与长袍马褂式的清朝服饰形成新旧两种思潮的鲜明对立。革命党人和学界青年成为服饰新潮的领导者。1913 年 6 月 15 日《大公报》称，洋装“其始不过私娼荡妇所为，继则女学生亦纷纷效法”。清政府的遗老遗少继续留着长辫子，穿着长袍马褂，用它寄托着光复帝制的希望。大部分人对这突如其来的服饰变迁缺乏心理准备，原来被框定在传统的服饰结构中，形成了一种惰性依赖，一旦失去成规，反倒茫然无所适从。有的在时髦西化潮流冲击下盲目选择，糊里糊涂地剪去发辫，穿上了西装。过了一段时间后，又感到怀旧和失落，发现不对劲，又换上了长袍马褂和假发辫。

在这新旧服饰文化的交替、转型之际，诞生了具有划时代意义的中山装。

孙中山不仅是中国资产阶级革命的先行者，而且还是移风易俗的倡导者和服饰改革家。1923 年，孙中山在广州任革命政府大元帅时，深感西服穿着不便，且不完全适应中国人的生活特点，提出了“礼服在所必更，常服听民自便”的原则。参照南洋华侨中的“企领文装”和西服，由广东人黄隆生协助设计，创造了中山装。

中山装的上衣为站翻领、对襟、五纽，左右前襟有上小下大四个明袋，上加软盖。裤子前开缝，用纽扣系解，两侧各一大暗袋，前有一小暗袋（表袋），后面一带软盖的暗袋。之所以设计这么多的口袋，意在装进书本等学习、工作必需品，便于随身物品的携带。

随着时间的推移，西装、中山装虽未得到进一步的普及，却在崇洋、趋新型的群体中找到了知音，拥有了市场。普通民众的服饰趋新意识是浅薄而又务实的，他们对西装的兴趣远不如对与西装配套的洋式衬衣、绒衣、针织衫裤、西裤、纱袜、胶鞋的欢迎；对西装新款式的选择，也远不如对机织毛呢、人造丝织品、洋布的采用。在穷乡僻壤，或许根本见不到西服的影子，而质细价廉的洋布却早已进入普通百姓的服饰生活。结果，不同的服饰被不同的社会群体所认领。上层的人们，新潮者着西装、中山装、旗袍、高跟鞋。城市工商界及乡村绅士仍穿长袍马褂。乡村农民着大襟长襦、短襦、对襟衫褂、便服长短裤、布袜。各种服饰并行不悖，形成了中西并存、土洋结合的多元化服饰结构。

（三）近代服饰变迁的新动向

辛亥革命以来的服饰变迁，蕴含着对西方服饰挑战的被迫回应，是一种发生变异的新服饰形态，它大大推动了中国服饰近代化的进程。

首先，枯燥单调的服饰结构被冲破，形成了以新潮服饰为先导的多元化服饰结构，注入了清新昂扬的近代文明气息。封建等级式的服饰雷同结构被冲破，演变为类别、角色型的服饰结构，体现了人们平等观念的勃兴。

其次，从服饰观念上看，服饰上的华夷之辨、华夷大防日渐淡化，西服洋装、满族服饰不再是印象中“披发左衽”的外夷标志。尤其是西方的洋布，与当时流行的“洋火、洋油、洋铁”等带“洋”字的进口货一起，促成了人们的崇洋心理。由排夷到崇洋，反映了思想观念的开化和眼界的开阔，长期存在的盲目排外心理逐渐消失了。

最后，留学生、学界青年等新式知识分子成为服饰新潮的领导者。由个体的名人效应，到文明开化的、具备高层文化素质的群体；由私娼荡妇到学界女青年，反映了视服饰过分艳美、新奇为妖气、淫荡的旧观念日渐淡化，服饰趋新、超越意识日渐强化和广泛。

辛亥革命前后服饰变革的成果之一，就是学界女青年取代了妓女，成为服饰新潮的领导者。

胡朴安《中华全国风俗志》下编《南京采风记》载：“妇女衣服好时髦者每追踪上海，亦不问其式样大半出于妓女之新花色也。”1913年6月15日的《大公报》刊登的《粤女学生怪装》载，西式服装“其始不过私娼荡妇所为，继则女学生亦纷纷效法”。近人徐珂《清稗类钞·服饰类》对此记载甚详：

> 光绪时，沪妓喜施极浓之胭脂，因而大家闺秀纷纷效尤。然实始于名妓林黛玉，盖用以掩恶疮之斑者也。女学堂大兴，而女学生无不淡妆雅服，洗尽铅华，无复当年涂粉抹脂之恶态，北里（妓院）亦效之。故女子服饰，初由北里而传至良家，后则由良家而传至北里。此其变迁之迹，极端相反者也。
>
> ……
>
> 同光之交，上海青楼中人之衣饰，岁易新式，靓装倩服，悉随时尚。而妓家花样翻新，或有半效粤装者。出局时，怀中皆有极小眼镜，观剧侑酒，随置坐隅，修容饰貌，虽至醉亦不云鬟斜亸，宝髻半偏也。至光宣间，则更奇诡万状。衣之长及腰而已，身若束薪，袖短露肘，盖欲以标新领异，取悦于狎客耳。而风尚所趋，良家妇女无不尤而效之。未几，且及于内地矣。
>
> 又有戴西式之猎帽，披西式之大衣者，皆泰西男子所服者也。徒步而行，杂稠人中，几不辨其为女矣。

然而，近代服饰变迁虽不是传统服饰文化的自然延续，在传承和变异过程中似乎又是按照服饰传统规定的蓝图进行的。新时代的移风易俗深深地打上了历史传统的印记：实现民主共和的革命与改朝换代，“改正朔，易服色”成为跨越时代的知音；发辫暗示着共和与帝制的政治对立、背叛与效忠的道德抉择；穿衣戴帽是个人政治立场、思想倾向的外在标志。

第3节 佩饰和化妆

一、男子的佩饰和化妆

（一）玉、杂佩、璧、瑗、环、玦（jué）、香囊

玉是中国古代最重要的男子佩饰。《礼记·玉藻》载，“古之君子必佩玉”“行则鸣佩玉”。佩玉除表示贵族身份外，还彰显君子的各种美德。东汉许慎《说文一上·玉部》称：“玉石之美有五德。润泽以温，仁之方也；鳃（sāi）理自外可以知中，义之方也；其声舒扬，尃以远闻，智之方也；不挠而折，勇之方也；锐廉而不技，洁之方也。”所以，《礼记·玉藻》又讲：“君子无故，玉不去身。君子于玉比德焉。”

先秦男子的玉佩叫杂佩。《诗经·郑风·女曰鸡鸣》载：“知子来之，杂佩以赠之。”《三才图会》中绘制的明代皇帝的佩绶，最上面的叫作“珩（héng）”，第二层中间一块叫作“瑀（yǔ）”，两边的叫“琚（jū）”。先秦时的杂佩共三层，第三层也是三块，中间一块叫“冲牙”，呈狭长的六边形，两边的两块叫“璜（huáng）”，呈相对的半圆形。珩、瑀、琚、璜、冲牙用蠙珠丝绳

▲明朝皇帝的佩绶

穿起来，佩戴在身上动时，就会互相碰撞出声，做到“君子行则鸣佩玉”。

璧、瑗、环、玦都是平面环形玉，中间的孔叫“好”，四周的边叫“肉”。《尔雅·释器》讲：“肉倍好，谓之璧；好倍肉，谓之瑗；肉好若一，谓之环。”玦是平面环形断开的玉。

▲齐家文化玉璧

▲瑗

▲环

▲新石器时代晚期耳饰玦

《荀子·大略》载：“问士以璧，召人以瑗，绝人以玦，反（返）绝以环。”杨倞注曰：“古者臣有罪，待放于境，三年不敢去。与之环则还，与之玦则绝。”可见，环的含义是回还、团圆。南宋陆游《老学庵笔记》载，北宋蔡京被罢官居钱塘，宋徽宗派宦官赐给他茶、药，盒中放了一个玉环。蔡京马上命人准备行装。不到两天，召他还京的诏书就到了。玦的含义是决绝、决断。晋献公派太子申生伐东山的狄人，“佩之金玦”[1]，狐突据此预知申生将被废掉。鸿门宴上，项羽迟迟下不了杀刘邦的决心，范增“举所佩玉玦以示之者

▲战国中晚期　双龙鸟纹玉佩

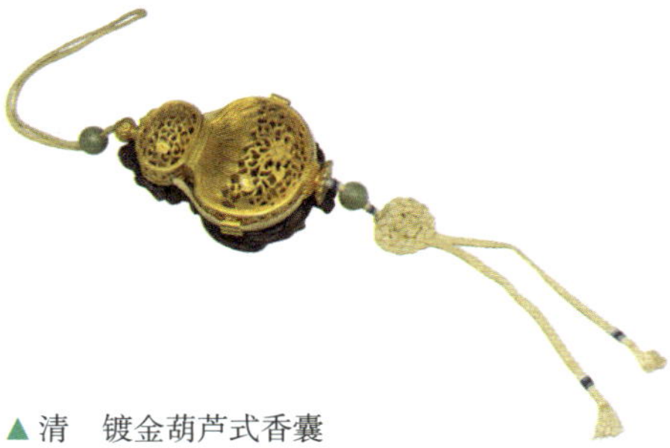
▲清　镀金葫芦式香囊

〔1〕《左传·闵公二年》，载《十三经注疏》，北京：中华书局，1980年影印版。

三”[1]，就是暗示项羽当机立决。

古代佩饰用来提醒、告诫、鞭策自己，表达自己的意愿。“西门豹之性急，故佩韦以自缓；董安于之心缓，故佩弦以自急。”[2]《史记·仲尼弟子列传》载，孔子弟子子路“好勇力，志伉直，冠雄鸡，佩豭豚（公猪）”。

香囊是古人革袋上佩带的香袋，又称锦囊、容臭。有的用来放香料，有的用来放文稿或机密物品。东晋名将谢玄好佩紫罗香囊，叔父谢安看不惯，又怕伤了他的自尊，就以赌博的方式赢来烧掉了。李商隐《李长吉小传》载，唐诗人李贺（字长吉）经常背着一个破锦囊，一有灵感就写下来，投入囊中。

（二）沐浴、沐发、护须、傅粉

古人非常重视仪容和体肤的整洁，爱清洁、讲卫生、注意自身的外在美、以乐观的精神装点和美化自己的外表，是古老的传统。

《礼记·内则》载，古人鸡鸣开始盥漱理发。周公告诫儿子伯禽说：“我一沐三捉发，一饭三吐哺，起以待士。”[3]说明周公经常沐发，否则就不会老让拜访者碰到了。

周朝诸侯朝见天子，天子赐以王畿之内的供沐浴的封邑，叫作“汤沐邑”。秦汉以后，皇帝、皇后、公主等都有汤沐邑，就是借沐浴的名义来增加自己的经济特权。朝廷官员法定的假期，叫作“休沐”，也是为了让他们沐浴和浣衣。孔子“沐浴而朝”，古人在祭祀和重大活动，包括会客前，要斋戒或沐浴更衣。《韩诗外传》卷一第十一章载：“新沐者必弹冠，新浴者必更衣。”弹冠相庆不仅是高兴，而且要把灰尘除掉，反映了古人对仪容和清洁的重视。

古代男子特别注意蓄须和护须，以长须为美，无须为耻。

孔子的孙子思无须，齐王要把一个美须人的胡须移给他作假须。西汉张良无须，司马迁满怀遗憾地说：“余以为其人计（极）魁梧奇伟，至见其图，状貌

[1]《史记·项羽本纪》，北京：中华书局，1959年版。
[2]《韩非子·观行》，载《诸子集成》，上海：上海书店，1986年影印版。
[3]《史记·鲁周公世家》，北京：中华书局，1959年版。

明 商喜《关羽擒将图》图中关羽等人皆长须形象

如妇人好女。”[1]三国关羽美须髯，不服气马超，诸葛亮回信说，马超“犹未及髯之绝伦逸群也”[2]。古人不仅以长须为美，还以长须为贤。《资治通鉴·周威王二十三年》载：“美鬓长大则贤。”

既然须髯是仪容和品格的标志，就要好好珍视、保护。东汉温序被隗嚣的军队劫持，衔须于口，说：“为贼所迫杀，无令须污于土。”[3]西晋张华美须髯，以丝帛缠起来，以免玷污。

受“身体发肤受之父母，不敢毁伤”的影响，蓄发、留须一直是中原汉人的传统。除此之外，古人沐浴、沐发还是道德品格的自律，即保持身心的清洁，《礼记·儒行》叫作“澡身而浴德”，现在仍然叫作“洁身自好”。

男子唯一的化妆方式是傅粉。《史记·佞幸列传》载，西汉惠帝时，郎、侍中皆“傅粉脂”。三国诸葛亮为激怒司马懿，送给他“巾帼妇人之饰”[4]，没送粉脂。因为男子也用粉脂，不足以羞辱他。

魏晋是个性张扬的朝代，男子整容化妆发展到高峰。“魏尚书何晏，好服妇人之服”[5]，“动静粉白不去手，行步顾影”[6]，人称“傅粉何郎”。西晋尚书令贾充的女儿贾午与司空掾韩寿私通，将西域进贡的奇香偷给韩寿，韩寿佩戴在身上，被贾充觉察出他们“偷香窃玉”的风流韵事。当时的士族官僚刻意追求衣着的新款式，讲究漂亮的容貌、潇洒的风度，以至“燻衣、剃面、傅粉、施朱”[7]。既反映了蔑视封建礼教、追求人的自然本性的自我意识，又是对品格自律的放荡。

（三）潘、澡豆、肥皂

先秦两汉时，无肥皂一类的去污品，洗发、洗脸以米汁。《礼记·玉藻》

[1]《史记·留侯世家》，北京：中华书局，1959年版。
[2]《三国志·蜀书·关羽传》，北京：中华书局，1959年版。
[3]《后汉书·温序传》，北京：中华书局，1965年版。
[4]《晋书·宣帝纪》，北京：中华书局，1974年版。
[5]《宋书·五行志一》，北京：中华书局，1974年版。
[6]《三国志·魏志·曹爽传》注引鱼豢《魏略》，北京：中华书局，1959年版。
[7]《颜氏家训·勉学》，上海：上海古籍出版社，1980年版。

载："日五盥，沐稷而醴（huì）粱。"沐和醴都是洗的意思，稷是谷，粱是最好的谷品种。这种米汁也称作"潘"。齐国陈逆被抓进宫内，族人"遗之潘沐"[1]，魏晋时杜预注曰："潘，米汁，可以沐头。"

西晋时，宫内出现一种高级洗涤品，叫作"澡豆"。澡豆即皂荚树结的皂荚，色如漆，中有白仁。"皂隶""青红皂白"，即由皂荚而来。当时已发现它有洗衣去污的作用，是宫中专用的高级洗涤品，民间罕见。南朝宋刘义庆《世说新语·纰漏》载，西晋王敦娶晋武帝之女舞阳公主，王敦从厕所出来，有侍婢端着金澡盆盛水，琉璃碗盛澡豆，让他洗手。王敦以为是喝的，把水和澡豆倒在一起都喝了，侍婢们皆掩口而笑。

宋代人仍以澡豆去污。王安石不修边幅，面色黝黑，门人为他准备了澡豆洗脸，王安石说："天生黑于予，澡豆其如予何？"[2]宋人张耒还写了一首《皂荚树》诗：

畿县尘埃不可论，故山乔木尚能存。
不缘去垢须青荚，自爱苍鳞百岁根。

宋以后，人们开始制造肥皂。《本草纲目·肥皂荚集解》记载，有一种肥厚多肉的皂荚，"十月采荚，煮熟捣烂，和白面及诸香作丸，澡身面，去垢而腻润，胜于皂荚也"。这是中国最早的香皂。

二、女性的美容和化妆

在男尊女卑的社会中，视美女为玉帛珍宝的观念、文人学士对女性美的畸形夸张和亵渎性的赞誉，有力地刺激、推动了妇女美容艺术的高度发达。

〔1〕《左传·哀公十四年》，载《十三经注疏》，北京：中华书局，1980年影印版。
〔2〕《梦溪笔谈》卷九《人事一》，北京：中华书局，1962年版。

（一）簪钗、步摇、耳环、戒指、手镯

簪也称笄，是古人用来束髻定冠的器物，男女通服，后来发展为妇女的主要头饰。簪又演变为双股的钗。一般妇女用银、铜、骨制作，贫穷者以荆枝。东汉梁鸿妻孟光“布裙荆钗”[1]，故后人谦称自己的妻子为拙荆、山荆、荆妻。富贵妇人的簪钗用金、玉、翡翠、玳瑁（dài mào）、琥珀、珠宝等制作。南朝鲍照《拟行路难》言：“还君金钗玳瑁簪，不忍见之益愁思。”章孝标《贻美人》言：“宝髻巧梳金翡翠。”唐宋时期，贵族妇女将不同样式的簪钗插得满头都是。

步摇是用金、银、珠、翠等把簪的一头做成凤凰形，凤凰嘴里叼着一串五彩玉连成的垂珠。东汉刘熙《释名・释首饰》载：“步摇上有垂珠，步则摇动。”唐宋时期，步摇更加盛行。白居易《长恨歌》言：“云鬓花颜金步摇，芙蓉帐暖度春宵。”

耳环指环形的耳饰。自周朝以来，妇女即穿耳附珠。古代的耳饰有环形的，也有圆球形的，称作珥、珰。汉武帝谴责钩弋夫人，“夫人脱簪珥叩头”[2]。《孔雀东南飞》言：“耳著明月珰。”

戒指又称指环，手镯又称钏。《说文十四上・金部》载：“钏，臂环也。”现代男人戴戒指不戴手镯，而明代以前，男人戴手镯不戴戒指。明末张自烈《正字通・金部》载，钏“古男女通用，今惟女饰有之”。

戒指的产生，有特定的背景。《诗经・邶风・静女》毛传曰：“后妃群妾以礼御于君所，女史书其日月，授之以环，以进退之。生子、月辰则以金环退之，当御者以银环进之，着于左手，既御着于右手。”可知，戒指有“戒止”之意。夏商还没有黄金指环，这段材料也是传说，但即使是传说也足够了，足以让男子不戴戒指了。近代西风东渐以来，男人戴戒指的又多了起来。1911 年 10 月 2 日上海《民立报》上的《东西南北》栏目说：“戒指是前朝宫中记号，现今大老官、大少爷、大小姐均怀了孕了。”

〔1〕《太平御览》卷六九六《服章部一三・裙》引《列女传》，北京：中华书局，1960 年影印版。
〔2〕《史记・外戚世家》，北京：中华书局，1959 年版。

汉代始出现金指环。《西京杂记》[1]载，刘邦戚夫人，“以百炼金为彄，照见指上骨”。南朝沈约《俗说》载，晋哀帝王皇后有一磨金指环，极小，只能戴在小指上。西晋郭璞《玄中记》载：“天竺、大秦国出金指环。”汉魏六朝的史书，经常有西域、天竺遣使进献金指环的记载。

以指环作为定亲的信物，是胡族、中亚和西欧等国的风俗。《晋书·西戎传》载：“大宛俗，娶妇先以金同心指环为聘。”南北朝时，此风俗传到中国。《南史·丁贵嫔传》载，梁武帝在南齐时镇守樊城，登楼望见了丁贵嫔，赠以金环，纳进宫，那年她才14岁。到唐代，以戒指为定亲信物的风俗大行。西川节度使韦皋游江夏（今湖北武昌），碰见一个叫玉箫的女子，赠以玉指环，约定七年后相会。韦皋八年不至，玉箫绝食而死。

摘脱簪珥、指环，还是古代贵族妇女请罪的方式。齐桓公大会诸侯，卫国不至，谋伐卫。卫姬“脱簪珥，解环，再拜，请愆之罪”[2]。

（二）髻鬟和髢髲（dí bì）

古人十分重视妇女头发的美色。《诗经·鄘风·君子偕老》称：“鬒（zhěn）发如云，不屑髢也。”《左传·昭公二十八年》载：“昔有仍氏生女，黰黑而甚美，光可以鉴。”名曰玄妻“鬒”“黰”即稠密。先秦时，头发即以黑密为美，假发开始流行，叫作“髢”“髲”。《左传·哀公十七年》载，春秋卫庄公见己氏之妻的发美，剃下来为自己的夫人做了髢。

髻又称作结、紒，环形的称作鬟。先秦妇女的髻比较简单，只是把头发挽成结，像蝎尾一样上翘。《诗经·小雅·都人士》载：“彼君子女，卷发如虿（chài，蝎）。”这种髻式唐宋仍有梳者，黄庭坚《情人怨戏效徐庾慢体三首》云：“晚风斜虿发，逸艳照窗笼。”

两汉以后，妇女的髻逐步翻新花样，常见的有椎髻、高髻、堕马髻、双髻等。

〔1〕《太平御览》卷七一八《服用部二〇·指环》引，北京：中华书局，1960年影印版。
〔2〕《太平御览》卷六九二《服章部九·环》引刘向《列女传》，北京：中华书局，1960年影印版。

椎髻原为古代越人、匈奴人的发式。西汉初年，南越王赵佗“魋（zhuī）结箕踞”[1]接见汉使陆贾。《汉书·李陵传》载，西汉李陵、卫律投降匈奴后，“两人皆胡服椎结”。颜师古注曰：“结读曰髻，一撮之髻，其形如椎。”后流行于汉代劳动妇女之中。东汉梁鸿妻孟光知丈夫想隐居，“为椎髻，著布衣，操作而前”[2]。

到了唐代，椎髻花样翻新了，流行于贵妇阶层。方法是先梳一个底盘较大的圆鬟，上面再叠一个椎形。白居易《新乐府·时世妆》云：“圆鬟垂鬓椎髻样”，讲的就是这种髻。

▲河南邓县（今邓州市）北朝墓贵妇出游画像砖

高髻是两汉京师贵妇中流行的髻式。《后汉书·马援传》引当时民谚说：“城中好高髻，四方高一尺。”基本梳法是：将头发向后梳齐，再反卷上来，中间垫上用金属或竹木为衬的假发，向上高高卷起。魏晋以后，在高髻的基础上又演变出灵蛇髻、分髾（shāo）髻、凌云髻、惊鸿髻、飞天髻等，不下十几种。从河南邓州市北朝墓出土的贵妇出游画像砖可以看到，这些髻式不仅夸张了人体比例和发饰，而且富有直冲云霄的动态美，反映了妇女们冲破礼俗的时代审美追求。

为了使发髻高耸入云，妇女们争用髢髲。何法盛《晋中兴书》说：“太元中，妇女缓宾假髻，以为盛饰。”东晋陶侃家贫，好友范逵来访，其母头发委地，“截发得双髲，以易酒肴”[3]。这个“截发延宾”的故事，可见假发价格之高。假发缠在竹木上事先做好，俗称“假头”，可戴可摘，还可以互相借用，称作“借头”。

堕马髻的发明者是东汉梁冀的妻子孙寿。《后汉书·梁冀传》载：“寿色美而善为妖态，作愁眉、啼妆、堕马髻、折腰步，龋齿笑，以为媚惑。”这种髻式歪在一边，如骑马者似堕非堕之状，深得贵妇喜爱，很快风靡各地，从东汉到明清

〔1〕《史记·郦生陆贾列传》，北京：中华书局，1959年版。
〔2〕《后汉书·梁鸿传》，北京：中华书局，1965年版。
〔3〕《晋书·陶侃传》，北京：中华书局，1974年版。

经久不衰，被称作梁家髻、倭堕髻、逶迤髻。南朝萧子显《日出东南隅行》言：“逶迤梁家髻，冉弱楚宫腰。”明末邹枢作《十美词纪》，其中形容名伶陈圆圆时有“好梳倭堕髻”的词句。

未婚少女一般梳双鬟髻或双髻。唐代画家阎立本曾画隋文帝像，身旁二侍女，即梳双鬟髻。

▲唐　阎立本　《历代帝王像》
隋文帝身后即为两位梳双鬟髻的侍女

（三）眉黛

我们常说：“眉目是心灵的窗户。”眉在人的各种漂亮因素中占据首位，一句“眉清目秀”，就足以代表整个漂亮形象。

《诗经·卫风·硕人》有“螓首蛾眉”之句。这个“蛾眉”是天然的，还是人工修整的，还未可知，至少反映当时对眉已有浓厚的审美情趣了。

《楚辞·大招》载：“粉白黛黑，施芳泽只。”战国张仪称：“郑周之女，粉白黛黑，立于衢间，非知而见之者以为神。”[1]《韩非子·显学》载：“善毛嫱、西施之美，无益吾面，用脂泽粉黛则倍其初。”可见，战国时期化妆用粉黛和画眉的风俗都有了。

黛亦作黱。《说文十上·黑部》称：“黱，画眉也。”《释名》云：“黛，代也。灭去眉毛，以此代其处也。”《通俗文》[2]云：“染青石谓之点黛。”青石是黑中透绿的石墨，唐以前称石黛。张骞通西域后，从波斯进口一种螺子黛，被视为珍品。隋朝每颗价值十金，到清朝价值千金，而隋炀帝供应后宫螺子黛，每日五斛。

汉代的眉式有八字眉、远山眉、广眉。《二仪实录》载，汉武帝“令宫人扫八字眉”。这种眉在唐代仍存在。白居易《新乐府·时世妆》云：“双眉画作八字

〔1〕《战国策·楚策三》，上海：上海古籍出版社，1985年版。
〔2〕《太平御览》卷七一九《服用部二一·黛》引，北京：中华书局，1960年影印版。

▲北宋　赵佶　摹张萱《虢国夫人游春图》左起第五、六人即梳堕马髻

低。”唐宇文氏撰《香艳丛书·妆台记》引《西京杂记》云：“司马相如妻文君眉色如望远山，时人效画远山眉。”唐代诗人杜牧《少年行》云：“豪持出塞节，笑别远山眉。”

两汉流行广眉。《后汉书·马援传》载民谚曰：“城中好广眉，四方且半额。”隋朝盛行长蛾眉，唐初又行广眉。唐诗人张籍《倡女词》云：“轻鬓丛梳阔扫眉。”开元、天宝后，长眉再度时髦，又称柳眉。唐诗人王衍《甘州曲》云：“柳眉桃脸不胜春。”

唐代眉式繁多，唐玄宗令画工画《十眉图》，作为宫人修眉的范本。唐张泌《妆楼记》载：“明皇幸蜀，令画工作十眉图，横云、斜月皆其名。”苏东坡诗：“成都画手开十眉，横云却月争新奇。”究竟是源出于成都，唐玄宗到蜀令人画的，还是唐玄宗带到蜀地的，就不得而知了。

自唐以后，画眉之风日趋风靡。据北宋陶谷《清异录》载，宋代名妓莹姐“画眉日作一样”，有人劝她修《百眉图》。有的甚至拔去真眉，以黛画之。有的佛门弟子也画眉，名曰“浅文殊眉”。

（四）钿靥（yè）

钿是花钿，又称寿阳妆、梅花妆、贴花子，始于南朝宋武帝之女寿阳公主。《宋书》[1]载：“武帝女寿阳公主日卧于含章檐下，梅花落公主额上，成五出之华，拂之不去，皇后留之，自后有梅花妆，后人多效之。”当时一般用薄金片等各种材料剪成星、月、花、叶、鸟、虫等贴于额间，故又称“花黄”“额黄”“眉间黄”“鸦黄”。古乐府《木兰诗》云：“当窗理云鬓，对镜贴花黄。”李商隐《蝶三首》诗云：“寿阳公主嫁时妆，八字宫眉捧额黄。”唐卢照邻《长安古意》云：“纤纤初月上鸦黄。”隋唐时，又用颜色点画鸦黄。隋朝虞世南《应诏嘲司花女》诗：“学画鸦黄半未成。”大部分贵妇仍然贴花钿，白居易《长恨歌》云：“花钿委地无人收。”现代人不贴花钿，一般是在幼儿的眉间点一红圆点。

〔1〕《太平御览》卷九七〇《果部·梅》引，北京：中华书局，1960年影印版。

靥是嘴两边的酒窝，妆靥即以丹砂点画或剪成的各种图案贴在靥处。据唐人段成式《酉阳杂俎》卷八《黥》载，三国吴孙和醉酒误伤邓夫人面靥，以百金购得白獭髓，合玉、琥珀屑敷在伤口上，愈后靥处留下赤点，更显得娇妍，宫人皆仿效。

唐代画家周昉《簪花仕女图》中的仕女，大都贴有花钿、妆靥。晚唐五代时，钿靥盛行，妇女们把各种图案的钿、靥贴得满脸都是。

（五）粉脂

粉是白粉，脂是胭脂。从上述“粉白黛黑”可知，先秦时就有白粉。东汉刘熙《释名·释粉》讲：“粉，分也。研米使分散也。赪（chēng）粉者，赤也，染粉使赤，以着颊也。”赪粉是用茜草染成的红粉，相当于胭脂。

胭脂也写作燕脂、燕支。后周马缟《中华古今注》载：“燕脂盖起自纣，以红蓝花汁凝作燕脂，以燕国多生，故曰燕支。”唐人张泌《妆楼记》认为出自匈奴焉支山（在今甘肃永昌）。其实，以茜草染成的红粉早已有之，以红蓝花汁凝制的胭脂，产于匈奴焉支山。匈奴单于号之妻为阏氏，自卫青、霍去病大败匈奴后，匈奴歌曰：“亡（无）我祁连山，使我六畜不蕃息；失我焉支山，使我妇女无颜色。”[1]西晋张华《博物志》[2]记载了以西域红蓝花作燕支的方法：“作燕支法，取（红）蓝花捣以水，洮取黄汁，作十饼如手掌，着湿草卧，一宿便阴干。欲用燕支，以水浸之，三四日，以水洮黄赤汁，尽得赤汁而止也。”

粉脂主要用来涂面、两颊、唇、项、靥。唐代诗人岑参《敦煌太守后庭歌》云：“美人红妆色正鲜。”《醉戏窦子美人》诗曰：“朱唇一点桃花殷。”

六朝时，受鎏金佛像的启发，盛行以黄粉涂面，称作“佛妆”。北宋彭汝砺《鄱阳集》载：“妇人面涂黄而吏告，以为瘴病。问云，谓佛妆也。”所以，在六朝，涂脸的黄粉又称金粉，又有“六朝金粉，北地胭脂”的说法。

〔1〕《史记·匈奴列传》正义引《西河故事》，北京：中华书局，1959 年版。
〔2〕《太平御览》卷七一九《服用部二一·燕脂》引，北京：中华书局，1960 年影印版。

唐 周昉《挥扇仕女图》

“王者以民为天，而民以食为天”，饮食是人类最基本的生存活动方式。饮食风俗是指食物、饮料、饮食器具在生产、制作和食用过程中相沿积久的风俗习惯、食用风格、礼仪常规、消费观念，它是一个国家、民族、地区生活水平和文明程度的鲜明标志。

第二章 饮食风俗

第1节 中国传统的食物

一、主食

（一）五谷、玉米、甘薯、薯类食物

中国传统的主食是“五谷”“六谷”“九谷”。

关于五谷，古代有多种说法。《周礼·天官·疾医》载：“以五味、五谷、五药养其病。”郑玄注曰：“五谷，麻（籽）、黍、稷、麦、豆也。”《孟子·滕文公上》载：“树艺五谷。”赵岐注曰：“五谷谓稻、黍、稷、麦、菽也。”《楚辞·大招》载：“五谷六仞。”王逸注曰：“五谷，稻、稷、麦、豆、麻也。”

《周礼·天官·膳夫》载：“凡王之馈，食用六谷。”郑玄注曰：“六谷，知有稌（tú）、黍、稷、粱、麦、苽（gū）。”《三字经》中也有六谷之说：稻、粱、菽、麦、黍、稷。

《周礼·天官·太宰》又提到九谷。郑玄注曰：“九谷，黍、稷、秫、稻、麻、大小豆、大小麦。”

从五谷、六谷、九谷的说法可知，今天我们常用的粮食作物已大致齐备了。

张骞出使西域后，从西域引进了胡（芝）麻、胡豆（豌豆、蚕豆）等品种。

16世纪初，玉米由海路传入浙江、福建、广东等地。玉米原产于中美洲与南美洲，明清文献称为“御

▲清　鼻烟壶（玉米的形状）

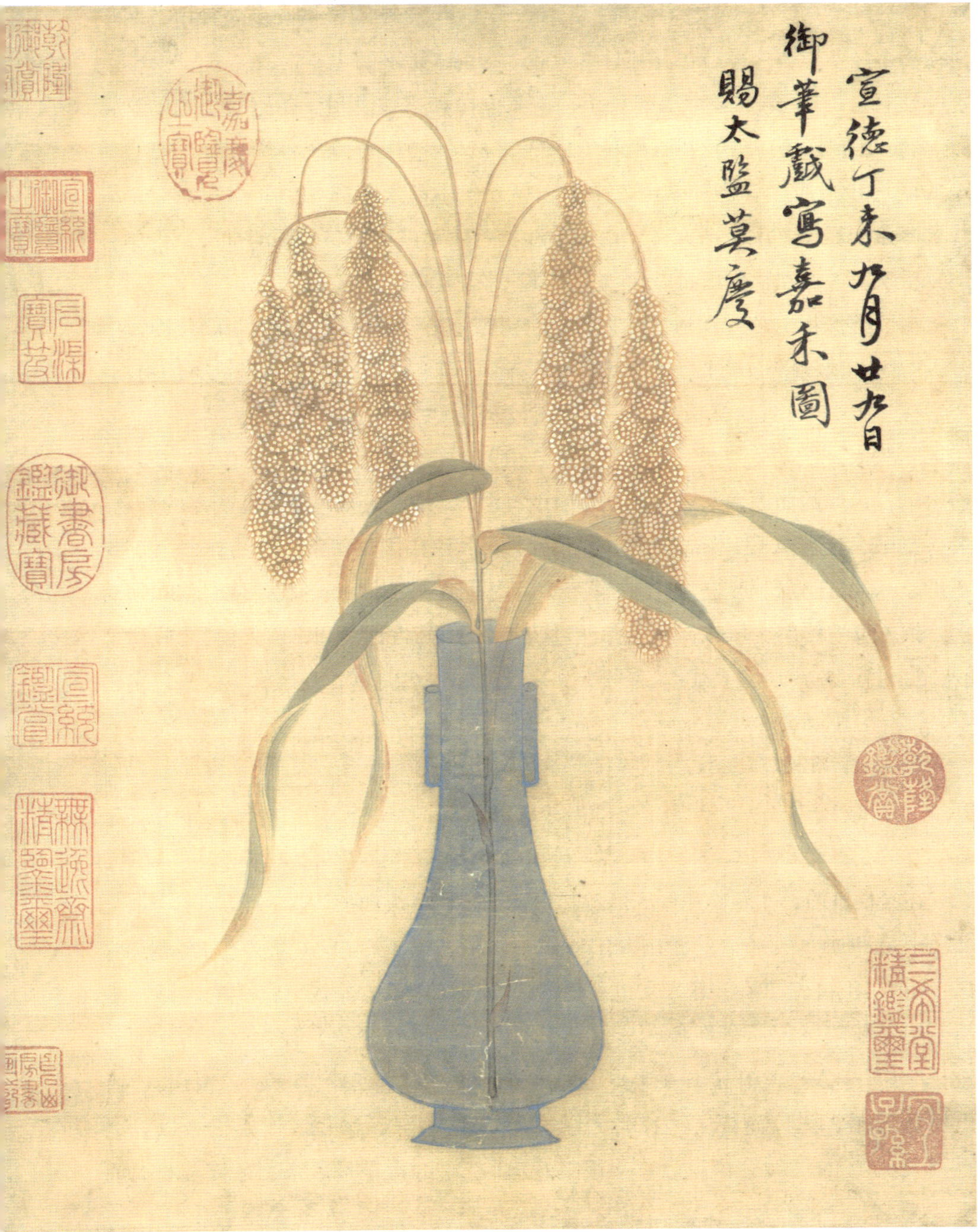

明 朱瞻基 《宣宗嘉禾图》

麦”“玉麦”“玉谷”“番麦”“玉蜀黍”等。由于它产量高，适宜旱地种植，明末清初在全国各地普遍种植，并和甘薯一起成为许多地区的主要食物。

甘薯是16世纪末经由福建长乐、广东电白和福建泉州三条路线引进的。据《金薯传习录》载，明朝万历年间（1573—1620年），菲律宾盛产甘薯，统治其地的西班牙当局严禁将甘薯传入中国。福建长乐商人陈振龙到菲律宾经商，将甘薯藤藏于船绳之中带回家乡，由福建巡抚金学曾试种成功，逐渐推广至全国各地。后来，人们在福建乌石山建“先薯祠”来纪念陈、金二人。

在薯类作物中，还有马铃薯、芋、山药等。马铃薯原产南美洲，明代由海盗带入中国，民间俗称“土豆”“地蛋”“洋芋”。芋和山药是先秦时期已有的植物。芋俗称“芋头”，古代又称作“渠”“蹲鸱”。《说文一下·艸部》云：“芋，大叶实根，骇人，故谓之芋也。”宋人罗愿《尔雅翼》载：“前世相承谓蹲鸱为芋，言蜀川出者，形圆而大，状若蹲鸱。”芋用作主食，是古代救饥馑、度凶年的食物。秦灭赵国，迁徙豪富，蜀卓氏的先人说：“吾闻汶山之下沃野，下有蹲鸱，至死不饥。”请求迁徙到蜀地。陆游在《芋》诗中写道：“陆生昼卧腹便便，叹息何时食万钱。莫诮蹲鸱少风味，赖渠撑住过凶年。”山药古称“藷（薯）舆”“薯蓣”。《本草纲目·薯蓣释名》载：“薯蓣，一名藷舆，一名儿草，一名修脆。齐鲁名山芋，郑越名土藷，秦楚名玉延。”

（二）糗糒（qiǔ bèi）、饙（fēn）、糜

在秦代以前，主要是用脱壳的谷物做成干粮、蒸饭和粥。

干粮即炒熟的米、麦，在古代称作糗、糒、糇（hóu）。《说文七上·米部》曰：“糒，干也。”“糗，熬米麦也。”古代“干煎曰熬”，东汉“严尤击江贼，世祖奉糗一斛”〔1〕。“一斛”糗，显然是干粮。《汉书·李陵传》载，李陵击匈奴兵败，“令军士人持二升糒，一半冰”相持。《后汉书·隗嚣传》载：“嚣病且饿，出城餐糗糒，恚愤而死。”《释名·释饮食》载：“糇，候也。候人饥者以食之也。”也是干粮。周公说自己“一饭三吐哺”，吃的肯定是炒米，才需要长时间

〔1〕《太平御览》卷八六〇《饮食部一八·糗糒》引《东观汉记》，北京：中华书局，1960年影印版。

咀嚼。

蒸饭称作“饙”。《诗经·大雅·泂酌》云：“可以饙饎（chì）。”毛传曰：“饙，馏也。饎，酒食也。”《释名·释饮食》曰：“饙，分也。众粒各分也。”当时，蒸饭叫馏，也有的说，“一蒸曰饙，再蒸曰馏”[1]。现在加热熟食，仍叫“馏一馏”。把蒸饭浇上肉羹、菜羹叫作饡（zàn）。《说文五下·食部》载：“饡，以羹浇饭也。”

粥称作糜、饘（zhān）、酏（yí）。《释名·释饮食》称：“糜，煮米使糜烂也。”粥有稠稀之分，稠者曰饘，稀者曰酏。《礼记·内则》载：“饘、酏、酒、醴、芼、羹、菽、麦、蕡、稻、黍、粱、秫，惟所欲。”郑玄注：饘，“厚粥也”；酏，“薄粥也”。

古代贵族的粥还要掺上肉酱，做成肉粥，称作“糁（sǎn）食”。《周礼·天官·醢人》曰：“酏食糁食。”据郑玄注，糁食是稻米占 2/3，肉占 1/3。肉中，牛、羊、豕肉又各占 1/3。

（三）面粉和各种饼食、面点

秦汉以前主要是粒食，但也有人把谷粒用石臼捣成破碎的粉。如《周礼·天官·笾（biān）人》载：“羞笾之实，糗饵粉餈（cí）。”郑玄注曰：“粉，豆屑也。”饵和餈“此二物皆粉稻米、黍米所为也。合蒸曰饵，饼之曰餈”。磨制而成的面粉写作“麪”“麪”，汉人也称作“粟冰”。《说文五下·麦部》曰：“麪，麦末也。”孔安国注释《尚书·益稷》中衮服十二章的“粉米”时说：“粉若粟冰。”西晋束皙曾作《饼赋》曰：“重罗之面，尘飞雪白。”

有了面粉，就开始了饼食的历史。汉代文献开始出现“饼”。扬雄《方言》讲：“饼谓之饦（tuō），或谓之饿（zhāng）馄。”《释名·释饮食》说：“饼，并也。溲（sōu）面使合并也。”西晋束皙《饼赋》讲：“《内则》诸馔不设饼，然则虽食麦，而未有饼。饼之作也，其来近也。”据《三辅旧事》载，汉高祖刘邦为父亲在关中建新丰县，其中有卖饼的小商人，汉质帝因吃饼被毒死。可知饼食的

[1] 朱骏声：《说文通训定声·孚部》，北京：中华书局，1984 年版。

▲清　郎世宁　《瑞谷图》

历史，始于汉代。

随着面食的普及，至迟到西晋时已掌握了发酵技术。西晋何曾日食万钱，“蒸饼上不坼作十字不食”[1]。能裂开的蒸饼显然是发酵面，不发酵的死面是无论如何也蒸不裂的。

有了发酵技术，中国的面点迅速发展起来。

面点之首是中国人常吃的馒头。据北宋高承《事物纪原》卷九载，诸葛亮南征班师，将渡泸水。当地风俗，以人头祭神，诸葛亮不忍，用牛、羊、猪肉作馅儿，包入面中，做成人头状，投入水中，“馒头名始此”。明人郎瑛《七修类稿》也讲：“馒头本名蛮头。”这种有馅儿的馒头，实际是现在的包子。日语中的包子就写作“饅頭”，是隋唐时从中国传入的。魏晋时期，无馅儿的馒头也有了。在嘉峪关魏晋墓壁画中，有一女仆端馒头的壁画。上述何曾吃的蒸饼，也是无馅儿馒头。

从两汉到隋唐五代，饼是所有面食的通称。用水煮的面条、馄饨、水饺叫汤

〔1〕《晋书·何曾传》，北京：中华书局，1974年版。

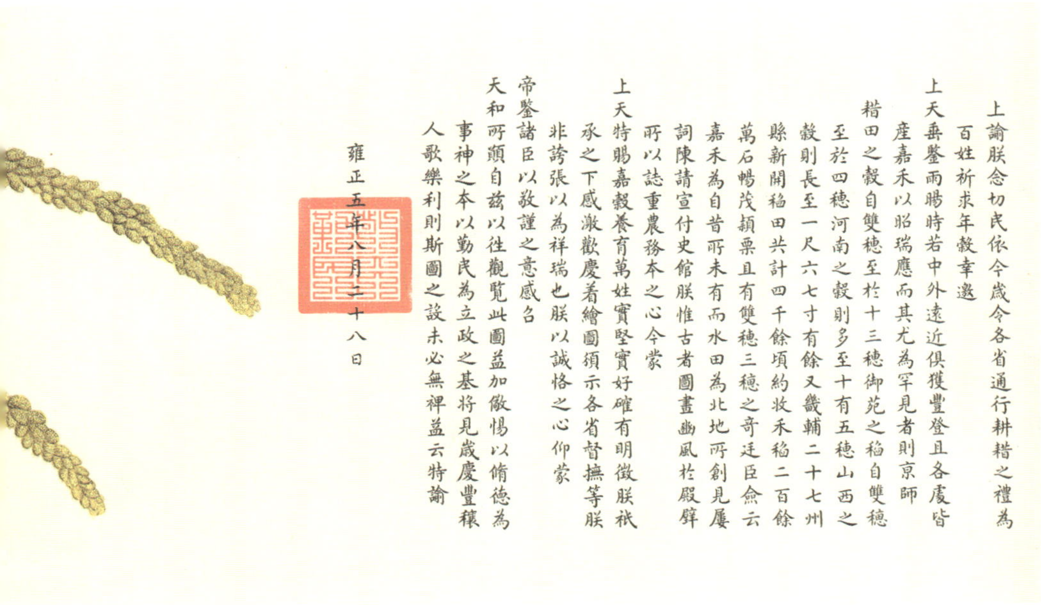

饼。《世说新语·容止》载，曹魏何晏“美姿仪，面至白，魏明帝疑其傅粉，正夏月与热汤饼，既啖，大汗出，以朱衣自拭，色转皎然”。何晏吃的汤饼，应该是面条。

面条也称不托、馎（bó）饦。欧阳修《归田录》卷二：“汤饼，唐人谓之不托，今俗谓之馎饦矣。”北魏贾思勰《齐民要术·饼法》讲：“馎饦，挼（ruó）如大指许，二寸一断，著水盆中浸，宜以手向盆按，使极薄，皆急火逐沸熟煮。”可知，当时的面条只是面段和面片。唐玄宗之王皇后向玄宗泣诉曰：“陛下独不念阿忠（王皇后之父）脱紫半臂易斗面，为生日汤饼邪？”[1]

魏晋南北朝时已有水饺，当时称作馄饨。唐段公路《北户录》记有“浑沌饼”。崔龟图注曰：“颜之推云‘今之馄饨，形如偃月，天下通食也’。”1972年，新疆吐鲁番阿斯塔那唐墓中，发现有水饺和其他面食做的殉葬品。

从两汉到隋唐，还流行一种形制较大、外粘芝麻，内夹果仁的胡饼。《释名·释饮食》讲：“胡饼作之大漫冱也，亦言以胡麻著上也。”清人毕沅疏证

〔1〕《新唐书·后妃传上》，北京：中华书局，1975年版。

曰："漫冱当作'蔺胡'，龟鳖之属，乃外甲两面，周围蒙合之状。胡饼之状似之，故取名也。"晋司马彪《续汉书》讲："灵帝好胡饼，京师皆食胡饼。"《赵录》[1]载："石勒（后赵）讳胡，胡物皆改名。胡饼曰搏炉。石虎改曰麻饼。"又载："石虎好食蒸饼，常以干枣、胡桃瓤为心，蒸之使坼裂方食。"唐苏鹗《杜阳杂编》载唐懿宗的女儿同昌公主死，仅赐给役夫吃的胡饼就需三十匹骆驼驮运，每张胡饼直径有两尺。

隋唐以后，中国的面点大放异彩，除常吃的馒头、包子、水饺、馄饨、面条外，各类面点美不胜收。仅以饼为例，就有蒸饼、烙饼、鏊饼、环饼、胡饼、烧饼、乳饼、煎饼、春饼、月饼、麻花、白饼、髓饼、粉饼、茶饼、酥饼、芋饼、韭饼、油饼、葱花饼、莲花饼、雪花饼、千层饼、豚肉饼、松黄饼、真汤饼、通神饼、酥琼饼、松子饼、椒盐饼、肉油饼、素油饼、脂油饼、麻腻饼、豆膏饼、鸡鸭子饼、梅花汤饼、玉延索饼、神仙富贵饼等。工艺有蒸、煮、烤、烙、鏊、煎、炸、卷、点等，配料几乎囊括了所有主食、副食、果品、调料、饮料，口味有酥、脆、干、软、香、鲜、甜、辣、咸、酸、苦、荤、素等百味俱全。别说是外国人，就是中国人特意品尝，恐怕一辈子也尝不遍。

二、副食

中国的副食主要有菜、果品、肉、调料四大类。

（一）菜类和豆腐

中国古代的蔬菜统称为"蔬""蔌"。《尔雅·释器》讲："菜谓之蔌。"《尔雅·释天》讲："谷不熟为饥，蔬不熟为馑，果不熟为荒。"可知蔬菜在古人生活中与谷同样重要。一位西方植物学家说，中国人吃的蔬菜有600多种，比他们多6倍。《国语·楚语下》载："庶人食菜，祀以鱼。"由于中国的老百姓自古就以菜

〔1〕《太平御览》卷八六〇《饮食部一八·饼》引，北京：中华书局，1960年影印版。

充粮，所食的肉类很少，饭桌上称肉也叫菜。

从母系氏族社会产生原始农业起，中国人就开始人工种植瓜菜。西安半坡、北首岭、姜寨遗址中，发现有白菜籽、芥菜籽。商周时代不仅有菜田，还有固定的菜圃。然而，远古的蔬菜主要依靠野外采摘。那时，漫山遍野都长满了可以食用的野菜。中国人强调野味，直到今天，以菌类食品为代表的野菜仍比人工栽培的名贵。

《诗经》中记载的植物食品有130多种，常见的菜类有：

荇菜。一种浮在水面上、白茎圆叶的水菜。《周南·关雎》曰："参差荇菜，左右流之。"

蘋菜。一种生长在浅水中的水草，当时的昆仑山之蘋还是名菜。《召南·采蘋》云："于以采蘋，南涧之滨。"

蕨菜、薇菜。《召南·草虫》云："陟彼南山，言采其蕨。""陟彼南山，言采其薇。"今陕西商洛为古商国和战国商鞅的封地，因西汉初商山四皓之故，那儿的蕨菜称作商芝，是古今名品。

荼菜、荠菜。荼菜即苦菜，荠菜至今为初春名野菜。《邶风·谷风》曰："谁谓荼苦，其甘如荠。"

葑菲（fēng fěi）。蔓菁类的植物。《邶风·谷风》言："采葑采菲，无以下体。"二菜的叶和根茎都可食，根茎味苦，诗意谓不

▲荇菜

▲蕨菜

可因根茎味苦连它的叶也不要，比喻不可因女子容颜衰退而遗弃。后人以“葑菲之采”为请人采纳的谦辞。

芑菜。类似苦菜。《小雅·采芑》云：“薄言采芑，于彼新田。”《史记·田仲敬完世家》云：“妪乎采芑，尽归乎田成子。”

莫菜、荬（xù）菜。莫菜始生可为羹，也可生食，藚菜为水菜。《魏风·汾沮洳》云：“言采其莫。”“言采其荬。”

藿。嫩豆叶。《广雅·释草》载：“豆角谓之荚，其叶谓之藿，山韭。”以豆叶为食称藿食，因指在野之人。《说苑·善说》载：“肉食者已虑之矣，藿食者尚何与焉？”《小雅·白驹》云：“皎皎白驹，食我场藿。”藿，是指人工种植的豆苗。

葍（fú）、蓫（zhú）。葍为多年生蔓草，地下茎可食。蓫即蓨，又称羊蹄，根粗大可食。《小雅·我行其野》云：“言采其葍。”“言采其蓫。”

芹。《小雅·采菽》云：“言采其芹。”毛传：“芹，水草，可食。”据《吕氏春秋·孝行览·本味》载，云梦之芹是当时天下闻名的“菜之美者”。

笋、蒲。笋是竹笋。蒲是菖蒲，水生植物，嫩可食，长成可织席。《大雅·韩奕》言：“其蔌（sù）维何，维笋及蒲。”

茆（máo）。又名水葵、凫葵，江南称莼菜，嫩叶可食。《鲁颂·泮水》言：“薄采其茆。”

蓼（liǎo）。《周颂·小毖》言：“予又集于蓼。”孔颖达疏曰：“蓼，辛苦之菜。”蓼是一种调料。

▲韭与瓜

瓜。《大雅·绵》曰：“绵绵瓜瓞（dié）。”孔颖达疏曰：“瓞，小瓜也。”《左传·庄公八年》载，齐襄公派连称、管至父戍守葵丘（在今山东淄博境），约定瓜熟季节更换，结果瓜熟没有换戍，酿成齐国内乱。

除《诗经》外，先秦典籍中常见的菜还有：

▲南宋　佚名　《秋瓜图》

韭。先秦祭祀宗庙的物品就有韭。《礼记·曲礼》载："凡祭宗庙之礼……韭曰丰本。"当时人们已知食韭花，《吕氏春秋·孝行览·本味》列举的"菜之美者"有"具区（太湖）之菁"。菁即韭花。

葱、薤（xiè）。《礼记·内则》载："脂用葱，膏用薤。"在西域的大葱传入之前，中国已有山葱，也称作"茖"。《尔雅·释名》载："茖，山葱。"薤俗称"藠（jiào）头"，味辛苦，用作调料，也加工成酱菜。

薑、桂。《礼记·内则》曰："楂梨薑桂。"薑即姜，桂又称木犀、桂花，二者都是调料。

芰（jì）、莲。芰即菱角，莲即荷花、莲子、莲藕。《国语·楚语上》曰："屈到嗜芰。"《离骚》曰："制芰荷以为衣兮，集芙蓉以为裳。"《尔雅·释菜》曰："荷，芙渠。"郭璞注曰："别名芙蓉，江东呼荷。"

堇（jǐn）、荁（huán）。《礼记·内则》曰："子事父母……堇荁枌（fén）榆。"郑玄注曰："冬用堇，夏用荁。"《诗经·大雅·绵》称："堇荼如饴。"堇还是当时的美味。《魏书·崔道固传》载，北魏崔和任"平昌太守，家巨富，而性吝啬，埋钱数百斛，其母李春思堇，惜钱不买”。

蒜。大蒜传入中原前，中国已有小蒜，称作“蒚（lì）”“卵蒜”。《尔雅·释草》曰：“蒚，山蒜。”崔豹《古今注》称：“蒜，卵蒜也，俗人谓之小蒜。外国有蒜，十许子共为一株，箨（tuò）幕裹之，尤辛于小蒜，俗人呼之为大蒜。”

食用菌类的木耳、蘑菇等在先秦也有了。《礼记·内则》记有“芝栭（ér）”，芝是灵芝，栭即蕈（xùn），木上所生，即木耳。《尔雅·释草》中有“中馗菌”，郭璞注曰：“地蕈也，似盖。”其所说即蘑菇。

张骞出使西域后，陆续从西域传入了西瓜、甜瓜、黄瓜、菠菜、胡萝卜、茴香、芹菜、扁豆、苜蓿、胡荽（芫荽、香菜）、莴苣、大葱、大蒜等。原产于印度的茄子，也由西域传入。西晋嵇含《南方草木状》记载了一种木本茄树，《齐民要术》中有种植茄子的方法。当时的茄子称作落苏、昆仑瓜。

在菜类副食中，中国还有一种特殊的副食——豆腐。先秦时期，豆和其他谷类一样，被人们用豆粒或豆屑做成豆粥。自发明磨粉后，便发明了豆腐。南宋朱熹《素食诗》云：“种豆豆苗稀，力竭心已腐。早知淮南术，安坐获泉布。”诗末自注曰：“世传豆腐，本为淮南王术。”《本草纲目·谷部·豆腐》也讲：“豆腐之

▲敦煌莫高窟壁画　描绘了张骞出使西域的情景

法，始于汉淮南王刘安。”1960年，河南密县打虎亭出土的东汉画像石上有豆腐作坊图[1]。淮南王刘安是西汉著名的美食家，已失传的《淮南王食目》《淮南王食经》等著作都与他有关，手下麇集了一批道家学者和炼丹方士，发明豆腐，到东汉普及，似是可信的。

豆腐的发明，开创了一条利用植物蛋白的新途径，弥补了中国食物结构中动物蛋白不足的缺陷，反映了中国农产品加工业的高度发达，对中华民族2000多年来的繁衍起了重大的作用。1911年5月20日上海《民立报》报道，辛亥革命前，李煜瀛在法国巴黎集资8万英镑，建厂制作豆腐、豆制品。1911年1月10日伦敦《电音时报》惊呼：“豆腐震动欧洲。”

（二）果品

据《礼记·内则》载，先秦时的果品有菱、椇（俗称“鸡距子”，味甜）、枣、栗、榛、柿、瓜、桃、李、梅、杏、山楂、梨等。宋玉《楚辞·招魂》提到“柘浆”，即甘蔗汁。《吕氏春秋·孝行览·本味》还提到芦柑、橘子、柚子等。当时，有些果品也进行加工，如“煮梅”“煮桃”“蒸梨”，可视为现代水果罐头的先河。

两汉时期的果品基本齐备。张骞出使西域后，又从西域传来了葡萄、石榴等。汉人扬雄《蜀都赋》提到许多果品，除上述外，又有青苹、木瓜、黄甘、棠梨、离支（荔枝）、樱桃楩橙等。

▲清　居廉　《石榴黄花图》

〔1〕《密县打虎亭汉代画像石墓和壁画墓》，载《文物》，1972年第10期。

（三）肉类

肉类副食品有家畜类的马、牛、羊、犬、豚、鸡六畜，也叫六牲。另外，有大量的野兽、野禽及鱼、鳖、虾、蟹、蚌、蛤等水产品。在先秦时的宴会上，必备鹿、麇（jūn獐）、雁、鹑、鸽等野味。《诗经》中提到的肉食类动物有200多种，大都是野味。

周朝已懂得用冷藏来保存肉类。《周礼·天官·凌人》中的“凌人”，就是主管冷库的官员。《诗经·豳风·七月》载：“二之日凿冰冲冲，三之日纳入凌阴。”“凌阴”就是当时冷藏肉类的冷库。

古代肉类短缺，一般庶人是吃不上肉的。《礼记·王制》规定：“诸侯无故不杀牛，大夫无故不杀羊，士无故不杀犬豕，庶人无故不食珍。”鲁国人在劝告曹刿不要参与长勺之战时，把鲁国贵族称作“肉食者”。孟子要梁惠王发展家畜，七十岁以上的人可以有肉吃。以上这都说明一般人很少吃肉。在中国古代平民的饮食结构中，肉食占的比例一直很小。

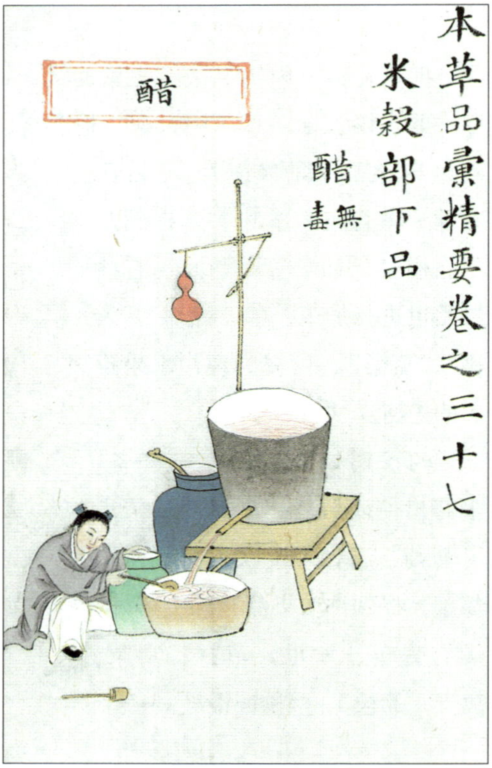

▲制醋图

（四）调料

西周以来，人们烹制食品越来越重视调味品的使用。除了最早的盐之外，天然的调味品有椒、芗（xiāng紫苏）、苓（甘草）、茱萸、桂皮、姜、韭、葱、蒜、薤、蓼等。

人工制作的调味品主要有醋、酱、糖、油。

殷商以前，人们还不会酿醋。《尚书·说命》载："若作和羹，尔惟盐梅。"即以盐调咸味，以酸梅来增加酸味。从周代开始人工制醋，当时的醋叫作"醯（xī）"。《周礼·天官·醯人》中的"醯人"，就是专门负责酿醋和腌菜的官员。

酱也是周代新兴的调味品。《周礼·天官·膳夫》载："酱用百有二十瓮。"《礼记·内则》讲，烹制鸡、鱼、鳖都要用酱，吃鱼脍必用芥酱。

周代的甜味，除以蜜、枣、柿代替外，已懂得将果肉制作成饴糖，也称作"饧（xíng）"。《诗经·大雅·绵》云："周原膴（wǔ）膴，堇荼如饴。"《礼记·内则》云："子事父母，枣栗饴蜜以甘之。"《本草纲目·谷部》云："饴即软糖也，北人谓之饧。"中国种植甘蔗，熬制"柘（蔗）浆"，至晚始于战国。宋玉《楚辞·招魂》曰："胹鳖炮羔，有柘浆些。"三国时，中原仍制作这种"甘蔗饧"[1]。

东汉时，西域用甘蔗制成砂糖，作为贡品送入中国，称作"砂饴""石蜜"。张衡《七辨》载："砂饴、石蜜，远国贡储。"

唐太宗时，派人到印度学习熬糖法。《新唐书·西域上·摩揭它传》载："唐太宗遣使取熬糖法，即诏扬州上诸蔗，拃沈（榨汁）如其剂，色味愈西域远甚。"

先秦时，就有酸、苦、甘、辣、咸五味之说。"五味、六和、十二食，还相为质也。"[2]"五味令人口爽"[3]。《周礼·天官·疾医》曰："以五味、五谷、五药养其病。"郑玄注曰："五味，醯、酒、饴蜜、姜、盐之属。"当时的甘味来自饴和蜜，辣味来自姜、椒、茱萸、蓼等。唐代有了严格意义上的糖，明代又传入了南美产的辣椒，就越发五味俱全了。

油是重要的烹调原料和调味品。古代最早的食油是动物油，称作"脂""膏"。《礼记·内则》言："脂膏以膏之。"孔颖达疏曰："凝者为脂，释者为膏。"牛羊

〔1〕《三国志·吴书·孙亮传》，北京：中华书局，1959年版。
〔2〕《礼记·礼运篇》，载《十三经注疏》，北京：中华书局，1980年影印版。
〔3〕《老子道德经·上篇·十二章》，载《十三经注疏》，北京：中华书局，1980年影印版。

等带角动物油冷却后，像蜡一样坚硬，故称脂；猪犬等无角动物油比较稀软，故称膏。《礼记·内则》中“脂用葱，膏用薤”，就是此两类动物油。

两汉时期始有植物油。东汉刘熙《释名·释饮食》中已有“奈实油”“杏实油”。三国魏满宠“折松为炬，灌以麻油”[1]，烧掉孙权的战具。此后，以麻籽、豆、油菜籽、芝麻等榨制的植物油日渐增加，并取代了脂膏。大约在16世纪中叶，从南洋群岛传入了花生，迅速在全国普及。豆油、花生油、菜籽油、棉籽油等成为主要的食用油类。直到中华人民共和国成立后，广大农村仍把动物油看得比植物油贵重。

三、中国传统的美食烹饪

从进入阶级社会起，中国饮食就沿着“箪食瓢饮”和“食不厌精”两个层面发展。商纣王酒池肉林，西周贵族钟鸣鼎食，以及后来的封建统治者对饮食高口味的追求，促进了中国饮食文化的博大精深，无论是食料的精细高档，还是烹饪技术的精湛考究，抑或是食品样式的丰富多彩，都足以让外国人垂涎欲滴，叹为观止。在饮食上，中国人几乎耗尽了全部美食艺术智慧。

（一）伊尹、孔子的美食观

商汤时的伊尹是较早的美食家。《史记·殷本纪》说他“负鼎俎，以滋味说汤，致于王道”，成就了商汤的功业。《吕氏春秋·孝行览·本味》记载了他的烹调宏论：

> 夫三群之虫，水居者腥，肉玃（jué）者臊，草食者膻。臭恶犹美，皆有所以（用）。凡味之本，水最为始。五味三材（水木火），九沸九变，火为之

〔1〕《三国志·魏书·满宠传》，北京：中华书局，1959年版。

纪（调节）。时疾时徐，灭腥去臊除膻，必以其胜（性），无失其理。调和之事，必以甘、酸、苦、辛、咸，先后多少，其齐甚微，皆有自起。鼎中之变，精妙微纤，口弗能言，志不能喻，若射御之微，阴阳之化，四时之数。故久而不弊，熟而不烂，甘而不哝（nóng），酸而不酷，咸而不减（苦涩），辛而不烈，淡而不薄，肥而不腴。

▲民归一德图

伊尹的理论，对食料本性、口味以及掌握烹调的火候、调料的搭配等都有精辟的见解，可看作是先秦烹调理论的总结。

孔子是春秋时期的美食家，在《论语·乡党》中提出了“食不厌精，脍不厌细”的原则，并列举了十三个不食：

食饐（yì）而餲（ài），鱼馁而肉败不食；色恶不食；臭恶不食；失饪不食；不时不食；割不正不食；不得其酱不食；肉虽多不使胜食气；惟酒无量，不及乱。沽酒、市脯不食；不撤姜食；不多食……祭肉不出三日，出三日不食之矣。

孔子的饮食观，有两方面的内容。

其一，要求卫生和有利于身体健康。

其二，“色恶不食”是讲究菜肴的“色”，“臭恶不食”是讲求“香”，“不得其酱不食”是“味”，“割不正不食”是“形”。中国菜肴的色、香、味、形四项原则，在孔子时已经具备了。

孔子对饮食的刻意追求，特别是“食不厌精，脍不厌细”的说法，对中国古代官僚贵族阶层的饮食观以及追求高消费的心态、夸富斗奢的陋俗，都产生了深刻的影响。

（二）古人崇尚的名贵食料

《吕氏春秋·孝行览·本味》借伊尹之口，列举了许多先秦时的名贵食料。“肉之美者”有：猩猩之唇、獾獾之炙（烧烤的獾鸟肉）、隽（juàn）燕之翠（尾部的肉）、述荡之掔（wàn 脚腕部的肉）、旄象之约（旄牛尾肉、象鼻子肉）、凤之丸（卵）等。“菜之美者”有：昆仑之蘋、寿木之华（果实）、阳华之芸、云梦之芹等。“和（调料）之美者”有：阳朴（蜀郡）之姜、招摇（在桂阳）之桂、越骆（越南北部）之菌、鳣鲔（zhān wěi 大鱼）之醢、大夏（新疆罗布泊）之盐、长泽之卵（鸟蛋）等。“饭之美者”有：不周（昆仑西北）之粟、阳山（昆仑山南）之穄（jì）、南海之秬（jù）等。

伊尹列举的“鱼之美者”有：洞庭湖的鯆（pū）鱼、东海的鲕（ér）鱼、藿（guàn）水（传说的西极）带翅会飞的鳐鱼等。在先秦时，鱼和熊掌同等的美味。《孟子·告子上》讲：“鱼和熊掌不可兼得。”《诗经》中讲的鲂鱼、鲤鱼等都是美味，并把鱼称作“鱼丽”“嘉鱼”。孔子甚至为儿子起名曰“鲤”。冯谖在孟尝君处发牢骚说：“食无鱼。”

鳖也是古代的美味。伊尹提到醴水（在今广西苍梧）的六足朱鳖。《左传·宣公四年》载，楚人献鼋（yuán）于郑灵公，公子宋每有异味，食指必动，郑灵公遍赐诸大夫而不赐给他。公子宋用食指蘸到鼎里，尝了一口就跑了。后来的成语“食指大动”“染指”，即由此而来。

由于中国以粮食为主，山珍海味、飞禽走兽都被视为珍品，如猴头、紫菜、银耳、竹笋、熊掌、鹿尾、燕窝、鱼翅……难以缕述。受中医理论和道家养生之道的影响，许多像人参、鹿茸、灵芝等有益健康的中草药也被视为名贵食料。

（三）烹饪技法与传统名馔

先秦时期，中国的烹饪技法已有燔、炮（bāo）、炙、胹（ér 煮）、蒸、焖、煎、熬、酿、腌、腊、脯、脍、渍等，后来又有爆、炸、涮、拔丝等。《战国策·魏策二》载："易牙乃煎敖燔炙，和调五味而进之。"南宋鲍彪补曰："有汁而干曰煎，干煎曰熬，肉热之曰燔，近火曰炙。"各种技法都有不同的工艺。先秦时的菜肴主要有以下几大类。

炙品。炙是把生肉放在火上烧成熟肉，具体有燔、炮、炙三种做法。

燔是较原始、不用刀割、将整只禽兽放到火上烧熟的炙法。苏轼《司竹监烧苇园会猎》云："燎毛燔肉不暇割，饮啖直欲追羲娲。"

炮是把肉用调料、泥巴包裹，放到火里烧。《礼记·内则》曰："涂之以谨（堇）涂，炮之。"孙希旦集解曰："裹物而烧之，谓之炮。"

炙是用器物把肉串起来，架在火上烤。《诗经·小雅·瓠叶》曰："有兔斯首，燔之炙之。"

这三种炙品都有调味品，有的先将肉放在调味品中浸泡后再炙，有的一边炙，一边涂抹调料，使五味充分入肉。据《礼记·内则》载，当时的炙品有炙牛肉、炙羊肉、炙豕（猪）肉及炙雉、炙兔、炙鹑、炙鷃等。现代的烤鸭、烤乳猪、烤全羊、烤羊肉串等，都是古代炙品的继承和发展。

脍品。脍品是把鱼和鲜嫩的牛、羊、鹿、麋等肉切成薄片，用调料煨成的生肉片，称作鱼脍、牛脍、羊脍等。《礼记·内则》载："脍，春用葱，秋用芥。""鱼脍芥酱。"由于脍是生食的肉片，必须用调料煨透。孔子讲的"脍不厌细"道理也在此。《孟子·尽心下》公孙丑问："脍炙与羊枣（软枣）孰美？"孟子曰："脍炙哉！"可知脍品和炙品是当时"脍炙人口"的美味。

羹食。《礼记·内则》称："羹食，自诸侯以下至于庶人无等。"郑玄注曰："羹食，食之主也。"《战国策·韩策一》载："民之所食，大抵豆饭藿羹。"

羹是用肉、菜煮成的汁。专用肉煮成的叫臛（huò），也叫大羹。用肉、菜和调味品煮成的美味羹，用铏盛放，称作铏羹。纯用菜煮的叫羹，用野菜煮的叫藜

▲明　周臣　《渔乐图》（局部）

清　团时根《松下煮羹图》

藿之羹。

脯腊。脯是肉干，也称作“脩”。《论语·述而》载孔子语曰：“自行束脩以上，吾未尝无诲焉。”“束修”即十条干肉。《礼记·内则》云：“牛脩鹿脯。”战国时，制脯的原料扩大到果品和瓜菜。腊是咸肉。《周礼·天官冢宰》中有“腊人”，专门负责供应天子祭祀和宴会上的脯腊制品。现在的腊肉、咸鱼、香肠、火腿、果脯等就是由古代的脯腊发展而来的。

醢。醢是肉酱，制作方法是把肉晒干捣碎，放入盐、酒等调料，发酵酿制而成，一般与其他食品配合食用。负责供应王室醢品的官员叫作“醢人”。

脯和醢在商代还是一种酷刑，即把人杀死晒成肉干或做成肉酱。《战国策·赵策三》载，商纣王时，曾醢鬼侯，脯鄂侯。

菹齑（zū jī）。先秦时的蔬菜、野菜除煮食、做羹外，主要是腌制成菹齑。菹是做成的腌菜和酸菜，齑是捣碎的腌菜。王室用的菹、齑由“醢人”负责。食用时，一般盛在高脚的豆中，有韭菹、菁菹、茆菹、菹芋等。

八珍。这是中国较早的一套传统名馔。《周礼·天官·膳夫》载：“珍用八物。”据郑玄注有：淳熬、淳母、炮豚、炮牂（zāng）、捣珍、渍、熬、肝膋（liáo）等。《礼记·内则》详细记载了八珍的烹饪方法。

淳熬是把醢煎热，浇在稻米饭上，拌入动物油。淳母与淳熬相同，是浇在黍米饭上。

炮豚即炙豚。豚是小猪，把小猪杀死，去毛和五脏，以枣填满腹腔，用芦苇缠裹起来，涂抹上一层泥巴，放火中烧。然后去掉泥巴，放入盛有脂膏的小鼎中，再将小鼎放入盛水的大镬中烧熬三天三夜，用醢、醋调和而食。炮牂与炮豚相同，不同的是烹炙小母羊。牂即母羊。

捣珍，把牛、羊、鹿、麋、獐子等鲜嫩的里脊肉捣碎，反复捶打，去其筋腱，做成肉泥蒸食。

渍，与脍相似，把新鲜牛羊肉切成薄片，放入美酒中浸泡一昼夜，调上肉酱、梅酱、醋等生食。

熬，将牛羊肉捶打，去其皮膜，摊在苇荻篾上，撒上姜、桂、盐，以小火慢慢炙熟。

肝膋，取狗肝一副，用狗肠脂肪蒙起来，配以适当的调料汁，放在火上炙，使脂肪渗入肝内，再以米粉糊润泽。另用狼臆间脂肪与稻米合制成稠粥，一起食用。

从先秦时的八珍我们可以看出，当时的烹饪在选料、配料、刀功、口味等方面已很有考究，如肝膋强调，绝对不能用蓼作调料。人们不仅已知道挂糊，而且已利用慢火和间接传热的方法来避免外熟内生。

（四）风味各异的六大菜系

秦汉以后，尤其是唐宋以来，经过历代烹饪家、美食家的努力探索、继承和创新，中国的美食文化更加丰富发达，传统名馔不仅越发炉火纯青，而且形成了口味、风格各异的几大菜系。目前，中国到底有几大菜系，尚未有一致的意见，被普遍公认的有以下几种。

鲁菜。发源于山东，流行于北方。其特点是丰盛实惠，鲜咸适口。在技法上以爆、炒、烧、炸、卤、焖、扒见长。

孔府菜。自汉平帝封孔子后裔为褒成侯以来，孔子和他的子孙们得到历代王朝的封赐，孔府成为中国唯一不受改朝换代的冲击、历史悠久的公侯府第。孔子是著名美食家，孔府要接待历代朝圣的帝王将相，孔府菜也逐步发展起来。其特点是用料广泛，制作精细，讲究造型和菜名的寓意。

北京菜。北京菜原属鲁菜菜系，自辽朝以来，先后有契丹、女真、蒙、满等民族进入，带入了游牧民族的饮食风俗，始形成自己的独特风格。其最大特点是将鲁菜和游牧民族的饮食风味融为一体，如代表北京风味的满汉全席、全猪席、全羊席、全鸭席、涮羊肉、北京烤鸭即是。北京菜特别讲究刀工，一斤涮羊肉要求切出 6 寸长、1.5 寸宽，薄如纸的肉片 80 ~ 120 片。一只烤鸭要片出 120 ~ 130 块鸭肉。讲求选料、刀工、时令，调味多变，是北京菜的基本特点。

川菜。川菜发源于四川，其最大特点是“尚滋味”“好辛香”[1]，尤以小吃和

〔1〕（西晋）常璩著，任乃强校注：《华阳国志·蜀志》，上海：上海古籍出版社，1987 年版。

麻辣见长。目前，四川的菜肴和小吃发展到5000多种，有“一菜一格，百菜百味”“食在中国，味在四川”的美誉。

粤菜。粤菜以广州为中心，是具有悠久历史的一大菜系。《淮南子·精神训》载：“越人得蚺（rán蟒）蛇，以为上肴。”西晋张华《博物志》载，东南之人以“龟、蛤、螺、蚌为珍味”。《老学庵笔记》卷六引《北户录》云：“广人于山间掘取大蚁卵为酱，名蚁子酱。”可知古代粤菜即具有选料杂奇的特点，鸟兽蛇虫皆可入馔。

淮扬菜。以扬州为中心。自隋炀帝下江都以来，扬州是富商巨贾、文人墨客、青楼楚馆集中的繁华城市，逐步自成体系。其特点是清淡味雅，制作精巧。

另外，由于民族、宗教信仰等原因，除按地区形成的菜系外，素菜、豆腐菜、清真菜等也在中国菜系中独树一帜，成为全国各地流行的菜系。

第2节 雅俗共饮的茶

一、饮茶习俗的形成

古代的茶有苦荼、槚（jiǎ）、蔎（shè）、荈（chuǎn）、茗等多种名称。《尔雅·释木》载："槚，苦荼。"东晋郭璞注曰："树小如栀子，冬生叶，可煮作羹饮。今呼早采者为荼，晚取者为茗，一名荈，蜀人名之苦荼。"清郝懿行疏曰："今荼字古作荼……至唐陆羽著《茶经》，始减画作茶。"陆羽《茶经·一之源》称："其名，一曰茶，二曰槚，三曰蔎，四曰茗，五曰荈。"

魏晋以前，人们只是利用茶的药用价值，还没作为日常饮料。《周礼·天官·浆人》载："浆人掌共（供）王之六饮，水、浆、醴、凉、醫（yí）、酏（yí）。"六饮中没有茶。顾炎武《日知录》卷七讲："自秦人取蜀而后，始有茗饮之事。"他认为饮茶之风起于战国。也有人根据西汉王褒《僮约》中的"武都买茶"，认为始于西汉。茶叶作为药料和饮料是并存的，而作为单一的饮料应开始于魏晋时的吴国，或者说始于六朝。

《三国志·韦曜传》载，吴国人韦曜酒量不过二升，吴主孙皓常"密赐茶荈以当酒"。这是

中国是茶的故乡，茶在中国已有5000多年的历史。从远古时代起，人们就知道用茶来解毒了。《淮南子·修务训》有神农"尝百草之滋味……一日而遇七十毒"的记载。清代陈元龙《格致镜原·饮食类·茶》引《本草》载："神农尝百草，一日而遇七十毒，得茶以解之。今人服药不饮茶，恐解药也。"

史书中作为饮料饮茶的最早记录。明人吴树声《茶寮记》[1]讲："茗，古不闻食，晋宋以降，吴人采叶煮之曰茗粥。"即使在六朝前期，饮茶也只是少数人的嗜好，尚未形成普遍的饮食习惯。东晋司徒长史王濛好饮茶，"人至辄命饮之，士大夫皆患之。每欲往候必云'今日有水厄'"。[2]士大夫们把饮茶看成是灾难，可见大部分人还没有饮茶的习惯。

陆羽的《茶经》讲："茶者，南方之嘉木也。"上述韦曜、王濛均为南人，东晋桓温亦嗜茶果，可知饮茶之风起于南方。北方大族刘琨嗜茶，写信给弟弟刘群说："吾体中愦闷，常仰具茶，汝可信致之。"[3]刘琨饮茶是用来清火解疾，仍然是当作药物。南北朝时，北方食羊肉，饮酪浆；南方食鱼羹，饮茶。南方大族王肃投靠北魏，在宴会上吃羊肉酪粥，魏孝文帝问："羊肉何如鱼羹，茗饮何如酪汁？"王肃贬低南朝，讨好魏孝文帝说："羊者是陆产之最，鱼者是水族之长，所好不同，并各称珍。以味言之，是有优劣。羊比齐鲁之邦，鱼比邾莒小国。唯茗不中，与酪作奴。"[4]

三国华佗讲："苦茶久食益意思。"[5]西晋张华也讲："饮真茶令少睡眠。"[6]南北朝时佛教兴盛，僧人打坐诵经，"不动不摇，不委不倚"，很容易困乏，具有提神醒脑、生津止渴等功效，茶成为僧人理想的饮料，这就是"茶因禅兴"的说法。寺院多坐落在山中，适合茶树生长，种茶、饮茶遂在寺院中广为传播。

到了唐朝，饮茶成为南北方普遍流行的饮食习俗，唐人封演《封氏闻见记·饮茶》载：

> 茶早采者为茶，晚采者为茗。《本草纲目》云："止渴，令人不眠。"南人好饮之，北人初不多饮。开元（713—741年）中，泰山灵严寺有降魔师大

〔1〕《古今图书集成·食货典·茶部》引，北京：中华书局，成都：巴蜀书社，1985年版。
〔2〕《太平御览》卷八六七《饮食部二五·茗》引《世说新语》，北京：中华书局，1960年影印版。
〔3〕《古今图书集成·食货典·茶部》引《刘琨与弟群书》，北京：中华书局，成都：巴蜀书社，1985年版。
〔4〕《洛阳伽蓝记》卷十三《城南》，上海：上海书店出版社，2000年版。
〔5〕《古今图书集成·食货典·茶部》引《食论》，北京：中华书局，成都：巴蜀书社，1985年版。
〔6〕《古今图书集成·食货典·茶部》引《博物志》，北京：中华书局，成都：巴蜀书社，1985年版。

▲元　赵原 ·《陆羽烹茶图》

> 兴禅教，学禅务于不寐，又不夕食，皆恃其饮茶。人自怀挟，到处煮饮。从此转相仿效，遂成风俗。自邹、齐、沧、棣，渐至京邑，城市多开店铺煎茶卖之，不问道俗，投钱取饮。其茶自江、淮而来，舟车相继，所在山积，色类甚多。

唐宣宗大中十年（856年），朝廷膳夫杨华撰《膳夫经手录》载：“今关西、山东，闾阎村落皆吃之，累日不食犹得，不得一日无茶。”

在唐朝，饮茶风俗已由南方普及全国各地，并成为商品。茶叶还传到边疆回纥、吐蕃等多食腥膻的少数民族地区，成为他们消食解腻的必需品，出现了少数

民族以马匹换取内地茶叶的“茶马互市”。由于茶叶产量猛增，唐德宗开始以十比一的比例征收茶税，后来又出现国家专卖的“榷茶”。到北宋，竟爆发了王小波领导的茶农起义。就在唐德宗前后，陆羽（字鸿渐，号竟陵子）完成了世界上第一部茶叶专著《茶经》，对茶叶生产的历史、源流、现状、生产技术以及饮茶技艺、茶道原理，做了综合介绍。

因此，自唐代开始，茶叶成为雅俗共用的饮料，上可奉天子王侯，下可供平民百姓。与市民生活有密切联系的茶坊、茶馆也逐步兴起，成为达官贵人、文人墨客、商贩、车夫、游客等品茗消闲、高谈阔论、歇脚止渴的文化场所。“坐客下饮”，敬茶成为主人待客的普遍礼仪。中国百姓“粗茶淡饭”的俭朴追求，明

◀南宋　刘松年　《撵茶图》

▲明　唐寅　《斗茶图》

确地摆出了它在饮食中的地位和价值。

二、中国的茶道

自饮茶习俗形成后，茶的形状、品质、产地、制作、饮用方法和器具成为一门专门的学问。陆羽《茶经》出现以后，专门叙述茶道的书就有 100 多种。茶的原叶、采茶的时机、冲茶的水质、茶具的质地、形状，都有严格的考究。

最早的饮茶方法，是将鲜茶叶煮后饮用。随着饮茶之风的流行，鲜茶叶贮存、运输很不方便，就将茶叶碾碎烘干成饼，喝时捣成末煮饮。有时还加入葱、姜、橘等配料。中唐以后，先将茶叶放到釜甑中蒸，然后捣碎制成饼，以去掉草木味，叫作“蒸青”。据宋人《北苑别录》载，“蒸有过熟之患，有不熟之患。过熟则色黄而味淡，不熟则色青易沈（沉）而有草木之气，唯在得中为当”。“茶既熟，谓茶黄，须淋洗数过，方入小榨，以去其水，又入大榨，以去其膏……膏不尽则色味重浊矣。”

北宋后期，又出现“蒸焙”或称“炒青”的制茶方法。先将鲜茶叶蒸青，然后置锅内焙炒，既去掉了草木味和苦涩味，又保持了茶叶原有的清香。饮茶

明　文徵明《品茶图》

的方法也由煮饮改为直接用开水冲泡。

制茶原叶一般是越嫩越名贵。熊蕃《宣和北苑贡茶录》载，最上品的茶叶叫作“小芽”，又号“芽茶”，是刚吐鲜嫩的茶芽，如雀舌鹰爪；次品曰“拣芽”，一芽带一叶，号“一枪一旗”；再次曰“中芽”，一芽带两叶，号“一枪两旗”。如果展开三四片叶子就显老了。熊蕃还讲，“芽茶奉万乘尝之”，极其珍贵。北宋宣和年间漕臣郑可问剔取芽茶心一缕，集珍器中，以清泉渍之，光明莹洁，更是旷古未闻的珍品，称作“银线水芽”。

采茶的时间和方法也十分讲究。宋人子安试《茶录》载，采茶须在早上日出之前，茶叶受夜露滋润时采摘，见日则为阳气所薄，茶芽膏腴内耗，泡到水里就不鲜明了。断芽要用甲而不用指，以甲则速断而不揉，用指不能速断易受损伤。

煮茶、冲茶用的水更为考究。陆羽的《茶经》指出，煮茶以山泉水为上品，清澈的江水为中品，井水为下品。温庭筠《采茶录》载，陆羽和李季卿派人取殊绝的扬子南濡水煮茶。水取回后，陆羽用勺一试说，这不是南濡水，好像是在岸边取的。取水人说，我驾舟深入江中，见者百人，岂敢欺绐。取水者将水倒入盆中，倒到一半，陆羽止住他，又用勺试了试，指着盆中水说：“此南濡水也。”取水人惊服。原来，取水人上岸时洒了一些，又从岸边取了一些充数。陆羽对南濡水和江岸边的水，恐怕不可能识别得如此准确，但什么样的水质煮茶最好，用勺就能试出来，故能发现劣质的岸边水。

茶具的质地、形状也有讲究。宋徽宗《大观茶论》讲舀茶的勺子说，勺子形制的大小以“可受一盏茶为量，过一盏必归其余，不及则取其不足，倾勺烦数，茶必冰矣”[1]。

---

〔1〕《北苑别录》《宣和北苑贡茶录》《茶录》《茶经》《采茶录》《大观茶论》均为《古今图书集成·食货典·茶部》引，北京：中华书局，成都：巴蜀书社，1985年版。

第3节 中国的酒文化

一、酒的流程

（一）仪狄、少康造酒的传说

中国酿酒、饮酒的历史源远流长，传说大禹时的仪狄、夏朝的天子少康（杜康）是最早发明酒的人。

《战国策·魏策二》载："昔者帝女令仪狄作酒而美，进之禹，禹饮而甘之，遂疏仪狄，绝旨酒，曰：'后世必有以酒亡其国者。'"战国史官著的《世本》[1]也讲："仪狄始作酒醪，变五味，少康作秫酒。"《说文十四下·酉部》载："古者仪狄作酒醪，禹尝之而美，遂疏仪狄，杜康作秫酒。"曹操的《短歌行》言："何以解忧，唯有杜康。"在流传过程中，杜康始造酒成为约定俗成的定论，杜康成为中国的酒神，仪狄反被遗忘了。

其实，仪狄、杜康都不是第一个发明酒的人。考古工作者在新石器时代的仰韶文化遗址中发掘出若干小型陶罐、陶杯，在龙山文化遗址中发现有尊、斝（jiǎ）、盉、高脚杯、小壶等陶器，

饮酒是中国古老的饮食风俗，它不仅渗透着中华民族的性格、情趣和精神寄托，运载着中国的传统文化精神，还激发了文人学士的情思和灵感，写下了无数有关酒的诗文，成为饮食风俗中文化意蕴最丰富的一个类别。

〔1〕《太平御览》卷八六七《饮食部一·酒上》引，北京：中华书局，1960年影印版。

都是用来酿酒和饮酒的。说明早在 5000 年前，我们的祖先就发明了酿酒术。《孔丛子·儒服篇》讲："尧舜千钟，孔子百觚，子路嗑（kè）嗑，尚饮十斛。"是尧舜时已有酒。

最原始的酒，是野生水果成熟后，自然界的微生物酵母菌自动分解其中的糖，产生酒精，使果子带有酒的气味。以采集和狩猎为生的原始人尝到这别有滋味的果子后，索性将野果采下来，发酵后再食用，这就是最原始的酒了，也就是传说中仪狄造的"旨酒"。许多动物都喜食含酒精的果实，《淮南子·氾论训》高诱注、李贤《后汉书·西南夷传》注，都有猩猩"嗜酒"的记载。

原始畜牧业产生后，有了兽乳。一时吃不完的兽乳，受了酵母菌的作用而自然发酵成酒。人们也试着酿造，于是产生了乳酒。《周礼》提到"醴酪"，有的学者认为是乳酒。

随着原始农业的发展，谷物或剩饭因保存不善而发芽发霉，其中所含的淀粉自然转变成糖，就容易发酵了。这种发芽、发霉的谷粒，古代叫作"曲糵（niè）"。《尚书·说命下》载："若作酒醴，尔惟曲糵。"后来人们叫"酒曲""酒母"，把它浸到水里就会自然发酵成酒。于是，人们利用曲糵造出了谷酒，即传说中杜康造的"秫酒"。《淮南子·说林训》讲："清醠之美，始于耒耜。"即美酒从农业的粮食中产生。

（二）五齐三酒

西周时，专设"酒正""酒人"掌管酿酒和有关酒的政令，酿造"五齐三酒"，以供天子祭祀。对"五齐三酒"，古人各有解释，如按等级规格来讲，五齐中的"泛齐"，因酒滓泛泛而得名，俗称为白醪（liáo），后来也称浊酒；"醴齐"是酒与滓浑然一体，亦称甜酒；"盎齐"葱白色，也称为白醝（cuō）酒；"缇（tí）齐"酒色赤红，亦称"醍酒"；"沈（沉）齐"滓沉而清。三酒即："事酒"，祭祀之事用酒；"昔酒"，久酿之酒；"清酒"，冬酿夏成的醇酒。

正因为酒的规格、等级不同，古代的酒有了不同的名称。李时珍《本草纲目·酒·释名》载："酒之清者曰酿，浊者曰盎，厚曰醇，薄曰醨（lí），重酿曰酎，一宿曰醴，美曰醑（xǔ），未榨曰醅（pēi），红曰醍，绿曰醽（líng），白曰醝。”

《诗经·大雅·江汉》提到“秬鬯（jù chàng）一卣（yǒu）”。秬鬯是用黑黍和郁金香草酿造的酒，应是中国最早的药酒。屈原《九歌·东皇太一》有“奠桂酒兮椒浆”的词句，可知战国时又有桂花酒、椒花酒。后来又有菊花酒、菖蒲酒、柏叶酒、屠苏酒等各种药酒。

先秦时的制酒工艺已有很高的水平。1977 年，河北省平山县出土了两壶密封于战国时期的酒，启盖时酒香扑鼻，存放 2000 多年而不酸坏，称得上是酿酒史上的奇迹。秦汉以后，酿酒工艺进一步提高。《齐民要术》记载了九种制曲的方法、39 种酒的酿制法和 2 种药酒的配制法。北宋朱翼中的《北山酒经》提到，将旧曲粉碎后涂抹到谷物胚块上的制曲法，即利用旧曲进行接种，实际是菌种的选择和培育，这种方法一直延续到今天。

（三）白酒的产生和白酒系列

古代的酒大都是自然发酵酿成的米酒或果酒，酒精的含量很低。所以，战国淳于髡、东汉卢植能饮酒一石，李白“斗酒”还是少的[1]。唐代已有“烧酒”的名称。白居易《荔枝楼对酒》诗：“荔枝新熟鸡冠色，烧酒初开琥珀香。”许多学者认为，唐代的烧酒并非蒸馏的烈性白酒。李时珍的《本草纲目》认为，“烧酒非古法也，自元时始创，其法用浓酒和糟入甑（zèng），蒸令气上，用器承取其滴露。凡酸坏之酒，皆可蒸烧”“其清如水，味极浓烈，盖酒露也”。

经过蒸馏的谷物烈性烧酒起自北宋，其根据有二。

其一，与苏轼同年代的朱翼中的《北山酒经》记载了一种“火迫酒”的制法，酒液经火迫加工后，酒精含量较高，与蒸馏法制的白酒相似。

其二，1975 年，河北省青龙县出土了一套金代铜制烧酒锅，其铸造年代不迟于金世宗大定年间（1161—1189 年），相当于宋高宗到宋孝宗时。

---

〔1〕《古今图书集成·食货典·酒部》引北宋窦革《酒谱·酒之事三》讲：“古至善饮者多至石余，由唐以来遂无其人，盖自隋更制度量，斗石倍大尔。”显然不是今天的烈性白酒。

据此可以断定，北宋时已有经过蒸馏的谷物烧酒，金代出土的烧酒锅在南宋初，可为佐证。

发展到今天的白酒系列，按香型可分为以下几种。

酱香型。以贵州省仁怀县茅台镇的茅台酒为代表，1915 年曾获巴拿马万国博览会奖章、奖状。

浓香型。以泸州老窖、五粮液、双沟、洋河、全兴、剑南春等名酒为代表。

清香型。以山西汾阳杏花村的汾酒为代表。汾酒在元代即知名，有“甘泉佳酿”之美誉。

米香型。以广西桂林三花酒为代表。

（四）葡萄酒和啤酒的东流

与白酒系列并行的是葡萄酒和啤酒。

一般认为，葡萄酒是法国人在 12 世纪首先酿造的。其实，汉代西域地区就以葡萄酿酒。《后汉书·西域传》载，康居的栗弋（yì）国“蒲（葡）萄众果，其土水美，故蒲（葡）萄酒特有名焉”。唐代西北地区流行葡萄酒。唐代诗人王翰《凉州词》有“葡萄美酒夜光杯”的诗句。清代把西方传来的白兰地、威士忌称作“鬼子酒”。近人徐珂《清稗类钞·饮食类一》载：“鬼子酒为舶来品。当为白兰地、惠司格（威士忌）、口里酥之类。”

从工艺上讲，中国古代的葡萄酒是没有蒸馏的果酒，西方的白兰地等是经过蒸馏加药配制而成的蒸馏果酒，酒精含量较高，且贮放多年，使其充分醇化。1892 年，爱国华侨张振勋（字弼士）创办山东烟台张裕葡萄酿酒公司，生产可雅白兰地、味美思等。1912 年 8 月 20 日，孙中山抵烟台，参观张裕公司，题赠“品重醴泉”。1915 年，可雅白兰地获巴拿马万国博览会金质奖章和奖状，遂更名为“金奖白兰地”。

啤酒，又称麦酒、皮酒。《清稗类钞·饮食类二》载：“麦酒者，以大麦为主要原料酿制之酒，又名啤酒，亦称皮酒。”啤酒以大麦芽和啤酒花为主要原料，经酵母发酵而制成，是一种含二氧化碳的低浓度酒精饮料，最早为德国人所创制，清代传入中国。1904 年，德国人在青岛投资建立啤酒公司，利用崂山矿泉水酿制啤酒，1906 年在慕尼黑博览会上获金牌奖。中华人民共和国成立后，青岛啤酒进一步发展，成为国际啤酒系列中的名牌。

二、古代饮酒的习俗

酒自产生以来，与中国人结下了不解之缘。它不仅渗透到人们的衣食住行、生老病死、婚丧嫁娶、岁时节庆、人际交往、生产交易等社会生活的各个方面，而且凝结到人们的喜怒哀乐、才思胆气等无形的情感当中。北宋窦革在《酒谱·酒之名二》中讲，酒“其可爱，无贵贱、贤不肖，华夏夷戎，共甘而乐之”。

（一）禁酒和聚饮日

上古时代，尽管桀纣一类的统治者“酒池肉林”，一般庶民饮酒的机会是很少的。大禹“恶旨酒”。周公颁布了第一部禁酒的法律《酒诰》，规定：“群饮，汝勿佚（失），尽执拘，以归于周，予其杀。”《秦简》记载，村民不准卖酒，“不从者罪之”。汉律规定，“三人已上无故群饮，罚金四两”[1]。以后的封建王朝每逢年景不丰、政局不稳，都不同程度地宣布禁酒（东晋、五代、宋，例不禁酒）。到明清时期虽有禁酒令，已是有禁而不止了。

汉武帝天汉三年（公元前 98 年），根据桑弘羊的建议，实行“榷酤”，垄断酒的产销。昭帝始元六年（公元前 81 年）改征酒税，这是中国历史上第一次对酒禁的松弛。以后，酒税逐步成为封建国家的一项重要的财政收入。

据《诗经·豳风·七月》载，周代的农夫们只是到了十月农事完毕，才能喝上一次酒。以后的统治者为争取民心，有时也特许百姓聚会饮酒，叫作“酺（pú）”。《说文十四下·酉部》称：“酺，王德布，大饮酒也。”战国赵武灵王

〔1〕《史记·孝文帝本纪》裴骃集解，北京：中华书局，1959 年版。

灭中山国，“大赦，置酒酺五日”[1]。历代帝王凡登基、册立、大捷、丰收、大赦等，均赐天下大酺，由郡县赐牛酒，与民同庆，时间一般为三日或五日。公元696年，武则天加尊号“天册金轮大圣皇帝”，大酺九日，是时间最长的。

自汉武帝榷酤后，酒从天子贵族的金樽玉盏流向民间的陶壶瓦罐，饮酒的人数、范围、机会开始多起来，主要集中在人生礼俗、人际交往和岁时节庆的时间。

人生礼俗饮酒主要指诞辰、结婚、中举、丧葬等人生旅途中的几个重要阶段。

降诞是人生的开端，添丁进口是古来必须庆祝的大事。越王勾践为灭吴而鼓励生育，“生丈夫，二壶酒，一犬；生女子，二壶酒，一豚”[2]。可知春秋时期就有生育饮酒庆贺之俗。以后，凡生子、满月、百岁、周岁、生日，都要宴请亲友庆贺。

先秦时，婚礼不乐不贺，仅夫妻“共牢而食，合卺而酳”[3]。汉宣帝五凤二年（公元前56年）正式下诏，允许结婚大摆宴席，此后婚宴相沿成俗。在所有的民间宴饮中，婚宴是最隆重、最热闹的酒场。

古代还有一种女酒，又称女儿酒。西晋嵇含《南方草木状》载，南人有女数岁即大酿酒，密封在酒罂内，沉入陂池水中，待女出嫁时，取出来招待宾客。浙江绍兴亦有此旧俗，是将酒埋藏起来。现代贵州的苗族，仍有这种习俗。

丧葬是一生的终结。先秦时，只为死者祭奠酒，孝子和前往吊丧的人不能喝酒。魏晋时的阮籍蔑视礼教，母丧饮酒，至唐朝沿袭成俗。唐高宗龙朔二年（662年）下诏：“父母初亡，临丧嫁娶，积习日久，遂以为常。亦有送葬之时，共为欢饮，递相酬劝，酣醉始归……并宜禁断。”[4]但风俗与法令并不是一回事，以后借出殡送葬之际大敛资财，大宴宾客之风，一直沿袭到现代社会。

中国人特重视人际伦理关系，而酒可以说是人际交往中非常有效的工具，现代人常说：“酒越喝越亲，钱越赌越生。”人际交往饮酒的主要场合有送别饯行、相逢接风、岁时节庆等。除此之外，来客、郊游、盖房、开业、中举、订立契约、分家等场合都要饮酒。

---

〔1〕《史记·赵世家》，北京：中华书局，1959年版。
〔2〕《国语·越语上》，上海：上海古籍出版社，1978年版。
〔3〕《礼记·昏义》，载《十三经注疏》，北京：中华书局，1980年影印版。
〔4〕《唐会要》卷二十三《寒食拜扫》，北京：中华书局，1955年版。

▶明 陈洪绶《蕉林酌酒图》

（二）酒店、酒旗、酒楼和歌舞佐酒

古代饮酒的场所有家内、旅店、野外、茶肆、妓院等，主要是酒店和酒楼。

酤酒的店肆在战国时期已经出现。《韩非子·外储说右上》载："宋人有酤酒者，升概甚平，遇客甚紧，为酒甚美，悬帜甚高，然而不售，酒酸。"有人告诉酤酒者说："汝狗猛也。人畏焉。或令孺子怀钱挈（手提）壶罋而往酤，而狗迓而龁（咬）之，此酒所以酸而不售也。"可知，战国时酤酒的店肆已普遍设立，而且有售酒的升和刮升口的概，门前高悬招徕顾客的酒旗。酒店的信誉也很好，人们甚至让小孩"怀钱携壶罋"去酤酒。

酒旗也叫"酒帘"，俗称"望子"，以布帛缀于竿头，悬在店门旁。唐诗人张籍《江南行》言："长干午日沽春酒，高高酒旗悬江口。"据《星经》和《宋史·天文志》记载，酒旗为"酒旗三星"，主管宴享饮食，星明表示天下宴乐安宁，星没则表示帝王宴饮昏沉，以酒亡国。帝王与臣下饮宴时，都悬挂酒旗以示对酒星的尊敬。酒店沿袭这一形式，除敬祭酒星外，还表示这里正在营业。这一风俗，一直沿袭到现代。

西汉供人聚饮的酒店叫作"垆"，雇佣干活的店员叫"保佣""酒人保"，后称"酒保"。汉初栾布曾为酒人保。司马相如与卓文君开了一家酒店，文君"当垆卖酒"，相如"著犊鼻裈，与保庸杂作，涤器于市中"[1]，如果光是卖酒，没有人到此饮酒，就不用"涤器"了。

中国古代的帝王早就发现，在高楼、高台上饮酒，不仅清静、凉爽，还可以俯瞰风光。吴王夫差曾筑"姑苏台"，与西施在上宴饮。曹操修了"铜雀台"。魏晋南北朝开始出现酒楼。南朝宋明帝曾大宴将士于"新亭楼"[2]。北齐邢邵有"清风观""明月楼"[3]。唐宋时，酒楼已是鳞次栉比了。唐朝诗人韦应物在《酒肆行》中写道："豪家酤酒长安陌，一旦起楼高百尺。"

---

〔1〕《史记·司马相如列传》，北京：中华书局，1959年版。
〔2〕《南史·李安人传》，北京：中华书局，1975年版。
〔3〕《北史·邢邵传》，北京：中华书局，1974年版。

丝竹管弦和歌舞助酒，是古代天子贵族的生活方式。《诗经·唐风·山有枢》言：“子有酒食，何不日鼓瑟？”《诗经·小雅·鹿鸣》言：“我有旨酒，以燕乐嘉宾之心。”这种饮酒方式沿着两个方向发展，一是歌舞伎、乐伎佐酒；二是由饮酒人自歌自舞，发展为酒令。汉朝出现了专门以乐舞助酒的官私乐伎，项庄舞剑就是佐酒的一种武舞。汉高祖刘邦击英布归来，与沛中父老饮酒，自击筑，作《大风歌》，令沛中少儿120人和歌。西晋士族王恺驱使女伎吹笛助酒，稍微走了一点儿调，竟将女伎活活打死。

到了唐朝，女伎、管弦、歌舞佐酒的方式蔓延到酒楼，成为招徕客人的一种经营方式。杨巨源在《胡姬词》中写道：“妍艳照江头，春风好客留。当垆知妾惯，送酒为郎羞。”唐人薛用弱描述了这样一段故事：

> 开元中，诗人王昌龄、高适、王涣之（王之涣）……共赴旗亭……俄有妙妓四辈寻续而至……旋则奏乐，皆当时之名部也。昌龄等私相约曰：“我辈各擅诗名，每不自定其甲乙，今者可以密观诸伶所讴，若诗入歌词之多者则为优矣。”俄而，一伶拊节而唱，乃曰：“寒雨连江夜入吴，平明送客楚山孤。洛阳亲友如相问，一片冰心在玉壶。”[1]昌龄则引手画壁曰：“一绝句！”寻又一伶讴之曰：“开箧泪沾臆，见君前日书。夜台何寂莫，犹是子云居。”[2]适则引手画壁曰：“一绝句。”寻又一伶讴曰：“奉帚平明金殿开，且将团扇共徘徊。玉颜不及寒鸦色，犹带昭阳日影来。”[3]昌龄则又引手画壁曰：“二绝句。”涣之自以得名已久，因谓诸人曰：“此辈皆潦倒乐官，所歌皆巴人下俚之词耳，岂阳春白雪之曲，俗物敢近哉！”因指诸妓之中最佳者曰：“待此子所唱如非我诗，吾即终身不敢与子争衡矣。脱是吾诗，子等当须列拜床下，奉吾为师。”因欢笑而俟之。须臾，次至双环发声，则曰：“黄沙（河）远上白云间，一片孤城万仞山。羌笛何须怨杨柳，春风不

〔1〕王昌龄：《芙蓉楼送辛渐》，载《唐诗宋词全集》第三卷，西安：西安出版社，2000年版。
〔2〕高适：《哭单父梁九少府》，载《唐诗宋词全集》第四卷，西安：西安出版社，2000年版。
〔3〕王昌龄：《长信怨》，载《唐诗宋词全集》第三卷，西安：西安出版社，2000年版。

度玉门关。”[1]涣之即擨歈（yé yú）二子曰：“田舍奴，吾岂妄（妄）哉！”因大谐笑。[2]

这段故事说明，唐代的酒店不仅有歌伎助酒，而且唱的都是当时人的新诗词。

宋代的酒楼分工很细，出现有妓女陪酒的酒楼，叫作“庵酒店”。为了便于辨认，一般都挂一盏红栀（zhī）子灯，表示可以陪宿，实际是妓院和酒店的结合体。高级的酒楼开始出现阁子间（单间），一般中间是长廊，两侧是一个个阁子间，陪酒的妓女候在长廊上等待召唤。

明清时的酒楼规模更大，一些高级酒店都挂有名人题的匾额。酒店的功能也扩大了，不仅是饮酒娱乐的场所，而且成为谈生意、商量事情、说媒等社交活动的场所。以前大宴宾客都在家中，不太郑重的小酌娱乐才到酒店，明代富贵人家开始在酒楼举办宴会。大酒店也开始包办酒席，出现规模极大的大饭庄子，一般叫作“堂”，如同丰堂、福寿堂等。有的有几处院落，设戏台可唱堂会，能同时开一二百桌酒席，专揽大生意，别说三五人的小酌，就连一二桌零星酒席也不理会。清代得硕亭《竹枝词·草珠一串》称：“酒筵包办不仓皇，庄子新开数十堂。”自注云：“包席处呼曰庄子，俱以堂为名。”

清末民初，西式餐馆、酒吧开始在大都市和通商口岸设立，称作“番菜馆”。饮用的酒有伏特加、白兰地、威士忌、啤酒等，菜分为英法大菜、德式大菜、俄式大菜等。社会上层的消费口味也分为两种，大部分人仍享受中国传统的佳肴美酒，口味趣新者和西化程度较深的人则追求洋酒和西餐大菜。

平民百姓仍保持着到酒肆饮酒、酤酒的习惯，但多是一些小酒肆。那里酒价便宜，菜肴简单，有的以精美小吃而闻名，还可以赊酒。大都市的街头巷陌和乡镇，到处都有这样的小酒肆和小酒店。杜牧的“借问酒家何处有，牧童遥指杏花村”，就指这一类。明人蒋一葵《长安客话》载，明太祖朱元璋与刘三吾微服出

〔1〕王之涣：《出塞》，载《唐诗宋词全集》第三卷，西安：西安出版社，2000年版。
〔2〕（唐）薛用弱《集异记》卷第一《王涣之》，明正德、嘉靖间阳山顾氏文房小说本。

游到一个小酒店，随口吟出一句对联："小村店三杯五盏，无有东西。"适碰店主送酒，对道："大明国一统万方，不分南北。"朱元璋大喜，第二天传来店主，赐他为官，被店主婉言谢绝。

尊贵者偶到小店，只是换换口味，寻找新鲜，小酒肆的常客是渔夫、樵翁、农夫、商贩、车夫以及周围的居民，小酒肆是他们小酌、吃寡酒、酤酒的场所。

（三）压酒和温酒

古代的酒大都是用酒曲加原料、水自然发酵酿成的米酒和果酒，酒液和酒糟混在一起，饮酒时须用酒篘（chōu）等压在瓮中舀取，实际上是把酒过滤出来。酒篘用竹篾或柳条编织，压在酒中，酒液透过细孔渗入篘中，用勺或瓢舀出来饮用。唐人皮日休曾专门写过《酒篘》诗："翠篾初织来，或如古鱼器。新从山下买，静向甔（dān）中试。"李白《金陵酒肆留别》言"风吹柳花满店香，吴姬压酒劝客尝"，是酒店压酒的生动写照。

《左传·僖公四年》载："尔贡苞茅不入，王祭不供，无以缩酒。"按照《周礼·天官·甸师》郑兴的注为："束茅立之祭前，沃酒其上，酒渗下去，若神饮之，故谓之缩。"《礼记·郊特牲》载："缩酌用茅，明酌也。"郑玄注曰："泲（jǐ）之，以茅缩去滓也。"祭祀须用清澈的"明酌"，故用束茅来过滤。可知《左传》讲的"缩酒"即为过滤酒，苞茅相当于酒篘，郑兴的解释是错误的。

压过的酒也容易浮着一些"酒蚁（小颗粒）"。相传，东晋陶渊明饮酒放达，以所戴葛巾滤酒，后世又称以葛布过滤后，没有酒蚁的酒叫"巾滤酒"。南宋陆游亦脱巾滤酒，别人说他不拘礼法，恃酒放荡，索性自号"放翁"。

古人不喝冷酒，要喝热酒。先秦时以鬶（guī）、斝、爵等温酒。秦汉以后用"酒铛（chēng）"，亦称鐎斗。酒铛形状似鼎，有三足，盆形，带盖，有长流和鋬（pàn）。《梁书·何点传》载，竟陵王萧子良曾送给徐景山一酒铛。李白《襄阳歌》言："舒州杓，力士铛，李白与尔同死生。""力士铛"，即酒铛。明清以后，一般用酒壶放到热水里烫酒。

明 丁云鹏《漉酒图轴》

（四）酒监和酒令

中国人饮酒有鲜明的隆礼特点，尤其在周朝更为严格而具体。

首先，饮酒必须遵守尊卑长幼顺序，违序即违礼。《礼记·曲礼》载：“长者举未釂（jiào），少者不敢饮。”即长者不干杯，少者不能喝。古人饮酒一饮须尽爵，然后依次而饮，不像现在一块儿干杯。《汉书·叙传》载：“赵李诸侍中，皆饮满举白。”“举白”即饮完倒杯给人看。日常说的“酒过三巡”，即由长及少一个个地依次干杯，轮了三遍。

喝酒不能过量。《论语·乡党》讲：“唯酒无量，不及乱。”战国淳于髡讲：“酒极则乱，乐极生悲。”[1]《礼记·玉藻》载：“君子之饮酒也，受一爵而色洒如也；二爵而言言斯；礼已三爵，而油油以退。”即饮酒不过三爵，三爵饮毕应“油油以退”。齐景公与大夫饮酒想尽兴而不遵礼制，晏婴故意对景公无礼，激怒了齐景公，然后向他说明“礼不可无”的道理。齐景公大悟，“觞三行遂罢酒”[2]。可知古代饮酒的礼数是酒不过三巡，过量即为违礼。

另外，在各种公私场合下都有各类饮酒的细则。如主客饮酒时，主敬客叫“酬”，也叫“献”，客人回敬叫“酢”，无酬无酢曰“醮”。《淮南子·主术训》载：“觞酌俎豆酬酢之礼，所以效善也。”

为了保证在饮酒过程中不失礼仪，在周朝就出现了专门监督饮酒礼仪的酒官，叫作“酒正”“酒监”“酒令”“酒史”或“觞政”。《周礼·天官·酒正》载：“酒正掌酒之政令。”《诗经·小雅·宾之初筵》讥刺周幽王饮酒无度说：“既立之监，或佐之史。彼醉不臧，不醉反耻。”

秦汉以后，酒礼崩坏，酒令、酒正等由督责酒礼，责人少饮转而为使人尽兴，过量而饮了。西汉吕后任朱虚侯刘章为酒吏，刘章请求按军法行酒，诸吕中有一人避酒逃跑，刘章追上去拔剑将其斩首，对吕后说：“有亡酒一人，臣谨按

〔1〕《史记·滑稽列传》，北京：中华书局，1959 年版。
〔2〕《晏子春秋·内篇谏上》，载《诸子集成》，上海：上海书店，1986 年影印版。

军法斩之。”[1]弄得吕后有苦难言。这种监督喝酒的酒吏，唐朝称作“明府”，明清又称作“令官”。

既然酒令官的职责是让人尽兴多饮，后来劝人多喝酒的各种方式也就称作“酒令”了。

▲投壶图

中国人喝酒行令的历史也很悠久。春秋晋文公与鲁文公饮酒，晋文公赋《诗经·小雅·菁菁者莪》，鲁文公赋《大雅·嘉乐》[2]，这应该是最早的诗令。晋武帝与孙皓饮酒，让孙皓作“尔汝歌”。孙皓举觞而言曰：“昔与汝为邻，今与汝为臣，上汝一杯酒，令汝寿万春。”[3]东晋桓玄、殷仲堪、顾恺之饮酒作危语，殷仲堪曰：“百岁老翁攀枯枝。”顾恺之曰：“井上辘轳卧婴儿。”殷仲堪有一参军云：“盲人骑瞎马，夜半临深池。”[4]南朝名将曹景宗大破魏兵，梁武帝设宴庆贺，联句赋诗。至曹景宗韵已用尽，唯余“竞”“病”二字。曹景宗挥笔立成：“去时女儿悲，归来笳鼓竞。借问行路人，何如霍去病？”[5]此类尔汝歌、危语、字韵令等都属各种诗令，作不出则要罚酒。

《礼记·投壶》还记载了宴会上一种叫“投壶”的游戏。以盛酒的壶口为目标，用矢投准，负者须饮酒。与投壶相类似的是骰（tóu）子令。骰子又称色子，是一种赌具，正四方体，六个面

〔1〕《汉书·高五王传》，北京：中华书局，1962年版。
〔2〕《左传·文公三年》，载《十三经注疏》，北京：中华书局，1980年影印版。
〔3〕《世说新语·排调》，载《诸子集成》，上海：上海书店，1986年影印版。
〔4〕《世说新语·排调》，载《诸子集成》，上海：上海书店，1986年影印版。
〔5〕《南史·曹景宗传》，北京：中华书局，1975年版。

上刻有一到六个圆点，以点数定胜负。唐人皇甫嵩《醉乡日月·骰子令》载，唐朝“大凡初筵，皆先用骰子，盖欲酣然后迤逦入令”。

民众阶层最为流行的酒令是猜拳，这一习俗源起唐朝。北宋王谠《唐语林》卷八讲：“唯优伶家犹用手打令以为戏云。”这种“用手打令”即猜拳的雏形。同书又讲：“唐皇甫嵩手势酒令，五指与手掌指节有名，通呼五指曰五峰，则知豁拳之戏由来日久。”猜拳行令之习产生后，很快在下层社会流行起来。猜拳时，吆五喝六，面红耳赤，不太雅观，往往被上流社会所蔑视。

唐朝诗人韦庄《菩萨蛮·劝酒》诗曰：“珍重主人心，酒深情亦深。”饮酒行令是中国人劝酒的一种艺术，实际是中国人“好客”“酒逢知己千杯少”的心理体现。因为酒令比敬酒带有强迫性，且不受次数的限制。酒场上有句话叫“酒令大于军令”。行令时对不出诗句或出了差错，本来就丢面子，只好认罚，这就是“敬酒不吃吃罚酒”的原意所在。

第4节 饮食器具

一、古代的炊具

（一）鬲（lì）、鬶（guī）、鼎、镬（huò）、鏊（ào）

鬲是中国最古老的炊具，从原始制陶业产生时就有了。仰韶文化和龙山文化遗址中均出土有陶鬲。其形制特点是圆口，有三只空心足，以增加容量和受热面积。有的有鋬（把手），有的无鋬。鬲上面可以放置甑、笼，能炖煮、蒸馏食品。商周时期出现青铜鬲，制作精巧，导热性更强。秦汉以后，由于炉灶和釜的普及，鬲逐渐不用了。

鬶是一种炊、饮两用的器具，形制与鬲相似，不同之处是口部有槽形的“流”，也称作“喙”，上面不能放甑。它的用途是炖煮羹汤或温酒，做好后作为餐具直接端上筵席。

鼎也是仰韶文化就有的陶制炊具，后又用青铜制作。其形制圆形，三足，有两耳，便于移动，也有的方形四足。鼎是炊具，可炖制羹臛饭粥，又可作筵席上的餐具。

古代祭祀必用鼎陈食，后来祭神、祭祖所用

为了美化饮食文化生活，提高食欲和食趣，中国一向有色、香、味、形、器五个方面的美食追求。饮器、食器、炊具是构成千姿百态的饮食风俗图的重要内容，从鬲、鼎、釜、甑到现代化的炊具、餐具的转变，是人类对烹饪、饮食器具的美学价值、实用价值不断追求的结果。

的香炉，多仿鼎的形制。

无足的鼎称作镬。《周礼·天官·亨（烹）人》载："亨人掌共（供）鼎镬。"《淮南子·说山训》载："尝一脔之肉，知一镬之味。"东汉高诱注曰："有足曰鼎，无足曰镬。"由"一镬之味"联系"列鼎而食"可知，古代一道菜用一种炊具，做好端上去又是餐具，不像现在一个锅里做几十样菜。鼎、镬都有双耳，便于用手端。这种炊、餐兼用的器具，已具有火锅的功能。据考古发现，东汉出土的"鐎斗"，就是火锅。

鼎、镬还是一种刑具，称作"鼎镬""汤镬""镬烹之刑"。周夷王烹死齐哀公，汉初齐王田广烹死郦食其，都是用鼎镬。战国蔺相如对秦王说："臣知欺大王之罪当诛，臣请就汤镬。"[1]

鏊是焙烙糗糒的炊具，平圆，中心稍凸，下有三足，类似现在的平底锅。

（二）釜、炉灶、鍪（móu）

釜即今天的锅，圆口，圆底，有的敛口有双耳，上面放甑笼，可蒸煮食物。它与鬲、鼎的不同之处是没有足，须安放到

〔1〕《史记·廉颇蔺相如列传》，北京：中华书局，1959 年版。

▲商代鱼鬲

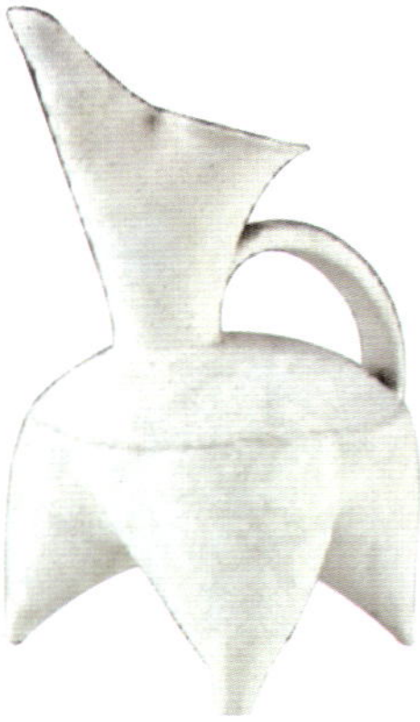

▲鬶

▲西周早期作册大方鼎

▲明　唐寅　《烧药图》中的炉灶

炉灶上才能使用。河南陕县庙底沟仰韶文化遗址曾出土一套陶釜灶，可知釜和灶也是古老的炊具。

春秋战国时，人们对灶进行了改造，注意了通风、排烟和防火。《鲁连子》载："一灶五突，烹饪十倍，分烟者众。"[1]"突"即烟囱。《墨子·号令》载："诸灶必为屏，火突高出屋四尺，慎无敢失火。"后来，又将炉灶的直突改为曲突。

《汉书·霍光传》载，有一客人见主人的炉灶是直突，且旁边堆着木柴，劝主人把烟囱改造为曲突，把木柴搬走，以防火灾。主人没有采纳，因此而失了火。火灭后，主人置办酒席酬谢前来救火的邻里，唯独没请那位客人。有人对主人说：若采纳客人的忠告，就不会遭火灾，也不用办酒席。"今论功而请宾，曲突徙薪亡恩泽，焦头烂额为上客耶？"主人才将那位客人也请来了。这个"曲突徙薪"的寓言，反映的就是战国秦汉时对炉灶的改造。

由于炉灶的改进和流行，釜也盛行起来，有陶制的，也有青铜和铁制的。秦汉以后，鬲、鼎等作为炊具基本被釜取代了。《汉书·楚元王传》载，刘邦年轻时常带着朋友到大嫂家吃饭，大嫂"阳为羹尽，轑（lǎo）釜"。东汉莱芜县长范冉（字史云）"所止简陋，有时粮粒尽，穷居自若，言貌无改。巷里歌之曰：'甑

〔1〕《太平御览》卷一八六《居处部·灶》引，北京：中华书局，1960年影印版。

中生尘范史云，釜中生鱼范莱芜。'"[1]曹植《七步》诗"萁在釜下燃，豆在釜中泣"，说明秦汉以后，釜已成为主要的炊具。

鍪是汉代流行的一种釜，圆底、敛口、反唇，有双耳。古代士兵戴的胄与鍪相似，因此叫作"兜鍪"。辛弃疾《南乡子》称赞孙权说："年少万兜鍪，坐断东南战未休。"现在战士戴的头盔，亦与兜鍪相似。

（三）甑（zèng）、笼

甑是放在鬲、釜之上的蒸器，类似现在的箅子、蒸格。早在新石器时代就有陶甑，说明人们已知道用蒸汽为导热媒体蒸馏食物。商周时期出现了铜甑，战国时期又出现了铁甑。

▲春秋晚期　夔纹耳甑

笼由甑演变而来，至迟到南北朝时

〔1〕《后汉书·独行·范冉传》，北京：中华书局，1965年版。

已出现。笼多以竹篾编制，以木为帮圈，造价低，使用轻便，可放置多层，一直使用到现在。

二、古代的饮食器具

（一）爵、角、觥（gōng）、尊、觯（zhì）、杯、瓢

爵是青铜器时代最有代表性的饮酒器，盛行于商周时期。爵身似酒杯，有鋬，上口有槽形的“流”，另一头有尾，槽边有两柱，下身是三只尖足，爵身及流的下面雕饰有精细的图案，整个造型像一只昂首翘尾的雀。

角形似爵而无柱，两尾对称，有盖。

觥腹部椭圆，有流、鋬，上有盖，底部有圆座。《诗经·周南·卷耳》载：“酌彼兕觥。”“兕觥”以犀牛角雕刻而成，《诗经》中经常出现，在两周十分盛行。

尊为圆筒鼓腹形，有圆足，侈口，无鋬和流。也有的为方形，称作方尊。尊多用青铜制作，后又以金、银、瓷制作。

▲商代　毕龟爵

▲西周父辛觥

▲西周早期　祖乙尊

觯形似尊而小，有的有盖。《礼记·礼器》载，宗庙之祭，“尊者举觯，卑者举角”。

杯一直沿用到今天，开始以陶制作，后用青铜、金、银、玉、瓷。杯的形态各异，有方有圆，有鸟兽花果等各种造型。其实，爵、觥、尊在今天都可称作杯，只不过是流、鋬、足有无的区别。

此外，古代的饮酒器还有觞（shāng）、觚（gū）、斝（jiǎ）等。

瓢是一般贫民饮水、舀水的器具，有时也用来饮酒。瓢是将葫芦剖成两瓣，煮熟去瓤而成。贫民的盛食器叫“箪”，是用竹条或苇编制的。所以，“箪食瓢饮”是贫苦生活的写照。《论语·雍也》讲：“一箪食，一瓢饮，在陋巷，人不堪其忧，回也不改其乐。贤哉，回也。”

▲战国　兽首盉

▲西周青铜带座卣

（二）盉、卣、缶、罂、罍

盉及卣、缶、罂、罍是古代的盛酒器。盉形制似鬲，有盖和长流，如现在的鼓腹圆茶壶加三个空心足，其功能如今天的酒壶，兼能温酒。

卣深腹，圆口或椭圆口，有圆足、盖和提梁，可像篮子一样提着。

缶是盛酒的陶器，也有的用青铜制作，小口大腹，似今天的坛子加盖和圆足。《礼记·礼器》称：“五献之尊，门外缶，门

▲春秋　鄀公缶

▲商中晚期钩连乳丁纹羊首罍

◀明 沈贞《竹炉山房图》

内壶。”缶在秦国还是一种乐器，以使音乐节奏分明。渑池之会上，蔺相如迫使秦昭王击缶，为赵国挽回了颜面。《风俗通义》曰：“缶者，瓦器，所以盛酒浆，秦人鼓之以节歌也。”[1]

罂比缶大，形制相同。楚汉战争时，韩信以木罂载士兵偷渡黄河，可以想象其形制大小。

罍以陶或青铜制作，圆形或方形，小口、广肩、深腹，有盖和圆足，肩部有两环耳，腹下有一鼻。《诗经·周南·卷耳》言：“我姑酌彼金罍。”《尔雅·释器》郭璞注：“罍形似壶，大者受一壶。”

（三）铏、笾、豆、簠（fǔ）、簋（guǐ）

铏是鼎的一种，也是三足两耳，有的有盖，用来烹羹、盛羹，主要盛放有肉、菜、调味品的美味羹，称作“铏羹”。

笾和豆是古代筵席必不可少的餐具，形似高足盘。笾用竹篾编

〔1〕《史记·廉颇蔺相如列传》裴骃集解引，北京：中华书局，1959年版。

▲春秋宋公栾簠

▲西周追簋

制，涂以漆，主要盛放果脯、糗饵等干食品。豆以陶、青铜、木漆制作，主要盛放各种菹醢及酏食、糁食等。先秦时，各级贵族所用的豆有严格的等级规定。《礼记·礼器》载："天子之豆二十有六，诸公十有六，诸侯十有二，上大夫八，下大夫六。"超过规格，即为越礼。

簠和簋用来盛放黍、稷、稻、粱等饭食，以木或青铜制作。簠呈长方形，盖与器形相同，各有两耳，下有底座。簋呈圆形，有两耳、底座，有的底座呈方形。《周礼·地官·舍人》言："凡祭祀，共（供）簠簋，实之陈之。"郑玄注曰："方曰簠，圆曰簋，盛黍、稷、稻、粱器。"

由于簠簋为方为圆，又是祭器，古代有因不廉而废者，称作"簠簋不饰"，弹劾贪官污吏也用此语。

（四）中国的筷子

筷子是中国最富特色的餐具。西方人用刀叉就餐，中国人只用两根小棍，大到整鱼整虾、水饺面条，小至米粒细丝，都能随意拈来。

民间传说，大禹为了不耽误治水，兽肉开锅就急着进食，汤沸滚，无法下手，就折树枝戳夹，从而发明了筷子。使用木棍、石块本就是原始社会的取材方式，在大禹前就应该有戳夹、翻动炊具里食物的筷子了。先秦秦汉时，筷子称作"箸（zhù）""梜""梜提"。魏晋后，箸又写作"筯"。《韩非子·喻老》载："昔者，

▲清　姚文瀚　《卖浆图》

▲清　镶金牙箸

纣为象箸而箕子怖。”《淮南子·说山训》《史记·十二诸侯年表》亦有类似记载。南朝齐周盘龙吃饭时，听说儿子没入敌阵，“弃筯，驰马奋稍，直奔虏阵”[1]。隋唐时，人们嫌其有停滞之意，遂改称“快”。宋以后又加“竹”字头而成“筷”。明人陆容《菽园杂记》卷一载：“民间俗讳，各处有之，而吴中为甚。如舟行讳住、讳翻，以箸为快儿，幡布为抹布。”

有了筷子，结束了手抓饭的历史。周朝时，只用箸夹菜，吃饭还是用手抓着吃。《礼记·曲礼上》称：“饭黍毋以箸”“共饭不泽手。”孔颖达疏曰：“古之礼，饭不用箸，但用手。既与人共饭，手宜洁净，不得临食始挼莎手乃食。”《曲礼》又载：“羹之有菜者用梜，其无菜不用梜。”郑玄注曰：“梜犹箸也，今人或谓箸为梜提。”孔颖达疏曰：“有菜者为铏羹是也，以其有菜交横，非梜不可。无菜者谓大羹湆（qì）也，直歠（chuò）之而已。其有肉调者，犬羹、兔羹之属，或当用匕也。”匕是汤匙，与筷子合称“匕箸”。曹操对刘备说：“今天下英雄，唯使君与操耳。”刘备正在吃饭，闻言“失匕箸”[2]。

筷子的构造简单，用料除少数用象牙、金、银、玉等外，大部分以竹、木制作，但功能却十分绝妙，不传热，不怕烫，不粘饭，上粗下细，上方下圆，放在桌上不滚，夹菜入口不伤唇舌。尤其是夹面条、粉条一类的食品，比勺、叉更得心应手。它不仅具有方便、文雅、安全、卫生等诸多优点，还有益于身心健康。它能牵动人体 30 多个关节、50 多条肌肉。1983 年，著名物理学家李政道在东京

〔1〕《南齐书·周盘龙传》，北京：中华书局，1972 年版。
〔2〕《三国志·蜀书·先主传》，北京：中华书局，1959 年版。

谈到中国的科技成就时，评价筷子说："如此简单的两根东西，却是高超绝伦地应用了物理学上的杠杆原理。它是人类手指的延长，而且不怕高热，不怕寒冻，真是高明极了。"

中国的小孩从吃饭开始就学习用筷子，大人们从没给他们讲什么杠杆原理，而是让孩子在实践中揣摩体会筷子的奥妙。七八岁后，所有的孩子都能像大人一样熟练无误地使用筷子了。这一人人具备的高超技巧真是让外国人叫绝。有人说，中国人手巧，与自小使用筷子有很大关系。

中国的孩子自小还受到筷礼的教育。大体说来，中国人的筷礼有以下忌讳。一忌迷筷，即举筷不定；二忌翻筷，从碗底翻食；三忌剔筷，以筷剔牙；四忌吸筷，把筷放到口中吸食；五忌敲筷，以筷敲打碗盘；六忌指筷，以筷指点人；七忌返筷，把夹过的饭菜再放回去；八忌背筷，用筷时手背朝上。

从古代起，中国的筷子就传入西域及朝鲜、日本等国家。近几年来，西方国家又兴起了用筷热。由于它造价极低，既卫生又方便，而且又能开发智力、活动关节。因此，筷子更加适应现代快节奏、高智能社会的需要。

住居是人类生存的四大方式之一，主要包括居室、家具、宅院、树果、六畜等在建造、经营、使用、传承过程中形成的风俗习惯，以及由此而产生的文化观念。由于住宅是构成村落、城镇的基本建筑，它还是一个国家、民族、地区，社会物质文明的外在标志。

第三章

住居风俗

第1节 传统住居的基本结构

▲三国时期　陶器四合院

古人称住居为"第宅"。《释名·释宫室》称："宅，择也。择吉处而营之也。"《太平御览》卷一八一《居处部九·第》引《汉书》注云："有甲乙次第，故曰第。又曰出不由里门，面大道者名曰第。"由于中国疆域辽阔，民族众多，自然环境不同，第宅的形式、结构、布局、材料也不尽相同。北方草原居民多住穹庐，黄土高原居民多住窑洞，南方多住干栏，江河湖海地区有以船为屋者，中原地区的贫民住草屋泥舍，官僚富商住宫殿楼阁。

一、四合院

中原居民的住居，虽有贫富差别，其基本结构是共通的，如主体建筑坐北朝南，都有堂室、庭院、院墙、院门、栏厩、厕所等。贫民的第宅为茅庐泥舍，官僚富豪之家除大量使用砖、瓦、石之外，再扩大面积和规模，加添厢房、耳房、倒座（南屋）、楼阁、廊庑、门屋、影壁、石狮。贫民的住宅遮挡风雨而已，富人则追求结构、造型、装饰上的豪华和美观，反映了不同阶层的审美追求。

从广义上讲，贫民和富人的第宅都是一个封闭的四合院，自先秦、秦汉确立下来，以后基本没有太大的变化。现代一般把有倒座和东、西厢房的院落称四合院，以北京的四合院最为典型。其特点是院落四周都是房子，窗子开向院内，对外不开。大型的院落有多层四合院，称作"进"，可供四世、五世同堂的大家族居住。明清、民国时，北方富豪之家都营建这种大规模的四合院。民国二十三年天津《静海县志》[1]载：

〔1〕丁世良、赵放主编：《全国地方志民俗资料汇编》华北卷引，北京：书目文献出版社，1992年版，第72页。

吾邑住室普遍室中隔为三间或五间，中为堂，两旁为室，别内外也。以土坯筑者曰草房，以瓦砖筑者曰瓦房，楼居则绝无。而仅有三间一正一倒，旁有两厢，曰“小四合套”。五间一正一倒，旁三厢曰“大四合套”。窗牖尚宽阔，胜于南省只开天窗，而四面只有门无窗也。

二、堂、室、火炕

《说文十三下·土部》称：“堂，殿也。”《释名·释宫室》载：“古者为堂，自半以前虚之谓堂，自半以后实之谓室。堂者当也，谓当正向阳。”由此可知，秦汉以前是前堂后室，秦汉以后才发展为“一”字形的一堂二室。

据《考工记》载，古代宫殿、官府、士大夫的住居都是前堂后室，也称“前朝后寝”。天子、官府的大堂既称堂，也称朝。东汉会稽太守刘宠被征为将作大匠，有几位老人为他送行说：“山谷鄙生，未尝识郡朝。”[1]《礼记·礼器》载：“天子之堂九尺，诸侯七尺，大夫五尺，士三尺。”

普通居民一般为一堂二室，也有三室、四室者。《汉书·晁错传》载：“家有一堂二内，门户之闭，置器物焉。”堂是家庭成员祭祀、饮食、议事、待客的地方。《论语·先进》称：“由（子路）也升堂矣，未入于室也。”升堂入室比喻学术上的造诣达到上乘境界，它的原意是对这户人家已十分熟悉，不仅能登堂，还可以入室。由于堂是家庭成员议事的场所，故古代称父母为“高堂”。李白《送张秀才从军》诗：“抱剑辞高堂，将投霍冠军。”先秦时前堂后室，后室也称北堂。《仪礼·士昏礼》讲：“妇洗在北堂。”后因以“北堂”“令堂”作母亲的代称。祖孙三代的家庭都活动在一个堂内。所以，叔伯兄弟姐妹也称“堂兄弟姐妹”。

现代北方居民，在堂门内的左右两边垒厨灶，烟火与隔壁居室内火炕相通，唐以前没有这一习俗。顾炎武《日知录·土炕》讲：“北人以土为床而空其下以

〔1〕《后汉书·循吏·刘宠传》，北京：中华书局，1965年版。

发火，谓之炕，古书不载。”他认为，古代没有火炕，但古人已知用灶火取暖。《新序·刺奢》载，宛春对卫灵公说：“君衣狐裘，坐熊席，陬隅有灶。”陬隅是居室的西南角，是尊贵的位置，“灶”是用来取暖的。古代“君子远庖厨”[1]，不会是厨灶。《水经注》卷十四《鲍丘水》载：“土垠县有观鸡寺，寺内有大堂甚高广，可容千僧。下悉结石为之，上加涂塈，基内疏通，枝经脉散，基侧室外，四出爨火，炎势内流，一堂尽温。”把整个大堂修建在大火炕上，堂的地面即火炕的盖顶，是最早的“地暖”。《旧唐书·东夷·高丽传》载，高丽“冬月皆作长坑（炕），下然（燃）煴火以取暖”。《新唐书·东夷·新罗传》载，新罗“市皆妇女贸贩，冬则作灶堂中”。南宋徐梦莘叙述女真族的火炕说：“环屋为土床，炽火其下，相与寝食起居其上，谓之坑，以取其暖。”[2]所以，火炕的发明应是汉族和高寒地区少数民族集体智慧的结晶。南宋以后，火炕很快在北方广大居民中普及，并取代了床。火炕上铺炕席，上炕犹如古代的登堂入席，但跪坐已改为盘坐了。直到现在，北方广大的农村仍有睡火炕者。

三、门户、门楼、门匾、石狮

古代双门曰门，半门曰户，门户是用来封闭、保护第宅的。《释名·释宫室》称：“门，扪也。在外为人所扪摸也。”“户，护也，所以谨护闭塞也。”《说文十二上·门部》载：“门，闻也，从二户。”“户，护也，半门曰户。”

《礼记·月令》载，仲春之月“耕者少舍，仍修阖扇”。郑玄注曰：“耕事少闲，而治门户也。用木曰阖，用竹苇曰扇。”《礼记·儒行》还提到“筚门”“蓬户”。“筚门”是以荆竹编的门，“蓬户”以蓬草编制。由于编制的门通风不保暖，要涂上泥巴，即《诗经·豳风·七月》的“塞向墐户”。贵族的门以木板制作，称作“阖”，古代传说的天门称“阊”，楚人称为“阊阖”，后因指皇宫门为阊

〔1〕《礼记·玉藻》，载《十三经注疏》，北京：中华书局，1980年影印版。
〔2〕徐梦莘：《三朝北盟会编》卷三，上海：上海古籍出版社，1987年版，第17页。

阖。王维有“九天阊阖开宫殿，万国衣冠拜冕旒”的名句。

门户上的构造名称有阈（yù）、阃（kǔn）、枨（chéng）、楔（xiē）、枢、楣等。

阈、阃是指门限、户限，现在叫作门槛。《礼记·玉藻》载：“宾入，不中门，不履阈。”“履阈”即踩着门槛，是非礼的。阃也指城郭的门槛。《史记·张释之冯唐列传》载：“上古王者之遣将也，跪而推毂曰：‘阃以内者，寡人制之；阃以外者，将军制之。’”裴骃集解引三国韦昭曰：“此国门之阃也，门中橛曰阃。”张守节正义曰：“阃……谓门限也。”后因称军事职务为“阃外”。

枨和楔是门两旁的木，即门框。《礼记·曲礼》讲：“为人子者，行不中道，立不中门。”立门要避到枨后，让父亲站在门中间。门靠枨的一边，上下各伸出一块木转轴，叫作“户枢”。由于户枢不停地转动，故有“户枢不蠹”之说。承受户枢转动的叫“枢达”，上曰“檼（yǐn）”，下曰“达”，俗语称“落时”。贫民有的没有枢达，用绳系户枢，称作“绳枢”。

《尔雅·释宫》称：“枨谓之楔，楣谓之梁，枢谓之椳，枢达北方谓之落时。”门户上的横梁称“门楣”，也作家庭门户的代称。杨贵妃得宠后，民间谚语曰：“生男勿喜女勿悲，君今看女作门楣。”[1]

第宅的大门也称外户。《礼记·礼运篇》称：“外户而不闭。”古人十分重视门户的装饰，它代表一个家族的门面，包括门楼、门匾、镇宅石狮等。

门楼又称门屋。《诗经·陈风·衡门》载：“衡门之下，可以栖迟。”这种可以栖迟的衡门可视为最早的门楼。从唐到明清，品官士庶之家竞修门楼。《稽古定制》载，非品官不得修门屋。《明会典》载，明朝王府违制者门楼高达三层，朝廷明确规定，一、二品官门屋三间五架，三至五品三间三架，六至九品一间三架。直到现在，一般居民的院门都有门楼。四合院式的住居有倒座，门楼和倒座连在一起，形成过间，门楼顶部高出，加以装饰。

门匾又称门额，是一块镶在门楣与檐顶间的长方形横木牌，朝下朝前倾斜，既美观又能封闭门上部到门楼上盖的空间。门匾上书字，称作“门铭”。门铭由来已久。陆游《吕文靖门铭跋》称：“一言可以行之者，其‘恕’乎，此圣门一

〔1〕《资治通鉴·玄宗天宝五载》，北京：北京古籍出版社，1956年版。

字铭也；诗三百篇，一言以蔽之曰‘思无邪’，此圣门三字铭也。”古代朝廷旌表门闾的方式之一就是赐门铭匾额。南朝严世期乐善好施，宋文帝榜其门曰“义行严氏之门”[1]。明清时期，匾额盛行。有功名者，挂御赐门匾；有德行者，挂乡里赠送的门匾。一般居民也请人在门匾上书字。《红楼梦》第二回：“正门上有一匾，匾上大书‘敕造宁国府’五个大字。”民国二十年辽宁《义县志》[2]载：

> 吾邑世家，大门、二门皆挂匾额。科第者或题“拔贡”，或题“恩进士”及“岁进士”，或题“乡魁”，或题“进士”，或题“太史第”，或题“青云初步”，或题“父子进士”“父子乡魁”“兄弟拔贡”“兄弟同榜”。武魁出仕者或题“大夫第”。影壁则用三台，俱置吻兽，房脊亦置之。门两旁竖单斗或双斗旗杆，视功名而用之（举人单斗，进士双斗）。民国贵或富家门额，或大总统题曰“孝义之门”，或邑令题曰“热心公益”。其节妇门额，或大总统题曰“节励松筠”，与清朝节妇门额题曰“节孝可风”及孝子门额题曰“纯孝格天”者，后前辉映。吾邑重公益及孝、节、义，亦可概见于所居矣。

狮子古称“狻猊（suān ní）”，为西域之奇兽。《后汉书》屡载西域月氏、安息、疏勒向东汉进贡狮子。《尔雅·释兽》及许多典籍都称它食虎豹，制百兽，目光如电，声吼如雷，为百兽之长。佛教传入中国后，说释迦牟尼出生时作狮子吼，“天上天下，唯我独尊”。文殊菩萨是骑狮子的法像。自南北朝开始，许多建筑都用它来镇座制猛。北魏孝静帝，“美容仪，力能挟石狮逾墙”[3]。《洛阳伽蓝记·龙华寺》载：“永桥南道东，有白象狮子二坊。”可知当时已有石狮了。元明清三朝的高第，大都以石狮镇宅。《山西通志》载，元朝忠臣崔斌、崔彧的住宅，门口石狮清代犹存。《红楼梦》第六十六回，柳湘莲说：“你们东府除了那两个石狮子干净……”

---

〔1〕《南史·孝义·严世期传》，北京：中华书局，1975年版。

〔2〕丁世良、赵放主编：《全国地方志民俗资料汇编》东北卷引，北京：书目文献出版社，1992年版，第212页。

〔3〕《北史·魏孝静帝纪》，北京：中华书局，1974年版。

明　佚名　明人画狻猊图轴

墨子讲，上古尧时，“堂高三尺，土阶三等，茅茨不剪”[1]。后人力求门第高大，把门基垫高，门前设石阶，门槛高者达半米，再加上虎视眈眈的石狮、醒目的匾额，更显得高大气派。这一对门面的追求与魏晋以来的门第观念是一脉相承的。

四、墙和影壁

墙是构成房屋和院落的主要部分，又称作“垣”“堵”“墉”“序”。《尔雅·释宫》讲，“墙谓之墉。”“东西墙谓之序”。

从夏商时期，中国人就以版筑墙。这种版筑墙浑然一体，结实异常。十六国夏国统治者征发十万人蒸土筑城，并对筑墙要求“锥入一寸，即杀作者”[2]。其实，版筑墙干后，锥子根本插不进去。

从汉代开始，以香椒和泥，涂后妃所住的宫墙。椒有香气而多子（籽），班固《西都赋》有“椒房后妃之室”的词句。后赵石虎“以胡粉和椒涂壁，曰‘椒房’”[3]，故椒房成为后妃的代称。一般人以白粉涂墙，这样的墙称作“垩（è）”。刘禹锡《故洛城古墙》诗：“粉落椒飞知几春，风吹雨洒旋成尘。”其中的粉和椒都指墙的涂料。

墙的主要作用是保护宅院，防止野兽和盗贼进入。在中国，院墙、村寨墙、城墙还是一种防御工事。《释名·释宫室》载：“垣，援也。人所依阻，以为援卫也。”为了防御，有的人家还修夹墙，也称复壁。秦始皇焚书时，济南伏生将书藏在复壁内得以保存。唐朝李林甫作恶多端，晚上怕有人行刺，藏在自家复壁中，一夜换好几个地方，就连他的家里人也不知道他的住处。

古人在门口内外还要修一段短墙，正对着门口，叫作“影壁”“照墙”，先秦时称作“罘罳”“萧墙”“屏”“树”。西晋崔豹《古今注》载：“罘罳，屏之遗

〔1〕《汉书·司马迁传》，北京：中华书局，1962年版。
〔2〕《晋书·赫连勃勃载记》，北京：中华书局，1974年版。
〔3〕《太平御览》卷七一九《服用部二一·粉》引《邺中记》，北京：中华书局，1960年影印版。

县署影壁

象也。”“臣来朝君，行至门内屏外，当复思应对之事也。”“汉西京罘罳合板为之，亦筑土为之，每门阙殿舍前皆有焉。”王莽代汉后，派人毁掉汉元帝渭陵、汉成帝延陵前的罘罳，说：“毋使汉民复思也。”[1]《论语·季氏》载孔子语曰：“吾恐季孙之忧不在颛臾，而在萧墙之内也。”郑玄注曰：“萧之言肃也，墙谓屏也。君臣相见之礼，至屏而加肃敬焉，是以谓之萧墙。”《礼记·郊特牲》言：“台门而旅树。”郑玄注曰：“旅，道也。屏谓之树，所以蔽行道……天子外屏，诸侯内屏，大夫以帘，士以帷。”《风俗通》[2]载：“屏，卿大夫以帷，士以帘，稍有第，以自障蔽也。示臣临见，自整屏风处也。”

由此可知，影壁在先秦时是天子、诸侯才有的礼，天子修在门外，诸侯修在门内，是为了让臣下“复思”“肃敬”而屏气凝息。一般人不得修影壁，否则即为越礼。孔子曾批评管仲：“邦君树塞门，管氏亦树塞门……管氏而知礼，孰不知礼？”[3]管仲是齐国大夫，按周礼规定不该“树塞门”，所以孔子批评他不知礼。

秦汉以后，这种内屏、外屏逐渐流行到民间。《盐铁论·散不足第二十九》

〔1〕《汉书·王莽传》，北京：中华书局，1962年版。
〔2〕《太平御览》卷一八五《居处部·屏》引，北京：中华书局，1960年影印版。
〔3〕《论语·八佾》，载《诸子集成》，上海：上海书店，1986年影印版。

讲："富者黼绣、帷幄、涂屏、错跗（fū）。"《红楼梦》第三回："北边立着一个粉油大影壁。"现在农村住宅大都在门内修影壁，正对着院门口，上面绘画或写上"福""寿"之类的大字，用这鲜艳美观的屏障挡住门外人的视线。如果宅院门口正对着旷野，则在门口街道的外侧修一外影壁，也正对着门口。现在这一景观已不多见了。

五、卜宅

住宅不仅是饮食起居的凭依，还是家族世代相传的财产。在古代命定思想的迷惑下，产生了一种荒诞的观念意识：住宅风水关系着家族的兴衰和子孙的吉凶祸福。因此，自先秦就流行着相宅、卜宅的风俗。"鲁哀公欲西益（扩大）宅，史（史官）争之，以为西益宅不祥。"[1]西晋魏舒住外祖父家，相宅者说："当出贵甥。"[2]后来，魏舒果然位至三公。

古代的相宅术叫作"形法""堪舆"。《汉书·艺文志》称，"形法者，大举九州之势以立城郭室舍形"，还载有《堪舆金匮》《宫宅地形》等相宅书。魏晋南北朝隋唐时期，相宅风大行。自隋朝萧吉著《宅经》后，各种《宅经》泛滥成灾。唐太宗命吕才等十余人共同刊正《宅经》，堪舆风水之书竟惊动了朝廷，受到如此重视。后来，相宅风俗一直是民间天命信仰的一项重要内容。

〔1〕《淮南子·人间训》，载《诸子集成》，上海：上海书店，1986年影印版。《论衡·四讳篇》记载略同。

〔2〕《晋书·魏舒传》，北京：中华书局，1974年版。

第2节 由矮趋高的室内家具

一、由席地跪坐到垂足而坐——席、榻、胡床、椅凳、蒲墩

古人席地而坐，两膝着地，臀部着足后跟上。上身和大腿部挺直，臀部离开脚跟，叫作“长跪”。《战国策·魏策四》载：“秦王色挠，长跪而谢之。”像现代人这样，臀部着地，两脚前伸，坐在地上，古代叫作“踞（倨）”“箕踞”。荆轲刺秦王受伤，“箕踞以骂”[1]。秦末郦食其去拜见刘邦，刘邦正倨床洗足，郦食其恼怒说：“必聚徒合义兵诛无道秦，不宜倨见长者。”[2]可见“箕踞”是一种极不礼貌的坐法，所以《礼记·曲礼》讲：“坐毋箕。”

这种跪坐的起居方式与当时的服饰有关。古代男女下身均着裳（即裙），内穿裈，箕踞是很不雅观的。

古代自天子至庶人起居坐卧皆用席。《诗经·小雅·斯干》曰：“上莞下簟（diàn），乃安斯寝。”《诗经·大雅·行苇》曰：“肆筵设席。”莞是蒲草编的席；簟是竹席，也称筍席。筵也是

中国古代室内家具的演变，是随着各民族间的文化交流和起居方式的变化而发展的。

〔1〕《战国策·燕策三》，上海：上海古籍出版社，1985年版。
〔2〕《史记·郦生陆贾列传》，北京：中华书局，1959年版。

▲清　《雍亲王题书堂深居图屏·倚榻观雀》

竹席，比较大，先铺在地上，再根据不同身份地位加铺较细致的席。不同身份的人，席位的层数也是不一样的，“天子之席五重，诸侯之席三重，大夫再重”[1]。席一般是现铺现坐，坐完了再卷起来。《礼记·内则》讲：“鸡初鸣，咸盥漱、衣服、敛枕簟，洒扫室堂及庭，布席。”

铺在床上的席叫“衽”。《仪礼·士丧礼》言：“衽如初。”郑玄注曰：“衽，寝卧之席也。”古代子女对父母要“昏定晨省”，“昏定”即为父母铺衽席被褥。

榻似床而矮小，有四个短腿，便于移动。《释名·释床帐》称：“长狭而卑曰榻，言其体榻近地也。”古代坐榻也是跪坐。三国管宁“常坐一榻，积五十余年，未尝箕股，其榻上当膝处皆穿”[2]。管宁是个遵礼法的，不遵礼法者也有“箕股”的。

胡床又称“交椅”“绳床”，是一种可以折叠的轻便坐具，类似现在有靠背的“马扎子”。其坐法与现代人相仿，史书一般写作“踞胡床”。东汉时，胡床由西域传入中国。据《高士传》

〔1〕《礼记·礼器》，载《十三经注疏》，北京：中华书局，1980年影印版。
〔2〕《三国志·管宁传》注引《高士传》，北京：中华书局，1959年版。

载，汉灵帝“好胡床”。曹操在关中遭到马超突袭，仍“坐胡床不起”[1]。由于胡床便于携带，且制作简单，很快由达官贵戚、军队流行到平民百姓。隋朝鲁郡太守郑善果处理公务时，其母坐胡床在屏障后监听。郑母是清河崔氏之女，知书达礼，教子有方，如果“踞胡床”不流行，断不会出此风头。

魏晋南北朝时出现方凳、圆凳、束腰圆凳等高型坐具，不断冲击着席地跪坐的习俗。北齐颜之推《颜氏家训·勉学》曾指责那些不学无术的士族子弟穿高齿木屐，“坐棊（棋）子方褥”。这种“棊子方褥”就是圆凳和方凳。五代画家顾闳中的《韩熙载夜宴图》中，坐具有长凳、圆凳、方凳、扶手椅、靠背椅、圆椅等。

没有靠背、扶手的叫凳，有扶手和靠背的叫椅。南宋出现一种带荷叶托首的太师椅。据南宋张端义《贵耳集》[2]载：“今之校（交）椅，古之胡床也，自来只有栲栳样（圈形靠背），宰执侍从皆用之。因秦师垣（秦桧）宰（在）国忌所，偃仰片时坠巾。京尹吴渊奉承时相，出意撰制荷叶托首四十柄，载赴国忌所，遣匠者顷刻填上。凡宰执侍从皆有之。遂号‘太师样’。今诸郡守倅必坐银校椅，此藩镇所用之物，今改为太师样，非古制也。”这种由胡床改造而来的“太师椅”，后来颇为流行。

座面呈正方形的方凳叫“杌子”。南宋以后还有一种用蒲草编织的圆形坐具，叫“蒲墩”。当时，从皇室到百姓都用杌子、蒲墩。宋真宗时，丁谓一度罢相，皇帝赐坐，左右为他拿来蒲墩。丁谓说：“有旨复平章事。”[3]一听丁谓恢复了相位，赶紧为他拿来杌子。明太祖朱元璋来到弘文馆学士罗复仁家，罗复仁正在修墙壁，急忙让妻子搬杌子给皇帝坐。直到现在，北方农家仍有杌子和蒲墩。

当然，席地跪坐的传统不会荡然无存，尤其是在士大夫之家。南宋陆游《老学庵笔记》卷四载：“往时士大夫家，妇女坐椅子、兀（杌）子，则人皆讥笑其无法度。”这既反映了椅子、杌子在士大夫之家的流行，又说明席地跪坐仍然是妇女们应当遵守的“法度”。

---

〔1〕《三国志·武帝纪》注引《曹瞒传》，北京：中华书局，1959年版。
〔2〕《古今图书集成·考工典·座椅部》引，北京：中华书局，成都：巴蜀书社，1985年版。
〔3〕《宋史·丁谓传》，北京：中华书局，1977年版。

二、几、案、桌、八仙桌、抽屉桌

几的用途和现在不同，它与席配套使用。古人坐席必有几，衰老者居则凭几，行则携杖。如果说杖是行走的拐杖，那么几就是跪坐用的拐杖。跪坐时，把几放在身边作为凭依，或者放置物品。

几的形制，面狭长，两端有足。《左传·襄公十年》载，晋国荀偃等人请求班师，“智伯怒，投以几”。从智伯能扔几打人来看，几应该类似今天的长方形小板凳。古人宽衣博带，凭依在几上后，就看着不明显了。所以古代常称“隐几而坐”“抚几而叹”。

古代的几主要用来礼敬老人，肆筵、设席、授几是一整套礼仪。《礼记·月令》载：“仲秋之月……养衰老，授几杖。”《礼记·曲礼上》载：“谋于长者，必操几杖以从之。”“赐几杖”还是朝廷优宠老年大臣的一种礼遇。西汉吴王刘濞称病不朝，汉文帝赐几杖以示优宠。西晋张华在《倚几铭》中说：“倚几之设，设而不倚。作器于此，成礼于彼。”

案在古代有两种。一种是无足的食案，有长方形和圆形，类似今天的托盘，故东汉孟光能“举案齐眉”。西汉石奋，每逢子孙有过错，就对案不食。这种食案一直沿用到今天。北方居民在火炕上吃饭，用一块长方形的案，放上碗筷饭菜，一块儿端放到火炕上。吃完再一块儿端下来，山东人把它叫作“圆盘”（实际是长方形的）。另一种是条案、大案、书案等，多为长方形，有较高的案足，可以看书写字和置物。南朝江秉之为新安太守，“在郡作书案一枚，去官留以付府”[1]。临去官交付官府，可见书案是数得上的大件家具了。

出现垂足而坐的高坐具后，与席地而坐联系着的几和案也相应加高，这种加高了的几案称作“卓”。“卓”即高的意思，后改写为“桌”。几也失去“几杖”的礼制意蕴，成为较低的桌。

〔1〕《南史·江秉之传》，北京：中华书局，1975年版。

▲清末　香樟木　太师椅

▲清早期　黄花梨　联三闷户橱

▲明末清初　榆木　凉榻

▲清　红木嵌影木黄杨　长条几

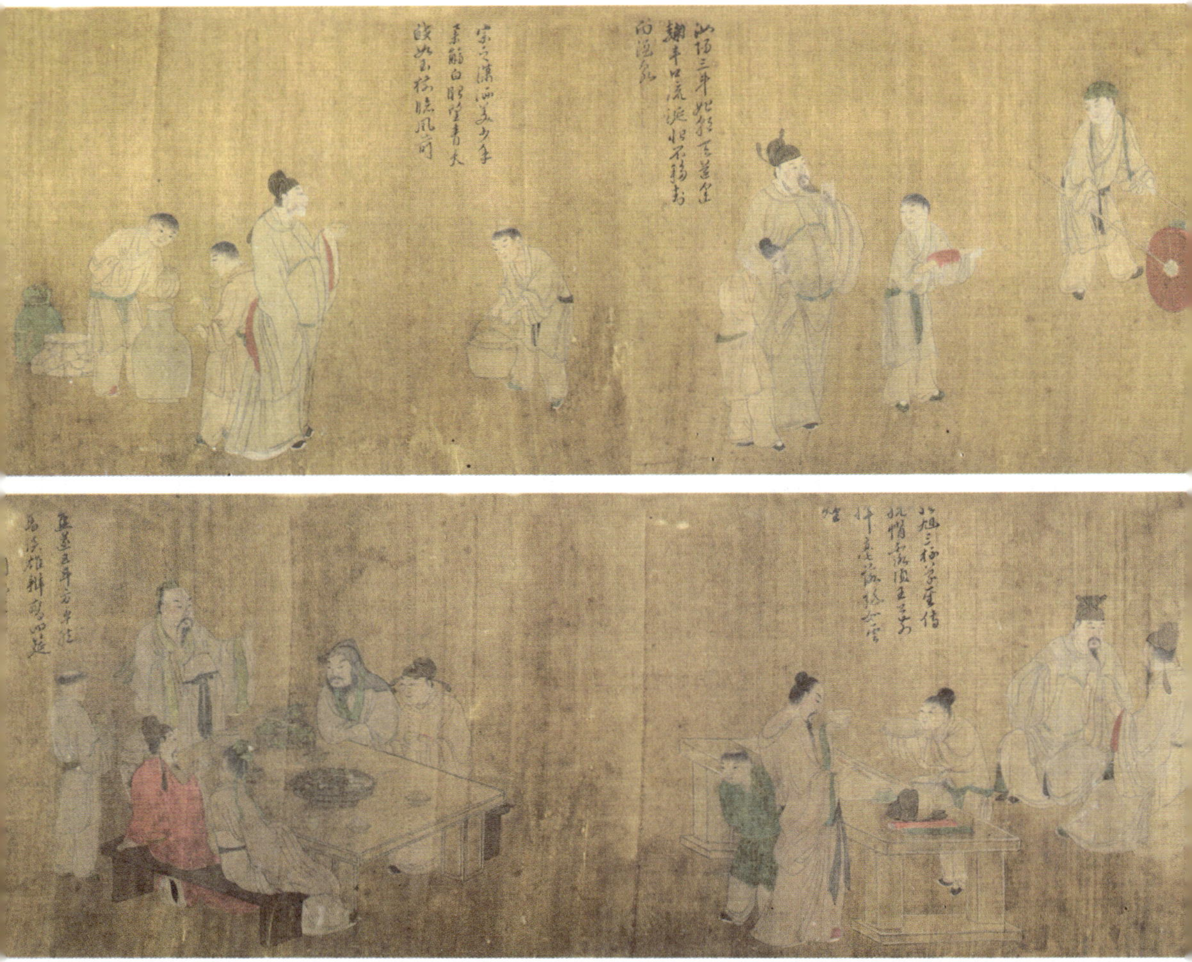

▲明　尤求　《饮中八仙图卷》

隋唐开始出现长桌、方桌等，宋代又出现形制较大的八仙桌。清翟灏《通俗编》载："晁补之《鸡肋集》有八仙案铭云'东皋松菊堂，饮中八仙案……'。按此桌名，自北宋有之。""饮中八仙"是唐代李白、贺知章、李适之、李琎、崔宗之、苏晋、张旭、焦遂八人。杜甫曾作《饮中八仙歌》，八仙桌的名称如是出自他们，则至晚在北宋已出现。到南宋，各种高桌子已遍布茶馆酒肆了。《宋史·赵从善传》载，赵从善为临安尹，上司命他一日内筹办 300 张红桌子。赵从善命人从市场上收集形制相同的茶桌，糊上清江纸，涂上红色，一天就准备好了。

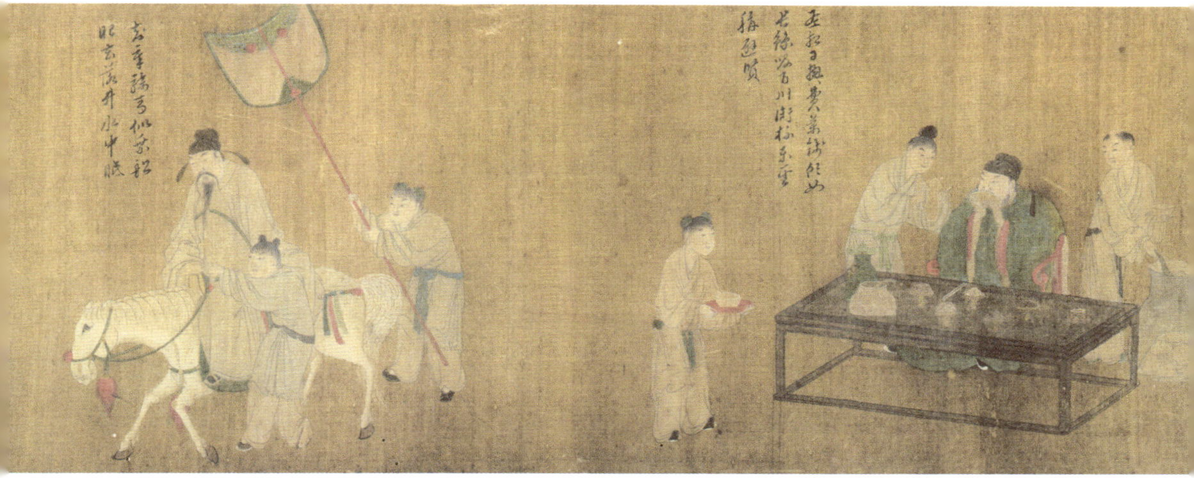

八仙桌多置于堂中，两侧配置太师椅，这一配套家具一直延续到中华人民共和国成立后。现在广大城乡居民的家中偶尔还能见到，但已是稀奇之物了。

现代的桌、橱、台、柜上都有抽屉，这一装置起自宋代，当时叫“抽替”。南宋周密《癸辛杂识》[1]载：“昔李仁甫（李焘）为长编，作木橱十枚，每橱作抽替匣二十枚。每替以甲子志之，凡本年之事，有所闻必归此匣，分月日先后

〔1〕《古今图书集成·考工典·柜椟部》引，北京：中华书局，成都：巴蜀书社，1985年版。

▲清　灵芝纹八仙桌

次第之，井然有条，真可为法也。”宋以后，抽屉便安装在各种家具上了。其中，在长桌上安装两个或三个抽屉，就成为书桌，称作“抽桌”“抽屉桌”。

三、楎椸（huī yí）、箧笥（qiè sì）、簏（lù）、橱、柜

古代居室狭小，席地跪坐，没有高大的柜箱，存放衣物、书籍的家具主要是楎椸、箧笥、簏等。

《礼记·内则》载，妇“不敢悬于夫之楎椸，不敢藏于夫之箧笥”。楎椸是古代的衣架，直者曰楎，一般钉在墙上；横者曰椸，以竹竿制作。

箧是盛衣服的木箱。《庄子·胠（qū）箧》中的“胠箧”即撬开箱子，“摄缄縢，固扃鐍（jiōng jué）”，是把箱子用藤绳、关锁加固。箧也用来装书，后世又称作“青箱”。《战国策·秦策二》载，战国魏文侯派乐羊进攻中山国，三年才攻克，回来论功，魏文侯“示之谤书一箧”。南朝王准之五代熟悉朝仪，家世相传，“缄之青箱，世人谓之王氏青箱学”[1]。北宋赵普，“每归私第，阖门启箧，取书读之

〔1〕《宋书·王准之传》，北京：中华书局，1974 年版。

竟日，及次日临朝，处决如流。既薨，家人发箧视之，则《论语》二十篇也”[1]。

笥是竹制的箱子，可以盛衣服，还可以盛饭，盛饭和“箪”配套，称作“箪笥”。《礼记·曲礼上》郑玄注曰：“箪笥，盛饭食者，圆曰箪，方曰笥。”

箧笥比较矮平，高竖的竹器叫“簏”。《说文五上·竹部》称：“簏，竹器也。”三国曹丕为争太子之位，“以车载废簏，纳朝歌长吴质与谋”[2]。西晋贾皇后用簏偷装少年男子，进宫淫乱。[3]可知簏足有一人高，可视为古代的立橱。

魏晋时，出现了以木制作的橱。东晋郗绍著《晋中兴书》，将书稿放在斋内橱中，被何法盛偷去，故世传何法盛《晋中兴书》[4]。南朝宋顾绰放高利贷，其父顾觊（yǐ）之“诱出文卷一大橱，悉令焚之”[5]。

具有现代含义的立柜、躺柜，出现于南北朝隋唐时期。武周定州刺史孙彦高在州城被突厥攻破后，“乃入柜中藏”。隋朝开河都护麻叔谋好食小儿，吓得附近百姓都把小儿藏在木柜中。[6]这种能藏人的柜，即由前代的簏、橱演变而来。

《旧唐书·王伾传》载，唐朝大臣王伾“室中为无门大柜，唯开一窍，足以受物，以藏金宝，其妻或寝卧于上”。这种没有门、上面能睡觉的大柜，必是横卧式的躺柜。

四、床、帐、屏风、户帘

《释名·释床帐》称：“床，装也，所以自装载也。”先秦时的床较矮。1957年，河南信阳长台关楚墓出土一张大床，长2.18米，宽1.39米，足高仅0.19米。周围有栏杆，留有上下床的口。[7]魏晋南北朝时，随着室内家具的增高，床也加高

---

〔1〕《宋史·赵普传》，北京：中华书局，1977年版。

〔2〕《三国志·陈思王植传》注引《世语》，北京：中华书局，1959年版。

〔3〕《太平御览》卷七〇五《服用部七·簏》引王隐《晋书》，北京：中华书局，1960年影印版。

〔4〕《南史·徐广传》，北京：中华书局，1975年版。

〔5〕《南史·顾觊之传》，北京：中华书局，1975年版。

〔6〕《古今图书集成·考工典·柜椟部》引《朝野佥载》《开河记》，北京：中华书局，成都：巴蜀书社，1985年版。

〔7〕参见《信阳长台关第2号楚墓的发掘》，载《考古》，1958年第11期。

了。东晋顾恺之《女史箴图》中的床，已和今天相差无几了。

床是居室内的主体陈设，从古代起就在床上设帐，也叫“帷帐”“帷幕”。据《释名·释床帐》讲，像屋一样的大帐叫“幄”，类似现在的帐篷，是军旅用的，刘邦讲的“运筹帷幄之中”即指此。“在旁曰帷，在上曰幕”“张施于床上曰帐”“帷者围也，所以自障围也”。帷帐的目的是自围障，以别男女，故古代男女无别叫作“帷幕不修”。

屏风古代称作“扆（yǐ）”。《释名·释床帐》载：“扆，猗也，在后所倚依也。”屏风的作用是障目挡风，美化室内环境，多为富贵人家所陈设。古代天子出行，为了遮蔽风尘和挡住别人的视线，也要设屏风，叫作“步障”“行障”。魏晋时期，士族官僚以步障夸富斗奢。王恺作紫丝步障40里，石崇作锦步障50里。以后奢侈之风虽减，遇有嫁娶仍有作步障者。唐人范摅《云溪友议》载，唐代云阳公主下嫁，郎中陆畅赋诗咏其步障曰：

碧玉为竿丁字成，鸳鸯绣带短长萦。
强遮天上花颜色，不隔云中笑语声。

一般的屏风则设在屋内。其形制为框架式，中间镶以丝绸等质料，能根据需要而移动，许多框架组成平面形、曲尺形、多折形等。屏风之上绘画、刺绣、书字，故又称“画屏”“绣屏”。

先秦时，“天子设斧依于户牖之间”[1]。“斧依”即天子用在画上黑白相间的斧形的屏风，以显示天子的威严。东汉刘秀的屏风上面画着美女，和大臣宋弘交谈，不断向后看。宋弘严肃地说：“未见好德如好色者。”[2]三国曹不兴善画，为孙权画屏风时点错了一点，就势画作一个苍蝇。孙权以为是真的，竟用手去扑打。[3]

一般官僚贵族也陈设画屏。北周上柱国窦毅之女才貌双全，窦毅在门屏上画

〔1〕《仪礼·觐礼》，载《十三经注疏》，北京：中华书局，1980年影印版。
〔2〕《后汉书·宋弘传》，北京：中华书局，1965年版。
〔3〕《太平御览》卷九四四《虫豸部二·蝇》引《吴录》，北京：中华书局，1960年影印版。

▶宋　佚名《十八学士图之书》画中有屏风的展示

一孔雀，有能以二矢射中孔雀二目者即许婚，结果被李渊射中。[1]后世因称求婚中选为“雀屏中选”，孔雀屏风也盛行起来。元朝诗人张昱还曾留下“细雨灯深孔雀屏”的佳句。

屏风上还可以写字，以告诫本人。唐太宗、唐宪宗、唐宣宗等都在屏风上书写治国之道。唐太宗把魏徵的奏疏列为屏风，还把地方官的姓名、政绩随时都记在屏风上。房玄龄集古今家训于屏风上，每个儿子送一副。看来，屏风还是古人“齐家治国平天下”的工具。

现代家庭住居中，屏风已不多见。宾馆、酒店、旅馆及单位接待厅多设屏风，有的用来间隔座席，有的只起装饰和雅观的作用。

门帘是挂在居室门外的垂帘，从门楣一直垂到门槛下。由于挂在门外，不影响门扇的启闭，即使开着门，也把门口遮得很严实。《释名·释床帐》讲：“帘，廉也。自障蔽为廉耻也。”

帘一般以布、苇、竹等材料制作，又称作“帘箔”。达官贵人的户帘以珠玉金银制作，称作“珠帘”“锦帘”“珠箔”。后赵石虎“结珠为帘，垂五色玉佩，（风）至铿锵和鸣”[2]。

帘的上方装一木轴，可将帘卷起。有的在门旁挂一帘钩，可将帘钩在门旁。李白诗“美人卷珠帘”“珠箔悬银钩”，即指此。

由于户帘用来“自障蔽为廉耻”，古代又讲究男女有别，女主临朝称制，往往要“垂帘听政”。《旧唐书·高宗纪下》载：“上每视朝，天后垂帘于御坐后，政事大小，皆与闻之。”

古代庶民也普遍挂设户帘。西汉周勃世代以织帘箔为生。直到中华人民共和国成立后，几乎家家挂门帘。新婚大喜，绣织的大红门帘是不可缺少的嫁妆。20世纪60年代后，随着农村玻璃门的兴起，传统的门帘被窗帘式的短门帘取代，只有以各种材料制作的珠帘仍然存在。

〔1〕见《旧唐书·后妃传上·高祖太穆皇后窦氏传》，北京：中华书局，1975年版。
〔2〕《太平御览》卷七〇〇《服用部二·帘》引《拾异记》，北京：中华书局，1960年影印版。

| 第3节 | 古代的庭院经济

一、庭院树果

从很远的古代起，人们就在宅院内外树艺木果。《史记·货殖列传》称，千树枣、千树栗、千树橘、千树楸，“其人与千户侯等”。古代谚语称：“家有千树似封侯。”南北朝庾信《移树》[1]诗：“虽言有千树，何处似封侯。”陆游《村饮示邻曲》载：“偶失万户侯，遂老三村树。”

庭院中栽种的树有桃、李、杏、梨、枣、柿、石榴、核桃、柑橘、樱桃、枇杷、荔枝、龙眼等果树；椒、椿、桂、橡、榛、桑、漆等经济树类；松、竹、杨、柳、槐、榆、杞、檀、梓、楸、樟、梗、楠、榕、梧桐等器材树。由于奇果异树众多，难以一一尽述。《百泉种树记》[2]载，翁大立“命侯吏移梧桐二十余本，竹数本，植之书院前。桧、柏、椿、杨、楝、桃、杏、榴、枣诸木，视隙地即植之”。

树艺木果的首要目的在于获利，也是古人经营产业、遗子孙的一部分。北齐颜之推在《颜氏

〔1〕《古今图书集成·草木典·木部》引，北京：中华书局，成都：巴蜀书社，1985年版。
〔2〕《古今图书集成·草木典·木部》引，北京：中华书局，成都：巴蜀书社，1985年版。

中国自古以来就是以一家一户为一个独立经济单位的、自给自足的自然经济，住宅不仅是生活起居的凭依，以树艺木果、饲养六畜为内容的庭院经济，还是家庭的重要经济来源。

战国时期的孟子十分注重庭院经济的开发，他向魏惠王勾画了一个田宅、农桑、禽畜相结合的，自给自足的小农家庭经济蓝图。《孟子·梁惠王上》载：

五亩之宅，树之以桑，五十者可以衣帛矣；鸡豚狗彘之畜，无失其时，七十者可以食肉矣；百亩之田，勿夺其时，数口之家可以无饥矣。

以后，发展庭院经济，成为政府劝课农桑的一部分。《汉书·循吏传·龚遂传》载，西汉渤海太守龚遂要求百姓每人种一棵榆树，“家二母彘，五鸡。民有带持刀剑者，使卖剑买牛，卖刀买犊”。

清　佚名　《十二月月令图》庭院中有栽葡萄

家训·名实第十》中讲："筑室树果，生则获其利，死则遗其泽。"西晋王戎、和峤家里有良种李子，和峤的弟子到园中食李，"皆责核计钱"[1]。王戎怕别人得种，出卖时先将李核钻坏。在强烈的获利欲望的驱动下，竟产生出超前的竞争和专利意识。北魏淮阳王元欣"多树艺木果，京师名果皆出园"[2]，几乎垄断了京师的果品市场。由于果树可得华子之利，生长周期短的桃子特别受人青睐。《诗经·周南·桃夭》即有"桃之夭夭"的诗句。宋人陆佃《埤（pí）雅》[3]记民谚说："白首种桃。"又曰，"桃三李四梅子十二""言桃生三岁便放花果，早于梅李。故首虽已白，华子之利可待也"。

中国自商代开始植桑养蚕，除山桑、田桑外，宅院内也植桑。《诗经·郑风·将仲子》载："无逾我墙，无折我树桑。"隋朝赵轨家"东邻有桑，葚落其家"[4]。从唐代诗人岑参"桑叶隐村户"、韩偓"万里清江万里天，一村桑柘一村烟"的诗句中，也可以看到宅院植桑的盛况。由于桑与"丧"同音，一般不栽在门前。山东一带流传："前不栽桑，后不栽柳。"

除获利外，房前屋后植树还有做器材、柴薪，遮阴，祈求宅院吉祥等目的。

东汉樊宏想做器物，先种梓漆，几年后都派上了用场。古代在宅院内外植树，准备将来盖新房、打家具的现象非常普遍。

杜甫《题桃树》诗："小径升堂旧不斜，五株桃树亦从遮。"民间谚语"前人栽树，后人乘凉"，是讲植树遮阴乘凉。

《周礼·秋官·朝士》载："面三槐，三公位焉。"故古人称槐树为"三公槐"。宋杨万里《槐》诗："阴作官街绿，花催举子黄。公家有三树，犹带凤池香。""凤池"指中书省，其长官中书令是三公之一。古人院中多槐树，有的人特意只栽三棵。北宋王祐植三株槐树于庭，说："吾之后必有为三公者，此所以志也。"[5]其子王旦，果然在宋真宗时拜相。

---

〔1〕《古今图书集成·草木典·木部》引《语林》，北京：中华书局，成都：巴蜀书社，1985年版。
〔2〕《北史·魏宗室传》，北京：中华书局，1974年版。
〔3〕《古今图书集成·草木典·木部》引，北京：中华书局，成都：巴蜀书社，1985年版。
〔4〕《隋书·赵轨传》，北京：中华书局，1973年版。
〔5〕《宋史·王旦传》，北京：中华书局，1977年版。

梧桐栖凤，能制作琴瑟，具有不裂、防腐的特性，而且根部轻软，枝梢坚实，被称作“贵孙枝”[1]，古人多植梧桐以为吉祥，并用来作桐棺。

自石榴传入中国后，马上与中国多子多福的观念产生共鸣。西晋潘岳《河阳庭前安石榴赋》[2]称它“十房同膜，千子如一”“天下之奇树，九州之名果”。《洛阳伽蓝记》载民谚曰：“白马甜榴，一实值牛。”南宋陆游有“风折安榴子满房”的诗句。《北齐书·魏收传》载，北齐文宣帝高洋到安德王高延宗的妃子家做客，“妃母宋氏荐二石榴于帝前，问诸人莫知其意，帝投之”。魏收说：“石榴房中多子，王新婚，妃母欲子孙众多。”高洋赶紧让魏收把扔出去的石榴捡回来。从古到今，人们一直把它栽在庭院中，以期“榴房多子”。

二、六畜

五谷丰登、六畜兴旺，是古今农家的美好追求。《礼记·曲礼下》载：“问庶人之富，数畜以对。”春秋范蠡讲：“子欲速富，当畜五牛字。”[3]古人营建住居，除宗庙外，首先想到的是饲养六畜的栏厩。“君子之营宫室，宗庙为先，厩库为次，居室为后。”[4]

《荀子·荣辱》载：“今人之生也，方知蓄鸡狗猪彘，又蓄牛羊。”汉高祖刘邦因父亲思念家乡，在长安附近仿造了新丰县，将旧丰县的居民迁来，不仅人们找到了自己的新家，“放犬、羊、鸡、鸭于通途，亦竞识其家”[5]。家畜、家禽和宅院、树果一起构成了农业社会的家庭住居体系。

中国传统的六畜是马、牛、羊、猪、狗、鸡，其广义的六畜则包括骡、驴、兔、猫、鸭、鹅在内的所有家畜和家禽。游牧民族和官养的牲畜，不在家畜、家

〔1〕《古今图书集成·草木典·木部》引《苏东坡集》，北京：中华书局，成都：巴蜀书社，1985年版。
〔2〕《古今图书集成·草木典·木部》引，北京：中华书局，成都：巴蜀书社，1985年版。
〔3〕《齐民要术》卷六《养牛马驴骡》，北京：中华书局，1956年版。
〔4〕《礼记·曲礼下》，载《十三经注疏》，北京：中华书局，1980年影印版。
〔5〕《太平御览》卷九一九《羽族部·鸭》引《西京杂记》，北京：中华书局，1960年影印版。

禽之列。

古人以车马代步，有车马的富贵之家养马，如孟尝君家“狗马实外厩”。从先秦到明清，大户人家门前都立有拴马的石桩，有的以穿鼻石块砌在墙壁上。高大豪华的四合院，门前再拴上几匹马，显得更加气派。

大牲畜中还有骡、驴。骡是牡驴、牝马杂交而成，产于匈奴。《说文十上·马部》称：“骡，驴父，马母。”骡子是马与驴杂交而生的牲畜。战国时期，有少量骡进入内地，成为王公贵族的手中之珍。《吕氏春秋·爱士》曰：“赵简子有两白骡而甚爱之。”汉朝时，骡子仍然非常珍贵，其身价可与珊瑚、珠玉相媲美。一些西北的少数民族也常把骡子当作稀有之物进献给汉朝。汉朝以后，骡子逐渐在中原畜养。骡“大于驴而健于马”[1]，挽力大而能持久，抗病力、适应性都很强，多作挽车和驮乘之用。

早在殷商时期，新疆一带已开始驯养驴。汉初，陆贾在《新语》中提到了驴，与犀、象、玳瑁、琥珀、珊瑚、翠玉同列，足见其珍贵程度。东汉末年，与西域来往日益频繁，大量驴被运入内地。东汉魏晋时期，出现一股学驴叫的怪俗。东汉戴良母喜驴鸣，戴良学驴鸣。诗人王粲好驴鸣，王粲死后，曹丕率一帮文士一齐作驴鸣为他送葬。[2]西晋孙楚作驴鸣，向好友王济致哀。这一怪俗的出现，来自士人对礼教的蔑视和发泄，但也说明驴得到人们的赏识和认同。明清至民国时期，许多人专养驴来驾车或运送客人。

中国几千年小农家庭结构的模式是“二亩土地一头牛”。早在牛耕发明以前，牛就和中国人结下了不解之缘。相传，商的先祖王亥作服牛，即用牛拉车。西周用牛作祭祀，春秋时发明了牛耕。《国语·晋语九》载：“宗庙之牺，为畎亩之勤。”从此，牛为中国农业辛勤耕作了2000多年。

《诗经·小雅·无羊》载：“谁谓尔无牛，九十其犉。”战国齐将田单用火牛阵破燕军时，在久困的即墨城内收集了千余头牛，说明先秦时牛的数量就很可观。养牛的牛栏就建在庭院内，一般是刍养和放牧。春秋齐人宁戚是个养牛的，

〔1〕《本草纲目·释名》，北京：中医古籍出版社，1994年版。
〔2〕《世说新语·伤逝》，载《诸子集成》，上海：上海书店，1986年影印版。

清　郎世宁《开泰图》

他以《饭牛歌》说齐桓公，其中有“从昏饭牛薄夜半，长夜漫漫何时旦”[1]的歌词。农谚讲：“蚕无夜食不长，马无夜草不肥。”大牲口要夜里添刍料，牛栏必须靠近居室，或者主人睡在牛棚内。牛栏要天天清扫，保持卫生。西晋王祥受继母虐待，天天扫除牛栏。白天不耕作，要把牛牵出拴在门外，农家门前到处可见拴着的卧牛。宋人范成大《春日田园杂兴》诗：“系牛莫碍门前路，移系门西碌碡边。”草木繁茂时，则牵牛放牧。西汉宗室刘盆子就是个牧牛童。人们发现，牛吃过的草很快会长出新叶，而羊吃过的草则悴槁，所以古代谚语说：“牛食如浇，羊食如烧。”[2]骑在牛背上的牧牛童、田地上的牛耕图、街头巷尾的卧牛，是田园生活的特有景观。

羊在古代有多种名称，公羊称“羝（dī）”。苏武被扣押在匈奴牧羊，说是“羝乳乃得归”，即等公羊哺乳小羊才能让他回来。黑色公羊曰“羖（gǔ）”。春秋百里奚被秦穆公以“五羖羊皮”从楚国赎回来，因此称作“五羖大夫”。白色公羊曰“羒（fén）”，母羊曰“羭（yú）”，小羊曰“羔”。从种类上看，有绵羊、山羊两种。羊性情温和，羊肉鲜美，故“善”“美”“鲜”“养”等字，都带“羊”字。《诗经·小雅·无羊》称：“谁谓尔无羊，三百维群。”“亡羊补牢”的故事说明，先秦时期，羊的数量就很多，丢个三五只，仍有许多只，还需要“补牢”。

猪也称“豕”“豚”“彘”“豨（xī）”，母猪称“豝（bā）”，公猪称“豭（jiā）”“豵（zòng）”。《史记·秦始皇本纪》中《会稽石刻》言：“夫为寄豭，杀之无罪。”司马贞索隐曰：“豭，牡猪也。言夫淫他家，若寄豭之猪也。”先秦时，养猪就很普遍，曾参家和孟子东邻都养猪。汉代公孙弘、承宫、吴祐、杨匡、孙期、公沙穆等都放过猪。

狗又称“犬”“尨（máng）”“獒”。《诗经·召南·野有死麕》曰：“无使尨也吠。”《尔雅·释畜》曰：“狗四尺为獒。”狗性机警，听觉灵敏，善于和人沟通，且富有攻击性，不仅是庭院的住客，还是人类驯化的第一位动物朋友。《礼记·少仪》言：“既受，乃问犬名。”郑玄注曰：“畜养者当呼之名，谓若韩卢、宋鹊之

〔1〕《史记·鲁连邹阳列传》裴骃集解，北京：中华书局，1959年版。
〔2〕（明）郎瑛：《七修类稿》卷一七《牛羊食草》，北京：中华书局，1959年版。

属。”孔颖达疏曰：“犬有三种：一曰守犬，守御宅舍也；二曰田犬，田猎所用也；三曰食犬，充君子庖厨庶羞用也。田犬、守犬有名，食犬无名。”犬有食犬、守犬、田犬、警犬、信犬、役使犬、爬犁犬等。食犬即肉食犬。《史记·刺客列传》载，战国荆轲在燕国，“日与狗屠及高渐离饮于燕市”，吃的当然是狗肉。西汉樊哙也是个屠狗的。犬也可用作祭祀的牺牲，《礼记·曲礼下》载：“凡祭宗庙之礼……犬曰羹献。”守犬用来看守门户。《风俗通·祀典·杀狗磔邑四门》讲：“狗别宾主，善守御，故著四门以辟群贼也。”西汉焦赣《易林·乾之第一》讲：“中夜犬吠，盗在墙外。”苏东坡亦有“昼驯识宾客，夜悍守门户”的诗句。田犬用来帮助狩猎。上述韩卢、宋鹊是战国著名的猎犬。古代猎犬还负责捕鼠，《吕氏春秋·士容篇》载：“齐有善相狗者，其邻假以买取鼠之狗。”《东方朔别传》[1]讲：“天下之良马将以捕鼠深宫之中，曾不如跛犬也。”可知，先秦两汉时期普遍用狗捕鼠。现代歇后语说“狗拿耗子——多管闲事”，在古代却是责无旁贷的职责。春秋战国时期就有警犬。《墨子·备穴》记载当时用警犬担任警戒说：“穴垒中各一狗，狗吠即有人也。”《晋书·陆机传》载，西晋吴郡人陆机在洛阳当官，将书信装在竹筒中，系到爱犬黄耳的脖子上，黄耳千里跋

◀清 沈振麟《狗图》

〔1〕《太平御览》卷九〇四《兽部一六·狗上》引，北京：中华书局，1960年影印版。

涉，把信送到家中，“其后因以为常”。上述“狐白裘”中孟尝君那个会“狗盗”的门客，学习的就是役使犬的技艺。《三国典略》[1]载，北齐广宁王高孝珩每次射箭，都呼狗为其取箭。他呼召左右不来，狗就用嘴把那些人一一拖来，这也是役使犬。生活在东北黑龙江流域的女真人，最早驯养爬犁狗，当时的爬犁称作“狗车”。《大元一统志》载：“狗车以木为之，其制轻简，形如船，长一丈，阔三尺许，以数狗拽之。”另外，狗还可以运米、带路、救难等。现代军事、公安、消防、侦察、缉私、报震、抢险、找矿、交通、导盲、杂技娱乐、体育比赛等，都留下犬的身影，由此可以理解“效犬马之劳”的巨大付出了。

鸡在六畜中是唯一的家禽。养鸡可食肉、下蛋孵雏，雄鸡司晨。《论语·微子》载，孔子弟子子路遇见一位老丈，“杀鸡为黍”招待子路。古代农谚曰：“养鸡生雏，畜马得驹。”在中国人眼里，母鸡下蛋孵雏，雄鸡司晨，是它们的天职。

《尚书·牧誓》称：“牝鸡之晨，惟家之索。”这虽是对女人的鄙视和污蔑，却反映从远古起，中国人即以雄鸡司晨了。它与古人的起居密切相关。《礼记·内则》载：“鸡初鸣，咸盥漱。”“鸡鸣”即丑时，相当于早上1时到3时。实际上，不用刻漏根本无法判定，梦中的人们只能以鸡叫的时间为准。雄鸡实际叫的时间比丑时稍晚些，到了冬天，雄鸡还可本能地向后推延，这就更显得可贵。秦国还把鸡鸣定为开启函谷关的时间。孟尝君逃到函谷关前，有一门客学鸡叫，才骗开函谷关门逃走。这也说明，国家也按鸡实际鸣叫的时间制定法令。西晋末年，刘琨、祖逖“闻鸡起舞”，即听到鸡鸣便起床舞剑练武。一般的农家在鸡鸣时，就必须得下田干活了。高玉宝写的“半夜鸡叫”，就反映了这一风俗。《风俗通·祀典·雄鸡》称：“俗说，鸡鸣将旦，为人起居，门亦昏闭晨开，扞难守固。礼贵报功，故门户用鸡也。”“一唱雄鸡天下白”，在数千年的起居生活中，鸡鸣几乎是所有人白昼活动的开端，它天天召唤着人们的觉醒，由此可知“鸡司晨”的伟大意义。

鸭，又称“鹜”“凫”，家鸭、野鸭通称。屈原《离骚》“将与鸡鹜争食乎”中的“鹜”，是指家鸭。王勃《滕王阁序》中“落霞与孤鹜齐飞”的“鹜”，是指野鸭。除专业饲养者外，鸭多为靠近河湾沟池的家庭所饲养。

〔1〕《太平御览》卷九〇四《兽部一六·狗上》引，北京：中华书局，1960年影印版。

鹅，江东呼为“舒雁”，江淮以南饲养较多。东晋王羲之好鹅，为一道士写《道德经》，换回了一大群。会稽一孤老太太家中养了一只鹅，听说王羲之喜欢，烹鹅以待羲之。其实，王羲之是为了观察鹅划水的动作，来领悟书法的奥妙。苏轼的《东坡集林》讲，“鹅能警盗却蛇”，有的人家也用来防守门户。

猫在古代称作“狸”“狸奴”。陆游《赠猫》诗：“裹盐迎得小狸奴，尽护山房万卷书。”秦桧的孙女还养了一只狮猫，丢失后临安府追访不着，以金猫赔偿才交了差。大部分人养猫，不是当作宠物，而是用来捕鼠。《礼记·郊特牲》讲：“迎猫为其食田鼠也。”后来又有古谚说：“猪来穷家，狗来富家，猫来孝（耗）家。”[1]穷家墙破篱穿，故猪来；富家遗弃的肉骨多，故狗来；因老鼠消耗粮食多的人家，则猫来。

清 沈振麟《猫竹图》

〔1〕《古今图书集成·禽虫典》引《雪涛丛谈》，北京：中华书局，成都：巴蜀书社，1985年版。

行旅是人类社会经济发展到一定阶段的产物。行旅风俗主要包括出行、旅行、旅游，以及舟车、乘骑、道路、旅店等行旅设施，出行礼俗、行旅观念等。

第四章

行旅风俗

第1节 旅游的类型

一、帝王巡游

巡游，又称为“宸游”“巡幸”“巡狩”“巡省”等，是指统治者驾车出京城，前往各地巡视，考察官吏政绩、山川地形以及游览名山大川的活动。在行旅史上，一般称为巡游之旅。《晋书·礼志下》载：“古者帝王莫不巡狩。”黄帝及其后的尧、舜、禹都有过巡游经历。《尚书·舜典》载，舜“岁二月东巡守，至于岱宗”“五月南巡守，至于南岳”“八月西巡守，至于西岳”“十有一月朔巡守，至于北岳”。最后确立，天子“五载一巡守”。

到夏商周三代以至春秋战国时，统治者的巡游除了政治目的外，开始有了游山玩水的性质。上述周穆王、齐景公、楚宣王、蔡灵侯的游玩，都因景色美丽而乐以忘归。

秦汉时期，最辉煌壮观的帝王巡游莫过于秦始皇和汉武帝。

秦始皇可谓帝王巡游的第一人，开创了我国封建帝王巡游的基本范式。他封禅泰山，又奠定了封建帝王的巡幸和封禅制度。秦始皇在位期间，共进行过五次大规模的巡游，几乎有一

旅游可按照主体的不同，分为帝王巡游、士人游学游宦、科学考察游、商旅之游、宗教之游、民俗节日游、漫游等。

▶明 佚名《帝鉴图说》秦始皇嬴政遣使求仙

▶明 佚名《帝鉴图说》隋炀帝游江都

▲清　徐扬　《乾隆南巡图卷·第六卷》　驻跸姑苏

半时间是在各地旅行中度过，留下了不少遗迹和佳话。如秦始皇颂德纪功的峄山刻石、泰山刻石、琅琊刻石、芝罘刻石、会稽刻石、碣石刻石，尤其是命丞相李斯篆书的泰山刻石，至今仍遗有十个残字，成为稀世珍宝。秦始皇下泰山途中，“风雨暴至，休于树下，因封其树为五大夫”，这就是泰山五大夫松、五松亭的由来。

与秦始皇相比，汉武帝巡游的规模之大、次数之多、历时之长，更有过之而无不及。他在位 54 年，一共进行了各种形式的封禅、巡幸、游历达 30 多次，曾两次北巡，六次西巡，两次东巡，一次南巡。西至雍县，抵于汾阴；北登单于台，至朔方，临北河；东巡齐鲁，封禅泰山，巡游渤海；南达南郡，巡游荆扬，许多名山大川都留下了他的足迹。汉武帝本人也自夸说：“朕巡荆扬，辑江淮物，会大海气，以合泰山。上天见象……其赦天下。”[1]元封二年（公元前 109 年）三月，汉武帝东巡，先登游中岳太室，在嵩山观看了相传“石破北方而启生”的夏后启母石，并登览中岳的最高峰，下诏封嵩山为“嵩高”。相传汉武帝在登嵩山时，突然听到山谷中传来“万岁”的呼声，便附会说这是山神的呼唤，遂将此山峰命名为“万岁峰”。游览了嵩山后，汉武帝又东巡齐鲁，到渤海访神求仙。再由渤海巡游至奉高县（今山东泰安）、蛇丘、历城等地，登泰山、梁父之巅，大行祭祀天地的封禅之礼。下山后，汉武帝又循当年秦始皇的足迹，北上碣石以观沧海，最后自辽西沿边塞西行，南返甘泉宫（今陕西淳化甘泉山上）。元封五年（公元前 106 年）冬，汉武帝开始南巡。他经由盛唐（今安徽安庆）向湖南九嶷山遥祭虞舜，再由湖北江陵东下安徽潜山县，登天柱山，设台祭岳，封皖山为“南岳”。后渡过长江到达浔阳（今江西九江），游庐山，祭祀庐山山神匡俗，封匡俗为大明公。之后顺流东下，至今安徽枞阳县弃船登岸，北游琅琊，观沧海，封禅泰山，在泰山上立“无字碑”，表示自己的功绩超过历代帝王，已无法用言语表达。

“我梦江都好，征辽亦偶然。”与前代相比，隋炀帝杨广的巡游少了许多遮掩，流露出更多的游山玩水之情，甚至置江山社稷于不顾。他荒淫无度、穷奢

[1]《汉书·武帝纪》，北京：中华书局，1962 年版。

极欲，为了游江都，制造了数万艘船只。他自己乘坐的龙舟高 45 尺，宽 50 尺，长 200 尺。船分四层，上层有正殿、内殿及东西朝堂，中间两层有房间 160 间，且用金玉装饰得富丽堂皇，极尽奢华之能事。在巡游时，“舳舻相接，二百余里”[1]，骑兵在陆上夹岸护送，旌旗蔽野，人马逶迤，场面非常阔气壮观。当他第三次巡游时，全国已燃起农民起义的熊熊大火，但杨广仍不以为然，照旧寻欢作乐，醉生梦死，最终导致隋朝灭亡。

宋、元、明、清时期，都有帝王巡游，其中尤以清朝的康熙、乾隆为最。康熙帝曾在康熙二十三年（1684 年）至四十六年（1707 年）的 20 余年间共六次巡游江南，留下了许多墨宝。在金山“留云亭”里题“江天一亭”，故此亭又名“江天一览”亭；在拜谒明孝陵时，御笔亲题“治隆唐宋”，以示对汉族皇帝的尊重；在游西湖时，题写了西湖“苏堤春晓”“平湖秋月”“断桥残雪”“雷峰夕照”“花港观鱼”“柳浪闻莺”“三潭印月”“双峰插云”“曲院风荷”“南屏晚钟”十景，使西湖更加闻名遐迩。相传绿茶“碧螺春”的名号也是由康熙帝所题，一直沿用至今。乾隆帝即位后，也曾前后六次巡游江南，走的路线与康熙的基本一致，但其游览色彩又大大超过康熙。

总体说来，帝王巡游兴师动众，劳民伤财，对人民生活来说往往有破坏而无裨益。但从旅游史或旅游文化的发展来看，则有一定的积极影响。如秦始皇为了方便巡游，“治驰道”“堕坏城郭，决通川防，夷去险阻”，大大促进了交通、旅行方面的建设。巡游还开发了许多名山大川的旅游资源，如五岳之所以成为名山，就与帝王的不断“临幸”有很大的关系。

二、文人士大夫的旅行

古代文人士大夫的旅行可分为游学、游宦、科学考察游等。

〔1〕《隋书·炀帝纪上》，北京：中华书局，1973 年版。

（一）游学

“游学”指远游异地，从师求学。先秦秦汉时期的“游学”，带有很大的名利性，与游宦紧密相连，表现为读书游说。孔子周游列国，开创了游学、游宦的风气。战国时期的策士苏秦、张仪等人周游各国，向统治者陈述自己的主张，以谋求高官厚禄。《史记·张仪列传》载，魏国人张仪游说诸侯到了楚国，被人打得遍体鳞伤，其妻说：“子毋读书游说，安得此辱乎？”张仪说：“视吾舌尚在不？”其妻笑曰：“舌在也。”张仪曰：“足矣！”由此可知策士们对游学、游宦的自信和热衷。

两汉时期，“征天下举方正贤良文学材力之士，待以不次之位”[1]，使文人学子的游学之风一度高涨。成都人扬雄40余岁时客游长安，在汉成帝时被荐入朝，陪伴皇帝出游甘泉宫，作《甘泉赋》。不久，扬雄又随成帝到河东汾阴祭祀后土。仪式结束后，随天子游览汾阴东北的介山，到龙门（今山西河津）观黄河奔腾之势。抵盐池（今山西运城南），览万顷雪色。登西岳，“以望八荒”。张衡年少好学，曾游学三辅，历览太华山、终南山等名胜，考察了关中历史、物产及民俗状况，为日后写《二京赋》搜集了丰富的原始资料。后来他到京师洛阳“观太学”，博览群书，最终“通《五经》，贯六艺”。北海高密（今山东高密）人郑玄，曾游学各地，同时考察沿途山水，“每经历山川”皆终身不忘。西汉鲁地学者申公“终身不出门”“弟子自远方至受业者千余人”[2]。东汉姜肱博通《五经》，“士之远来就学者三千余人”[3]。汉阳（今甘肃天水）书生赵壹宦游洛阳，交结官僚，“名动京师，士大夫想望其风采”“州郡争致礼命”[4]。

唐朝时实行科举制，“以诗取士”[5]，文人墨客为了获取作诗的灵感，经常纵情于山水之间，矢志不渝地读书、行路、漫游天下，使负笈游学之风大盛。荆州江

〔1〕《汉书·东方朔传》，北京：中华书局，1962年版。
〔2〕《汉书·儒林传·申公传》，北京：中华书局，1962年版。
〔3〕《后汉书·姜肱传》，北京：中华书局，1965年版。
〔4〕《后汉书·文苑传下·赵壹传》，北京：中华书局，1965年版。
〔5〕严羽著，郭绍虞校释：《沧浪诗话校释诗评》，北京：人民文学出版社，1998年版，第147页。

陵人岑参20岁献书长安，求仕不遇，奔走京洛，漫游河朔。孟郊早年在嵩山游学，学成后游历长安，参加科举，却屡试不第，直到50岁才考中进士。他无限欢欣，赋诗曰：“昔日龌龊不足夸，今朝放荡思无涯。春风得意马蹄疾，一日看尽长安花。”

清初著名学者刘献廷在《广阳杂记》中概括旅游与求学的关系说：“昔人五岳之游，所以开阔其胸襟眼界，以增其识力，实与读书、学道、交友、历事相为表里。”同时代的张潮在《幽梦影》中说：“山水亦书也，棋酒亦书也，花月亦书也；善游山水者，无之而非山水。书史亦山水也，诗酒亦山水也，花月亦山水也。”他还多次表达了“读万卷书，行万里路”的志向：“昔人欲以十年读书、十年游山、十年检藏。予谓检藏尽可不必十年，只二三载足矣。若读书与游山，虽或相倍蓰，恐亦不足以偿所愿也。”

由此可知，古代读书与旅游有着密不可分的关系。

（二）宦游

宦游指在外求官或做官。《汉书·司马相如传上》载：“长卿久宦游，不遂而困。”唐杜审言《和晋陵陆丞早春游望》曰：“独有宦游人，偏惊物候新。”在外求官与上述游学同义，也称游宦。《史记·张丞相列传》载：“复自游宦而起，至丞相。”西晋陆机《为顾彦先赠妇二首》云：“游宦久不归。”在此讲的宦游，是指官吏新任、升迁、贬谪途中的旅行活动和在任期间的外出游观。

古代由于交通不便，新任、升迁、贬谪的官员要到达目的地一般需要较长的时间。在旅途中，文人骚客不失闲情雅意，往往登山临水、寻访古迹、结交文友，从而形成了独具特色的文官宦游。

唐宋时期，宦游活动逐渐高涨。如唐初陈子昂随建安王武攸宜远征契丹时，“因登蓟北楼，感昔乐生、燕昭之事，赋诗数首，乃泫然流涕而歌曰：‘前不见古人，后不见来者，念天地之悠悠，独怆然而涕下。’”白居易出任地方官时专门选择名山胜水之地，如杭州、苏州等。据说白居易一到苏州，即为其美景所陶醉，经常深夜泛舟太湖，留宿洞庭山下。孟郊在任溧水县尉时，县境内有投金濑、平

▼《孔子圣迹图》

这是一本反映孔子一生行迹的连环图画，也是我国历史上最早的一部有完整故事情节的连环画。

1. 尼山致祷　　2. 麟吐玉书　　3. 二龙五老　　4. 钧天降圣

1	2
3	4

5. 俎豆礼容　6. 职司委吏　7. 命名荣贶　8. 职司乘田
9. 学琴师襄　10. 问礼老聃　11. 在齐闻韶　12. 晏婴阻封
13. 退修诗书　14. 夹谷会齐　15. 归田谢过　16. 诛少正卯
17. 女乐文马　18. 因膰去鲁　19. 匡人解围　20. 适卫击磬

5	6	7	8
9	10	11	12
13	14	15	16
17	18	19	20

21. 丑次同车（一） 22. 丑次同车（二） 23. 灵公问陈 24. 临河而返
25. 宋人伐木 26. 楛矢贯隼 27. 子路问津 28. 在陈绝粮
29. 子西沮封 30. 作歌丘陵 31. 删述六经 32. 跪受赤虹
33. 西狩获麟 34. 梦奠两楹 35. 治任别归 36. 汉高祀鲁

21	22	23	24
25	26	27	28
29	30	31	32
33	34	35	36

▲明　仇英　《赤壁图》

陵城等名胜，孟郊常到那里游览，以至误了公事，县令便分其半俸，以假尉代理，任其出游。“永贞革新”失败后，柳宗元被贬为永州司马，从此便开始了悠游山水的生活，写下了脍炙人口的《游黄溪记》《永州八记》等近400篇作品，造就了他文学上的辉煌。宋代苏轼仕途经历极不平常，曾在密州、徐州、湖州、杭州、定州、惠州、廉州、永州等16个州县任地方官，可谓半生都在宦游中。他的《游金山寺》诗云：“我家江水初发源，宦游直送江入海。”乾道六年（1170年），陆游从故乡山阴（今浙江绍兴）赴任夔州（今四川奉节）。他一路探访名胜古迹，游览了金山、焦山、甘露寺、九华山、黄冈赤壁，凭吊了李白、白居易、杜甫等人的遗迹，“道路半年行不到，江山万里看无穷”。陆游沿途记载所历名胜山水，写成了六卷本的《入蜀记》，开创了我国以日记形式描绘山河景观的先河。

（三）漫游

漫游指没有具体的目标，信马由缰、无拘无束的旅游。大诗人李白“一生好

入名山游”，游洞庭，上庐山，登金陵，至泰山，历江苏、浙江等，占用了他一生大部分时间。漫游使李白开阔了眼界，激发了灵感，写出了《望庐山瀑布》《黄鹤楼送孟浩然之广陵》等脍炙人口的瑰丽诗篇。被誉为“诗圣”的杜甫曾前后三次漫游吴越、齐赵、梁宋等地，写出了“会当凌绝顶，一览众山小”等许多传诵千古的佳句。

（四）科学考察游

科学考察游主要是指一些科学家、地理学家或矢志求学之士为了考证先贤遗著的正误或探索客观世界的奥秘，而进行的实地游览或考察的旅行活动。在古代，司马迁、郦道元、徐霞客、顾炎武是这类旅行的杰出代表。

汉代著名史学家司马迁“二十而南游江淮，上会稽，探禹穴，窥九嶷，浮沅湘。北涉汶泗，讲业齐鲁之都，观夫子之遗风，乡射邹峄。阸困蕃、薛、彭城，过梁楚以归。于是迁仕为郎中，奉使西征巴蜀以南，南略邛、筰、昆明，还报命”“适长沙，观屈原所自沉渊”“适北边，自直道归，行观蒙恬所为秦筑长城亭障”“适丰沛，问其遗老，观故萧、曹、樊哙、滕公之家”〔1〕。后来又随汉武帝巡游，东行海上，北至碣石，巡辽西，历北边，至九原。正是由于“纵观山川形势，考察风光，访问古迹，采集传说”，才写成了被鲁迅誉为“史家之绝唱，无韵之离骚”的《史记》。司马迁的旅行活动，开创了知识分子“遍历九州，览其山川形势，访遗佚，交其豪杰，博采轶事，以益广其见闻，而质证其所学”〔2〕的优良传统，是我国古代学术考察旅行的典范和榜样。

北魏地理学家郦道元自幼热爱山水，游历了不少名山大川。入仕后，他多次随北魏孝文帝巡游，足迹遍布河北、河南、山东、山西、江苏、安徽、内蒙古等地。他每到一处，都会对当地的山川景物、水文地理做详细的考察，从而发现以前的地理著作或错误不实，或过于简略，下决心以自己的实地考察为依据，以汉代桑钦所著的专门记述全国水道的地理书《水经》为纲，为其作注。郦道元的《水经注》记载大小河流共1252条，对河流的发源、支流以及各流域的历史遗迹、风土人情、经济生活等都有详尽的记述。注文约是原书的20倍，改变了我国古代地理著作“简而不周”“周而不备”的旧貌，堪称一部古代的旅游指南书。

明代杰出旅行家徐霞客，可谓我国古代科学考察旅游的集大成者。徐霞客一生鄙弃功名，不入仕途，说：“大丈夫当朝碧海而暮苍梧，乃以一隅自限耶？”他从22岁开始“周览名山大川”，东渡普陀，北历燕冀，南涉闽粤，西北直攀太华之巅，西南远达云贵高原的腾冲，历时30多年，足迹踏遍今天的江苏、浙江、山东、安徽、河北、河南、山西、陕西、广东、广西、云南、贵州、湖北、湖南、福建、江西16个省区和北京、天津、上海等地。他克服种种艰难险阻，历经千山万水，考察地形地貌，寻访物产民俗，“遇名胜，必披奇抉奥；一山川，必寻源探脉”〔3〕，穷尽毕生精力写成了日记体裁的《徐霞客游记》。该书内容涉及山

〔1〕《史记·太史公自序》及《屈原贾生列传》《蒙恬列传》《樊郦滕灌列传》，北京：中华书局，1962年版。

〔2〕（清）王源：《居业堂文集》卷十八《刘处士墓表》，北京：中华书局，1985年版，第286页。

〔3〕（明）史夏隆：《徐霞客游记·序》，载（明）徐宏祖《徐霞客游记》卷十下，上海：上海古籍出版社，1980年版，第1266页。

川名胜、地质水系、城镇聚落、地名交通、民情风俗、气候变化、动植物类别等各方面，特别是对云贵一带石灰岩溶蚀地貌的研究取得了重大成果，是地理地质史中极为珍贵的资料，在世界旅游地理史上占有重要的地位。

明清之际的著名学者顾炎武一生“足迹半天下”。在抗清失败后，他长期漂流于北方，往来秦、晋、冀、豫、齐、鲁之间，从事学术考察活动。每次出游时，顾炎武必定雇上两匹马和两匹骡，用以驮书。到要塞时，总要向老兵请教要塞的历史变迁。遇到与平日听闻不符的情况，就翻书对勘，予以改正。他每到一处，总要“考其山川风俗，疾苦利病”，然后记录与之有关的事实，“皆作蝇头行楷，万字如一”，最后写成了《天下郡国利病书》《肇域志》《昌平山水记》等著作。

三、商旅之游

商旅，顾名思义，即商贾之旅。《白虎通义·商贾》对商贾做了以下定义：“商之为言商也，商其远近，度其有亡，通四方之物，故谓之商也。贾之为言固也，固其有用之物以待民来，以求其利者也。行曰商，止曰贾。”实际上，除了“千里游遨”“日款于塞下”的行商外，“坐列贩卖，操其齐赢”之贾，也“日游都市”。所以，商人因其流动性的特点，是出行频率极高的群体。

中国历史上的商旅活动出现较早，史书记载的“肇牵车牛，远服贾用”[1]就属于殷末周初商人的行旅活动。春秋战国时，商人的旅行活动更加活跃，出现了临淄、邯郸、郢都、洛阳等大型商业中心与都会。《史记·货殖列传》载，孔子弟子子贡“结驷连骑，束帛之币以聘享诸侯，所至，国君无不分庭与之抗礼”。南阳孔氏“连车骑，游诸侯，因通商贾之利”。周师史“转毂以百数，贾郡国，无所不至”。

秦统一以后，采纳了李斯“强本弱末”的建议，商旅活动受到一定的打击。汉初实行与民休息政策，“开关梁，弛山泽之禁，是以富商大贾周流天下，交易

〔1〕《尚书·酒诰》，载《十三经注疏》，北京：中华书局，1980年影印版。

之物莫不通，得其所欲”[1]，商业旅行得到空前发展。汉文帝时，商人“千里游遨，冠盖相望，乘坚策肥，履丝曳缟”[2]，为世人所侧目。

汉代“丝绸之路”开通后，往返于这条道路上的商旅活动一直经久不衰。商贾跋山涉水，披星戴月，涌向汉朝边塞，呈现出“驰命走驿，不绝于时月。商胡贩客，日款于塞下”[3]的繁荣景象。据《后汉书·乌桓传》载，东汉顺帝阳嘉四年（135年）冬，乌桓侵扰云中，一次即遮截道上商贾牛车千余辆。《水经注·河水三》载：“皇魏桓帝十一年，西幸榆中，东行代地，洛阳大贾，赍金货随帝后行。”商旅之行的兴盛可见一斑。

明代后期，随着商品经济的高度发展，“人为铜钱，游遍世间”[4]的观念深入人心，商业旅行风行一时。如苏州府洞庭籍的行商“商游江南北，以迨齐、鲁、燕、豫，随处设肆，博锱铢于四方”[5]，“靡远不到，有数年不归者”。商人席铭“历吴越，游楚魏，泛江湖”。明代的徽商素有儒商之称，经商之余颇好游历，“凡名山胜迹无不游览”[6]。

商贾们走南闯北、东西逐利，亲历各地，耳闻目睹，大大促进了旅游知识和民风民俗的传播。

四、宗教之游

宗教之游主要有道教徒的仙游和佛教徒的释游两种。

仙游是道教徒或慕道者为了追求成仙而辗转于仙境圣地的一种旅行活动。

[1]《史记·货殖列传》，北京：中华书局，1959年版。

[2]《汉书·食货志上》，北京：中华书局，1962年版。

[3]《后汉书·西域传·车师传》，北京：中华书局，1965年版。

[4]朱载堉：《山坡羊·钱是好汉》，载康金生编著：《元明清曲》，成都：天地出版社，1997年，第206页。

[5]顾炎武：《天下郡国利病书·苏州备录下·东洞庭》，载《顾炎武全集》卷十二，上海：上海古籍出版社，2011年版，第538页。

[6]许宗元：《徽商与旅游》，载《安徽大学学报》，1997年第3期。

道教养生仙气需要到人迹罕至的深山幽谷中吸风饮露、采药炼丹；而要得到仙人的点化，也需到草木丰润、环境幽深的洞天福地中访神求仙。可以说，“为道者必入山林”[1]。如东晋葛洪为了搜集方术，采炼丹药，广游大江南北的奇山异水；陆修静遍访巴蜀山水、蛮荆瓯越，直至晚年隐居庐山金鸡峰太虚观，仍游兴不减，跟名僧释慧远、诗人陶渊明交游往来，同游同乐；陶弘景“每经涧谷，必坐卧其间，吟咏盘桓，不能已已”[2]，他曾对弟子说：“吾见朱门广厦，虽识其华乐，而无欲往之心。望高岩，瞰大泽，知此难立止，自恒欲就之”[3]，表现出对情寄山水的痴迷。全真道的丘处机曾行程万里，会成吉思汗于雪山，其弟子李志常撰有《长春真人西游记》，虽不是仙游，却是道教云游的杰出代表。

释游即佛游，是指佛教徒居静修行、传经、取经或名士追随佛学、朝拜佛陀而开展的旅行活动。释游分为三类，一是那些到处化缘、求布施的行脚僧、游方和尚。杜牧《大梦上人自庐峰回》称：“行脚寻常到寺稀，一枝藜杖一禅衣。”二是在自然山水中寻觅幽静之处，居静修行、清谈佛经的旅行，东晋名僧支道林、释道安、释慧远都是这类释游的楷模。三是为传经、取经而开展的中外旅行，其中最为著名的代表人物是法显、玄奘、鉴真等。

法显是东晋伟大的旅行家。隆安三年（399 年），已 62 岁高龄的法显一行 11 人从长安出发，经敦煌，西出阳关，经鄯善、乌夷，横穿我国最大的塔克拉玛干大沙漠，又历经千辛万苦翻越葱岭，来到了天竺（印度）。义熙五年（409 年），法显乘船纵渡孟加拉湾，来到狮子国（今斯里兰卡）。411 年，经印度尼西亚爪哇岛北上，于义熙八年（412 年）从山东青岛崂山登陆返回建康（今江苏南京）。法显的旅行历时 14 年，现代人所有的旅游都不可能用这么漫长的岁月。法显根据自己的所见所闻，写成了著名的《佛国记》，既是记述中亚、印度地理风俗和海上交通的第一部著作，也是中国古代宝贵的旅游地理著作。

玄奘，俗名陈祎，于唐太宗贞观三年（629 年）从长安出发，经秦州、兰州、

[1]《抱朴子·内篇·明本》，载《诸子集成》，上海：上海书店，1986 年影印版。
[2]《梁书·处士·陶弘景传》，北京：中华书局，1973 年版。
[3]《南史·隐逸·陶弘景传》，北京：中华书局，1975 年版。

◀南宋 梁楷《出山释迦图》

凉州、瓜州出玉门关，抵达伊吾、高昌。又经阿耆尼（今新疆焉耆）、屈支（今新疆库车），过凌山，历尽艰难险阻到达东叶。后跨过帕米尔高原，经赭时（今乌兹别克斯坦共和国塔什干）、铁门关，到达天竺。玄奘在印度15年，遍历北天竺、中天竺、东天竺、南天竺与西天竺，是第一位周游印度全境的中国旅行家。贞观十七年（643年），玄奘满载佛经、佛像和名花珍木的种子启程，经阿富汗、帕米尔，沿喷赤河北上，过疏勒、于阗、敦煌、瓜州等地，于贞观十九年（645年）回到都城长安。回国后，完成了闻名中外的《大唐西域记》。书中记录了当时100多个国家的山川河流、城邑关防、风土习俗等，是研究中国西北地区、印度、尼泊尔、巴基斯坦、孟加拉国、中亚等地古代历史、地理、文化的重要文献。

唐代另一位杰出的宗教旅行家是鉴真。为弘扬佛法，鉴真55岁时，应邀到日本传授戒律。从天宝元年（742年）到天宝十二年（753年），以百折不挠的毅力，经六次东渡终于到达日本九州，完成了一次艰苦卓绝的海上旅行。

第2节 出行礼俗

一、祖道

“祖道”也简称“祖”，是指古人出行时祭祀行神，以祈求保佑和旅行一路顺风。行神也称道神、路神，它的来源有三种说法：共工之子、黄帝之子及黄帝之妻。

东汉应劭《风俗通·祀典·祖》曰：“谨按《礼传》：‘共工之子曰脩，好远游，舟车所至，足迹所达，靡不穷览，故祀以为祖神。’祖者，徂也。”认为行神是共工之子脩。

崔寔《四民月令》曰：“祖者，道神。黄帝之子曰累祖，好远游，死道路，故祀以为道神。”《汉书·临江闵王刘荣传》载：“祖于江陵北门。”颜师古注曰：“祖者，送行之祭，因飨饮也。昔黄帝之子累祖好远游而死于道，故后人以为行神也。”认为行神是黄帝之子累祖。

唐王瓘《轩辕本纪》曰：“帝周游行时，元妃嫘祖死于道，帝祭之以为祖神。”宋丁度《集韵·平脂》载：“黄帝娶西陵氏女，是为嫘祖。嫘祖好远游，死于道，后人祀以为行神。”认为行神是黄帝之妻嫘祖。

三种说法莫衷一是，这正反映了中国信仰的多元性特征，中国的门神、财神、药王，都有好

在古代交通和科学不发达的情况下，出门意味着艰难重重，甚至生死离别。因此，先民们视旅游为畏途，出行前要占卜吉凶、祖道饮饯、赠言赋诗、接风洗尘，久而久之，便形成了一些出行的程式和禁忌，从而形成了中国人独具特色的出行礼俗。

几个人选。

祖道的具体仪式，分軷（bá）祭和饯行两步。《仪礼·聘礼》载："出祖，释軷，祭酒脯，乃饮酒于其侧。"郑玄注曰："《诗传》曰：'軷，道祭也。'谓祭道路之神。《春秋传》曰：'軷涉山川。'然则軷山，行之名也，道路以险阻为难，是以委土为山，或伏牲其上，使者为軷，祭酒脯祈告也。卿大夫处者，于是饯之，饮酒于其侧。礼毕，乘车轹（lì）之而遂行，舍于近郊矣。其牲，犬、羊可也。"祭祀路神时，要用土培一土山，放上一只牲畜，献酒和肉脯以祈祷。然后，大家在旁边饮酒饯行。礼毕，乘车从牲畜身上碾过。軷祭的牲畜，用犬、用羊都可以。《诗经·大雅·生民》载："取羝（dī）以軷。"就是用公羊軷祭。

在中国古代社会前半期，祖道之风十分盛行。

《诗经·大雅·烝民》曰："仲山甫出祖。"

《左传·昭公七年》载："襄公将适楚，梦周公祖而遣之。"

《吴越春秋》卷七载："越王勾践五年五月，与大夫种、范蠡入臣于吴，群臣皆送至浙江之上。临水祖道，军阵固陵。"

《史记·刺客列传》载，荆轲去刺杀秦王之前，与燕太子丹、高渐离等"至易水之上，既祖，取道，高渐离击筑，荆轲和而歌"，发出了"风萧萧兮易水寒，壮士一去兮不复返"的慷慨悲歌。

《汉书·临江闵王刘荣传》载，临江王刘荣因罪被汉景帝征召，"祖于江陵北门，既上车，轴折车废"，江陵父老因而私下流涕窃言："吾王不反（返）矣！"后来，刘荣果然畏罪自杀。《汉书·刘屈氂传》载，贰师将军李广利将出兵击匈奴，丞相刘屈氂"为祖道，送至渭桥"。东汉蔡邕曾写了一篇祖道时的祝词《祖饯祝》：

令岁淑月，日吉时良。爽应孔嘉，君当迁行。
神龟吉兆，林气煌煌。著卦利贞，天见三光。
鸾鸣雍雍，四牡彭彭。君既升与，道路开张。
风伯雨师，洒道中央。阳遂求福，蚩尤辟兵。
仓龙夹毂，白虎扶行。朱雀道引，玄武作侣。
勾陈居中，厌伏四方。往临邦国，长乐无疆。

另外，在甘肃居延出土的汉简中也有关于祖道的记载：“候史褒予万岁候长祖道钱，出钱十。付第十七候长祖道钱，出钱十。付第廿三候长祖道钱，出钱十。”

西晋嵇含《祖道赋序》云：“祖之在于俗尚矣，自天子至于庶人，莫不咸用。”西晋孙楚的《祖道诗》、陆机的《祖道潘正》、张华的《祖道征西应诏诗》、何敬祖的《洛水祖王应诏诗》等，都是当时祖道风俗的反映。从这些诗的内容可看出，祭祀行神的本意已逐渐淡漠，转而注重对人的惜别之情，反映了它正在向饯行演变的趋势。

二、赠别

赠别指离别时以钱物和诗文相赠。

《诗经·郑风·溱洧》曰：“赠之以芍药。”《韩诗外传》曰：“芍药，离草也。”崔豹《古今注》[1]云：“牛亭问曰：‘将离相赠与芍药，何也？’答曰：‘芍药一名何（合）离，故将别赠以芍药。犹相招，则赠以蘼芜，蘼芜一名当归也。’”芍药别名离草、何草，含离别、合离之义，故离别赠以芍药，召唤赠以当归。

《汉书·萧何传》载，刘邦因徭役将赴咸阳，“吏皆送奉钱三，（萧）何独以五”。

《晋书·袁宏传》载：“（袁）宏自吏部郎出为东阳郡，乃祖道于冶亭。时贤毕集，（谢）安欲以卒迫试之，临别执其手，顾左右取一扇而授之曰：‘聊以赠行。’”

《资治通鉴·晋纪·海西公太和五年》载：“王猛之发长安也，请慕容令参其军事，以为乡导。将行，造慕容垂饮酒，从容谓垂曰：‘今当远别，卿何以赠我，使我睹物思人？’垂脱佩刀赠之。”

由此可知，赠别所用的物品一般是芍药、钱及随身携带的扇、佩刀等。

赠言、赋诗的送别习俗在先秦时期即已流行，主要风靡于文人、士大夫

〔1〕《太平御览》卷九八九《药部六·当归》引，北京：中华书局，1960年影印版。

之间。

《孔子家语·观周》载，孔子去周，老子送之曰："吾闻富贵者送人以财，仁者送之以言。吾虽不能富贵，而窃仁者之号，请送子以言乎！"

《晏子春秋·内篇杂上第五》载："曾子将行，晏子送之曰：'君子赠人以轩，不若以言，吾请以言乎？以轩乎？'曾子曰：'请以言。'"

《左传·昭公十六年》载："夏四月，郑六卿饯宣子于郊。宣子曰：'二三君子请皆赋，起亦以知郑志。'"

东汉第五永在赴幽州任职时，议郎蔡邕、郎中高彪等人为其赋诗作箴。另外，李陵的《赠苏武别诗》、曹植的《送应氏诗》、谢灵运的《邻里相送至方山诗》、徐陵的《别毛永嘉诗》、李白的《赠汪伦》等都是离别赋诗的佳作。

唐朝是送别诗创作的鼎盛时期，王勃、李白、王维、高适、王昌龄、白居易等都是离别赋诗的高手，留下许多脍炙人口的千古名篇，如李白的《黄鹤楼送孟浩然之广陵》：

故人西辞黄鹤楼，烟花三月下扬州。
孤帆远影碧空尽，唯见长江天际流。

三、饯行

饯行又称饯饮、饯别，是指在祭祀完路神后，亲友们为旅行者设宴送行，以表示惜别与祝福的一种道别仪式，它通常与祖道风俗相伴而行，称为"祖饯"。

《诗经·大雅·韩奕》曰："韩侯出祖，出宿于屠。显父饯之，清酒百壶。"东汉郑玄注曰："祖于国外毕，乃出宿，示行不留是也。"

《诗经·邶风·简兮》曰："出宿于泲（jǐ），饮饯于祢。"郑玄笺曰："祖而舍軷，饮酒于其侧曰饯。"

《汉书·刘屈氂传》曰："丞相为祖道，送至渭桥。"颜师古注曰："祖者，送行之祭，因设宴饮焉。"

可见旅行者在临行前，要先"祖道"，軷祭路神，然后设酒宴饯行。祖饯毕，就在近郊住宿，表示已经上路。因此，古人饯行时，往往在野外路旁设帷帐，称作“祖帐”。唐诗人王维《齐州送祖三》诗：“祖帐已伤离，荒城复愁入。”

两汉时期，饯行的规模十分庞大。西汉太傅疏广告老还乡，“公卿大夫故人邑子设祖道，供张东都门外，送者车数百两（辆）”[1]。东汉第五永由京兆尹升为都军御使，将赴任时，“百官大会，祖饯于长乐观”[2]。《世说新语·文学》刘孝标注云：“袁绍辟（郑）玄，及去，饯之城东，欲玄必醉，会者三百余人，皆离席奉觞，自旦及莫（暮），度玄饮三百余杯，而温克之容，终日无怠。”

可看出，这时的“祖饯”被强化，而“祖道”的仪式却被淡化了。魏晋以后，祖饯和祖道逐渐分离。张华《祖道征西应诏诗》曰：“庶寮群后，饯饮洛湄。感离叹凄，慕德迟迟。”这“祖道”之诗中讲的却是“饯饮”的内容。

唐诗中，李白的《金陵酒肆留别》，王维的《送元二使安西》，白居易的《琵琶行》，都是描写饯行的诗，反映的都是单纯的饯行饮酒，不再和祖道的仪式结合在一起了。王维《送元二使安西》写道：

渭城朝雨浥轻尘，客舍青青柳色新。
劝君更尽一杯酒，西出阳关无故人。

饯饮送别在宋代也颇为流行。如柳永在《雨霖铃》中云：“寒蝉凄切，对长亭晚，骤雨初歇。都门帐饮无绪，留恋处，兰舟催发。执手相看泪眼，竟无语凝噎。念去去，千里烟波，暮霭沉沉楚天阔。”描述了在郊外帐幕中饯饮的男女离别之情，成为传颂古今的离别佳作。

中国的饯行酒，还有一种特殊的形态——为死囚犯饮酒饯行。南朝宋孔觊临刑求酒说：“此是平生所好。”[3]酒后被诛，说明南朝宋尚无此俗，以后逐步相沿成习。

---

〔1〕《汉书·疏广传》，北京：中华书局，1962年版。
〔2〕《后汉书·文苑传下·高彪传》，北京：中华书局，1965年版。
〔3〕《宋书·孔觊传》，北京：中华书局，1974年版。

四、折柳送别

《诗经·小雅·采薇》中“昔我往矣，杨柳依依”，已赋予杨柳“依依不舍”之意，到汉代形成了折柳送别的风俗。《三辅黄图·桥》载：“灞桥在长安东，跨水作桥。汉人送客至此桥，折柳赠别。”灞桥位于今西安市东郊灞水之上。灞水原名滋水，相传春秋时期秦穆公欲彰霸业，故改名霸水，后加水旁而写成“灞”。灞桥处在长安东去的交通要冲，长安城里的官员送别朋友必经此地。汉时灞桥之畔遍地杨柳，设有稽查亭，检查来往行人。汉元帝曾在此为王昭君饯别，把她送上出塞之途。

送别之所以用柳枝，一则因为柳条细长柔软，用它赠友送别，以表达柔情萦绕不舍之意；二则柳与“留”谐音，有“挽留”之意；三则因为古人视柳树为可以驱鬼避邪的“鬼怖木”。北魏贾思勰《齐民要术》曰：“正月旦取柳枝著户上，百鬼不入家。”古人认为带着柳枝上路可使百鬼望而生畏，从而确保旅途的平安。

折柳赠别的风俗在汉代时还被民间音乐家谱成《折杨柳》的曲子，用以专门表达离别之情。上述“歌舞佐酒”中王之涣“羌笛何须怨杨柳”的诗句，意思就是羌笛何须吹奏出哀怨的《折杨柳》曲子。《古诗十九首》中的“青青河畔草，郁郁园中柳”就以青草和柳来表达女子“荡子行不归，空床难独守”的苦寂，以柳来象征千里相系的思念离别之情。

汉代以后，折柳送别的习俗一直绵延不衰，到唐代时达到鼎盛。以折柳为题来表达思念之情的诗文连篇累牍，如孟郊的“杨柳多短枝，短枝多别离。赠远累攀折，柔条安得垂”；韦承庆的“万里边城地，三春杨柳节……不忍掷年华，含情寄攀折”；李白的“无令长相忆，折断绿杨枝”；张九龄的“纤纤折杨柳，持此寄情人”；白居易的“人言柳叶似愁眉，更有愁肠似柳丝。柳丝挽断肠牵断，彼此应无续得期”；等等，皆以柳枝寄托人们的惜别、相思之情。

唐代的灞桥杨柳依旧，尤其是阳春时节，柳枝吐絮，如冬日雪花飞舞，故有“灞桥风雪”之景，为长安八景之一。据《开元天宝遗事·销魂桥》载：“长安东灞陵有桥，来迎去送皆至此桥，为离别之地，故人呼之销魂桥也。”日本著名诗人阿倍仲麻吕在唐代为官多年，与王维、李白等结下了深厚的友谊。天宝十二年（753 年），阿倍仲麻吕回国时，李白便在灞桥为他送别，写下了《灞

▲明　仇英　《浔阳送别图》

陵行送别》："送君灞陵亭，灞水流浩浩……正当今夕断肠处，骊歌愁绝不忍听。"

宋代时，折柳赠别的习俗仍流行。周邦彦《兰陵王·柳》诗："长亭路，年去岁来，应折柔条过千尺。"柳永《少年游》言："参差烟树灞陵桥，风物尽前朝。衰杨古柳，几经攀折，憔悴楚宫腰。"

明代以后，折柳赠别的习俗逐渐淡薄，但"灞桥折柳"的典故却经常出现于文人的诗词中，成为相思怀乡的代名词。

五、长亭送别

《释名·释宫室》称："亭，停也，人所停集也。"《风俗通》[1]讲："汉家因

〔1〕《太平御览》卷一九四《居处部二二·亭》引，北京：中华书局1960年影印版。

秦，大率十里一亭。亭，留也。今语有亭留、亭待，盖行旅食宿之所馆也。亭亦平也，民有讼诤，吏留辩处，勿失其正也。”

由此可知，十里长亭出自汉代的“十里一亭”，本是驿道上的短程驿站，官吏有时候也在此处理讼诤。后来每五里有一短亭。白居易《白氏六帖》卷九称：“十里一长亭，五里一短亭。”李白《菩萨蛮》：“何处是归程，长亭更短亭。”由于古时多在此停留送别，所以有了长亭送别的说法。南宋词人何梦桂《摸鱼儿》：“记年时、人人何处，长亭曾共杯酒。酒阑归去行人远，折不尽长亭柳。”元朝王实甫《西厢记》中的道白：“今日送张生赴京，红娘，快催小姐，同去十里长亭。”

“多情自古伤离别”，中国人多愁善感，喜相逢而伤离别，酒、古道、长亭、青草、杨柳等所有送别的因素都被用来寄托对惜别、相思、怀乡的情思。唐诗人李白《春夜洛城闻笛》中有“谁家玉笛暗飞声，散入春风满洛城。此夜曲中闻折柳，何人不起故园情”的诗句；白居易的《琵琶行》有“同是天涯沦落人，相逢何必曾相识”的名句；元人马致远有“古道西风瘦马，夕阳西下，断肠人在天涯”的佳句。于是，笛声、西风、夕阳、天涯等也被积淀到送别的典故之中。近人李叔同的《送别》诗之所以经久传唱，至今让人潸然泪下，原因是他把践行的“一壶浊酒”与长亭之哀、古道、芳草、杨柳、夕阳、笛声、天涯地角等多种离别风俗的典故巧妙地组合到一起，营造了一种让人触景生情、震撼心肺的凄凉和悲伤。他在诗中写道：

长亭外，古道边，芳草碧连天。
晚风拂柳笛声残，夕阳山外山。
天之涯，地之角，知交半零落。
一壶浊酒尽余欢，今宵别梦寒。

六、洗尘

“洗尘”，又称接风，旅行者自远方归来，亲朋好友为迎接他们，往往设宴摆席，为其洗去一路风尘。

秦汉时“洗尘”一词并未产生，但款待来客的习俗已经形成。东汉范式与张劭少游太学，告归乡里时，约定两年后赴张劭家探望尊亲孺子。到了约定的日期，张劭让母亲准备酒菜等待范式，二人尽欢而别。东汉荀淑有八子，时人号曰“八龙”。陈寔到荀淑家做客，荀淑“使叔慈应门，慈明行酒，余六龙下食”[1]。

《颜氏家训·风操》称：“别易会难，古人所重。”相逢饮酒在人际交往中显得异常重要。白居易《对酒》云：“相逢且莫推辞醉。”岑参《凉州馆中与诸判官夜集》云：“一生大笑能几回，斗酒相逢须醉倒。”王维《少年行》云：“相逢意

〔1〕《世说新语·德行》，载《诸子集成》，上海：上海书店，1986年影印版。

气为君饮，系马高楼垂柳边。”这些诗虽无“洗尘”的字句，但都是相逢饮酒风俗的反映。

洗尘之俗起自五代。清翟灏《通俗编·仪节》载，五代“凡公私值远人初至，或设饮，或馈物，谓之‘洗尘’”。五代以后的文学作品中，接风、洗尘比比皆是。

苏轼《和钱穆父送别并求顿递酒（次韵）》诗云：“伫闻东府开宾阁，便乞西湖洗塞尘。”“洗塞尘”即“洗尘”的意思，因为客人是从塞外而来，所以称为“洗塞尘”。

宋人无名氏《大宋宣和遗事·亨集》曰：“这人是师师的一个哥哥，在西京洛阳住。多年不相见，来几日，也不曾为洗尘，今日办了几杯淡酒，与洗泥则个。”

《水浒传》第三十三回，宋江来到花荣驻地，花荣“便请宋江更换衣裳鞋袜，香汤沐浴，在后堂安排筵席洗尘”。第五十回载，宋江率众攻打祝家庄大获全胜，归寨时，“寨里头领晁盖等众人擂鼓吹笛，下山来迎接，把了接风酒，都上到大寨里聚义厅上扇圈也似坐下”。

吴敬梓《儒林外史》第十回云：“两公子欢喜不已，当夜设席接风，留在书房歇息。”

《红楼梦》第四回：“合家俱厮见过，又治席接风。”

洗尘又称“软脚”。唐敦煌变文《捉季布传文》曰：“归宅亲故来软脚，开筵列馔广铺陈。”北宋乐史的《杨太真外传》载：“出有饯饮，还有软脚。”清钱谦益的《燕新乐小侯》云：“软脚筵开乐句和，濯龙吐凤客骈罗。”

直到今天，接风洗尘的习俗仍然流行于中国人的日常生活中，并成为人际交往的重要礼仪。

第3节　徒行和行旅工具

一、徒行

古代步行称作徒行、徒步。《论语·先进》载孔子语曰："吾从大夫之后，不可徒行也。"徒行即步行。《左传·襄公元年》孔颖达疏曰："徒，犹空也，谓无车空行也，步行谓之徒行。"

《老子》第六十四章讲："千里之行，始于足下。"古时平民出行无车，主要靠步行。《后汉书·徐稺（稚）传》载："稺尝为太尉黄琼所辟，不就。及琼卒归葬，稺乃负粮徒步到江夏赴之。"即便是足迹遍天下的商人，有的也担货步行。如上述《国语·齐语》中"负任担荷"，韦昭注曰："背曰负。肩曰担。任，抱也。荷，揭也。"清朝后期，关东开禁放垦，大多数山东人都是用独轮小推车推着老人、孩子步行闯关东。有钱买船票的人才从山东龙口、烟台坐船到辽宁大连，然后还是步行。

由于平民徒步出行，徒步还成为平民的代称。《汉书·公孙弘传》载："起徒步，数年至宰相，封侯。"

行走速度的缓急，各有不同的名称。《释名·释姿容》载："徐行曰步，疾行曰趋，疾趋

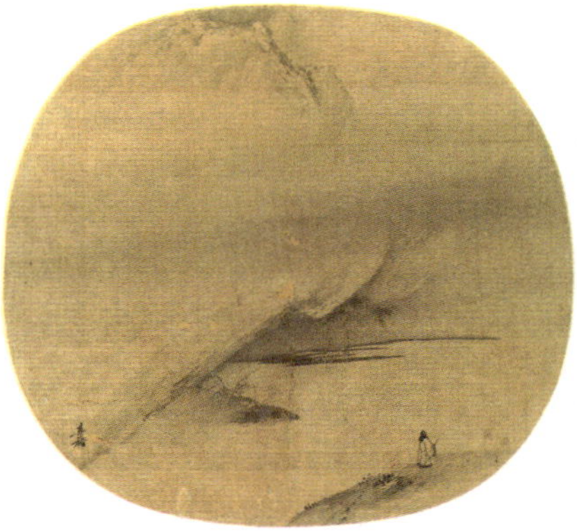

▲南宋　梁楷　《泽畔行吟图》

因贫富等级、出行目的、水陆地形不同，行旅工具的使用也迥然相异。

曰走。”

步，是慢行。行走时跨出一足为跬（kuǐ），再跨出一足为步。《荀子·劝学》讲：“不积跬步，无以至千里。”由此可知，古代的步，相当于我们现在的两步，周以八尺为步，秦以六尺为步，都是现在的两步。

趋，是快步而行，也指小步快行，以表示恭敬。如《礼记·曲礼上》载：“遭先生于道，趋而进。”《庄子·胠箧》载：“巨盗至，则负匮、揭箧（qiè）、担囊而趋。”我们说的“亦步亦趋”出自《庄子·田子方》，颜渊对孔子说：“夫子步亦步，夫子趋亦趋，夫子驰亦驰，夫子奔逸绝尘，而回（颜渊）瞠若乎后矣！”后因用来形容追随和模仿他人。

走，现在是步行的通称，古代是跑。如《韩非子·喻老》言：“扁鹊望桓侯而还走。”扁鹊见蔡桓侯已病入膏肓，不可救药了，所以赶快往回跑。《诗经·大雅·绵》言：“来朝走马。”“走马”即跑马，如果慢慢地溜达，“走马观花”还真能把花看清楚。

奔的含义也是急行，往往与“走”合称“奔走”，但不一定是步行。《左传·僖公五年》载：“虢公丑奔京师。”《后汉书·史弼传》载：“平原吏人奔走诣阙讼之。”

登山涉水称跋涉。《诗经·鄘风·载驰》称：“大夫跋涉，我心则忧。”西汉毛亨传曰：“草行曰跋，水行曰涉。”《左传·襄公二十八年》载：“跋涉山川，蒙犯霜露。”

二、车

车是陆路交通中历史最悠久、范围最广的交通工具，相传创始于黄帝。

《淮南子·说山训》载：“见窾（kuǎn）木浮而知为舟，见飞蓬转而知为车。”

《荀子·解蔽》载：“奚仲作车，乘杜作乘马，而造父精于御。”杨倞注曰：“奚仲，夏禹时车正。黄帝时已有车服，故谓之轩辕。”

《汉书·地理志上》载：“昔在黄帝，作舟车以济不通，旁行天下。”

蜀汉谯周《古史考》讲：“黄帝作车，引重致远，少昊时略加牛，禹时奚仲加马。”

春秋工匠鲁班在造车方面更是有神奇的造诣。黄帝等发明的是用人力、畜力牵拉的车，鲁班发明的是用木人驾驶的、以机关为动力的自动车。东汉王充《论衡·儒增篇》载：“世传言：‘鲁般（班）巧，亡其母。’言巧工为母作木车马，木人御者，机关备具，载母其上，一驱不还，遂失其母。”古人为车的发明和改进耗费了大量人力、物力，连鲁班的母亲都有为机械车的试验而献身的大无畏精神。

古代马车最为盛行。上述周穆王使造父御，驾赤骥、盗骊、白义、渠黄、骅骝、逾轮、骎駬、山子等八骏之乘西巡守，淮水流域的徐偃王叛乱，“一日千里以救乱”。这“八骏”都是驾车的千里马。马车既是重要的交通工具、战争的战具，又是社会地位和权力的象征。当时用两匹马驾的车叫“骈（pián）”，用三匹马驾的车叫“骖（cān）”，用四匹马驾的车叫“驷”。由于马车以四马为常，所以多以“驷”为单位计数马匹和车辆。如《论语·季氏》说“齐景公有马千驷”，即表示他有1000辆车和4000匹马。四马驾一车为“一乘”，当时又以车乘多少来衡量一个国家的国力，因而出现了“万乘之国”“千乘之国”“百乘之国”等不同的称呼。到了汉代，马车作为战车逐渐退出历史舞台，而主要用来载货运客。这一时期，人们仍然非常看重由马驾的车辆，以乘马车为尊贵。上层阶级的社会活动，往往聚集车马达千百数。陈豨过赵，“宾客随之者千余乘”[1]。《后汉书·周荣传附孙景传》载，周晖兄弟“出入从车常百余乘”。《后汉书·郭太传》载，郭太归乡里，“衣冠诸儒送至河上，车数千两（辆）”。

大体说来，古代的车有以下几种。

（一）轺车

轺车是一马驾驶的轻便车。《释名》[2]曰：“轺，遥远也。四向远望之车也。”《史记·季布栾布列传》载，西汉侠士朱家“乃乘轺车之洛阳”。《晋书·舆

〔1〕《史记·韩信卢绾列传》，北京：中华书局，1959年版。
〔2〕《太平御览》卷七七五《车部四·轺车》引，北京：中华书局，1960年影印版。

服志》载："轺车，古之军车也。一马曰轺车，二马曰轺传。汉世贵辎軿而贱轺车，魏晋重轺车而贱辎軿。"可见轺车是普通人乘的车。

轺传是古代驿站里的轺车，驾两匹马。《汉书·儒林·申公传》载，汉武帝"使使束帛加璧，安车以蒲裹轮，驾驷迎申公，弟子二人乘轺传从"。

▲ 东汉铜轺车

（二）辎軿（píng）

辎軿是辎车和軿车的合称，后世泛指有屏蔽的车子。

辎车是有帷盖的大车，既可载物，又可作卧车。《释名·释车》讲："辎车，载辎重卧息其中之车也。"《汉书·张良传》载："上（刘邦）虽疾，强载辎车，卧而护之。"《后汉书·桓荣传》载："以荣为少傅，赐以辎车乘马。"

軿车是古代贵族妇女所乘的有帷幕的车。《魏书·礼志》载："小行则御绀罽（jì）軿车，驾三马。"

由于辎车和軿车都有帷幕屏蔽，也统称这类车子为辎軿。

《汉书·张敞传》载："礼，君母出门则乘辎軿。"颜师古注："辎軿，衣车也。"《资治通鉴·孝武帝太元十一年》言："秦主登立世祖（苻坚）神主于军中，载以辎軿。"胡三省注："车四面有屏蔽者曰辎軿。"

辎軿一直沿用到清代。清厉鹗《玉泉寺题壁》诗："春来古寺聚辎軿，鱼乐鱼惊镜里悬。"

（三）高车

高车是车盖高，可以立乘的车。《释名·释车》称："高车，其盖高，立载之车也。"《晋书·舆服志》载："车，坐乘者谓之安车，倚乘者谓之立车，亦谓之高车。”后世也用“高车驷马”泛指高大的车子。《覃山人隐居》诗：“高车驷马带倾覆。”

（四）安车

古代可以坐乘的一马小车叫安车。《礼记·曲礼上》载：“大夫七十而致事……适四方，乘安车。”孔颖达疏曰：“古者乘四马之车，立乘。此臣既老，故乘一马小车，坐乘也。”

汉代朝廷用安车来礼遇老年大臣，这种安车用四匹马，称作“安车驷马”。为了防止颠簸，有时还以蒲草裹轮。上述汉武帝“使使束帛加璧，安车以蒲裹轮，驾驷迎申公”即是。《汉书·赵充国传》载：“充国乞骸骨，赐安车驷马。”

（五）辂（lù）车

▲辂车

《释名》曰：“天子所乘曰辂。辂亦车也。谓之辂，言行路也。金辂以金玉饰车也。象辂、革辂、木辂，各随所名也。”

《论语·卫灵公》载：“行夏之时，乘殷之辂，服周之冕。”邢昺疏曰：“殷车曰大辂，木辂也，取其俭素，故使乘之。”

董巴《舆服志》曰：“殷瑞山车，金根之色，殷人以为大辂。于是，秦皇作金根之车。汉承秦制，为乘舆。即孔子所谓乘殷之辂也。”

《卤簿令》曰：“玉辂驾六马……金辂、象辂、革辂、木辂以次相随，并驾六马。”“皇太子金辂驾四马。”“王公以下象辂驾四马。”[1]

由此可知，辂车有玉辂、金辂、象辂、革辂、木辂，始自商朝，秦始皇改坐金根车，两汉沿袭，但仍然有辂车。天子之辂六匹马驾驶，皇太子、王公之辂四马。

先秦时期，天子、国君往往把辂车赏赐给贵族，以示恩宠。《晏子春秋·内篇杂下》载，齐国晏婴“乘弊车，驾驽马”，齐景公派人“遗之辂车乘马”，被谢绝了。周天子曾赐辂车给鲁国贵族叔孙豹，结果引起了季孙氏的忌妒。

按照规定，孔子没有资格乘辂车，但后人将孔子尊为素王，指有帝王之德而未居帝王之位者，并有“千年礼乐归东鲁，万古衣冠拜素王”的说法，所以后人画有孔子乘辂图。

（六）牛车

牛车又称犊车，俗称“大车”。《周礼·考工记·辀人》云：“大车之辕挚。”郑玄注曰：“大车，牛车也。”生活在北方的奚族还制造了一种奚车，一般用牛挽之，不能任重，但利于行山。

先秦两汉时，贫穷之士乘牛车，政府官员乘之则被鄙视。《汉书·蔡义传》载，蔡义“家贫，常步行，资礼不逮众门下，好事者相合为义买犊车，令乘之”。东汉钜鹿太守谢夷吾因乘柴车，被指责为“仪序失中，有损国典”[2]，降职为下邳令。东汉许庆家贫，“为督邮，乘牛车，乡里号曰轺车督邮”[3]。

东汉后期，乘牛车者逐渐增多。汉末游侠孙宾硕“乘犊车，将骑入市”[4]。《后汉书·宦者·单超传》载，汉桓帝时，宦者四侯横行，“其仆从皆乘牛车而从列骑”。

魏晋时期，乘牛车成为一时的风尚。《晋书·舆服志》讲：“古之贵者不乘牛

〔1〕《释名》、董巴《舆服志》《卤簿令》，均为《太平御览》卷七七四《车部三·辂车》引，北京：中华书局，1960年影印版。
〔2〕《后汉书·谢夷吾传》，北京：中华书局，1965年版。
〔3〕《太平御览》卷七七五《车部四·轺车》引谢承《后汉书》，北京：中华书局，1960年影印版。
〔4〕《三国志·魏书·阎温传附张就传》，北京：中华书局，1959年版。

南宋　江参　《盘车图》

◀金 佚名《雪栈牛车图》

车……其后稍见贵之。自灵献以来，天子至士遂以为常乘。”《旧唐书·舆服志》亦载：“魏、晋已降，迄于隋氏，朝士又驾牛车。”西晋石崇、王恺，东晋王导等人都乘牛车。《晋书·石崇传》载，石崇“尝与恺出游，争入洛城，崇牛迅若飞禽，恺绝不能及”。东晋丞相王导将诸妾安置在外，妻子曹氏性妒，要到诸妾处闹事。王导唯恐众妾被辱，赶紧乘牛车前往，“以所执麈尾柄驱牛而进”[1]。

北魏皇帝和皇后也乘牛车。《北史·晁崇传》载，天兴五年（402年）牛大疫，“舆驾所乘巨犗（jiè犍牛）数百头，亦同日毙于路侧，自余首尾相继”。《魏书·礼志四》载，天子、太皇太后、皇太后去郊庙，乘坐一种大楼辇、小楼辇，均由12头牛拉。

据《隋书·礼仪志五》载，南朝梁的画轮车、衣书车、记里车，诸侯、三公有勋德者乘坐的皂轮车、列侯和四品以上官员乘坐的轺车，都用牛来驾驶。直到隋代，上层社会仍风行用牛车。大将军、吏部尚书牛弘之弟牛弼，“尝因醉，射杀弘驾车牛”[2]。

因为牛车能负重且平稳，所以妇女出行也常乘牛车。唐代杨贵妃姊妹“竞车服，为一犊车，饰以金翠，间以珠玉，一车之费，不下数十万贯。既而重甚，牛不能引”[3]。宋代陆游《老学庵笔记》卷二载：“成都诸名族妇女，出入皆乘犊牛。惟城北郭氏车最鲜华，为一城之冠，谓之‘郭家车子’。”

（七）羊车

《释名》[4]曰：“羊车，以羊所驾名车也。”羊车不能负重致远，只能供统治者游戏、玩耍之用。

《晋书·后妃上·胡贵嫔传》载，晋武帝“多内宠，平吴之后复纳孙皓宫人数千，自此掖庭殆将万人。而并宠者甚众，帝莫知所适，常乘羊车，恣其所之，

〔1〕《晋书·王导传》，北京：中华书局，1974年版。
〔2〕《隋书·牛弘传》，北京：中华书局，1973年版。
〔3〕《唐五代笔记小说大观本》，引（唐）郑处诲《明皇杂录》，上海：上海古籍出版社，2000年版。
〔4〕《太平御览》卷七七五《车部四·羊车》引，北京：中华书局，1960年影印版。

至便宴寝。宫人乃取竹叶插户，以盐汁洒地，而引帝车”。竹叶、盐都是羊爱吃的东西，羊到了门口，贪吃就不走了。

魏晋士族放荡不羁，乘羊车成为一时风尚。西晋中护军羊琇乘羊车，被司隶校尉刘毅弹劾。晋武帝自己在宫内乘羊车，又想遏制这种放荡不羁的风气，下诏说：“羊虽无制，非素所乘者，可如所奏。”〔1〕羊琇因此被罢官。

《晋书·卫瓘传》载，卫瓘孙卫玠“总角乘羊车入市，见者皆以为玉人”。文天祥《咏羊》诗“牵引驾车称卫玠”，即指此。

（八）鹿车

鹿车是一种用来载货、载人的人力手推独轮车。《后汉书·赵熹传》载，赵熹“以泥涂仲伯妇面，载以鹿车，身自推之”。李贤注引《风俗通》曰：“俗说鹿车窄小，裁（才）容一鹿。”

《后汉书·列女·鲍宣妻传》载，西汉鲍宣娶少君为妻，陪送妆奁甚盛，鲍宣不悦。少君曰：“既奉承君子，惟命是从。”“乃悉归侍御服饰，更着短布裳，与宣共挽鹿车归乡里。”

▲鹿车

由于鹿车主要是用来载货的手推车，贵族乘坐则有失身份。蜀汉董允要参加葬礼，其父命其乘鹿车前往，“允有难载之色”〔2〕。

三国时，诸葛亮发明的“木牛流马”就是经过改进的鹿车，它不仅能在险狭的山地上行进，而且载重量大大提高，成为蜀军运送粮草的重要工具。

宋代时，流行的江州车也是一种人

〔1〕《太平御览》卷七七五《车部四·羊车》引《晋太元起居注》，北京：中华书局，1960年影印版。
〔2〕《三国志·费祎传》，北京：中华书局，1959年版。

力独轮手推车。宋曾敏行《独醒杂志》卷九载其制曰："江乡有一等车，只轮，两臂，以一人推之，随所欲运，别以竹为篰（bù），载两旁，束之以绳，几能胜三人之力，登高度险，亦觉稳捷，虽羊肠之路可行。"

当时还有一种两人力的独轮车——羊头车。明姜南《瓠里子笔谈·羊头车》曰："自镇江以北，有独轮小车，凡百乘载皆用之。一人挽之于前，一人推之于后，虽千里亦可至矣。谓之'羊头车'。"

清代时，出现了挂帆的独轮车，它巧妙地利用风力以节省人力，显示出劳动人民的聪明才智。

独轮车是我国交通史上的一项重大发明，而欧洲独轮车的出现则比我国晚了1000多年。直到今天，我国一些偏远地区及农村仍然广泛使用，如四川的鸡公车、江南的羊角车、陕西的狗脊梁推轮车等，实际上都是独轮车。山东的小推车更著名，陈毅元帅和粟裕大将都曾盛赞山东人民的小推车在淮海战役中的作用。

车因用途、形状、材料、挽力、工艺的不同，有很多种名称。例如魏晋时期还有一种象车，《晋诸公赞》[1]载："平吴后，南越献驯象，作大车驾之，载黄门鼓吹数十人。"

（九）辇

辇是由两个人挽拉的人力车，亦是后代轿子的前身。《说文十四上·车部》曰："辇，挽车也。"段玉裁注曰："谓人挽以行之车也。"商代铜器《辇卣》上铭刻的辇字，酷似两人挽车之状，有人认为这是商代辇车的真实写照。《左传·成公十七年》载："齐庆克通于声孟子，与妇人蒙衣乘辇而入于闳。"《史记·货殖列传》载，卓王孙迁蜀，夫妻二人"推辇而行"。《汉书·娄敬传》曰："敬脱挽辂。"苏林注曰："一木横遮车前，二人挽之，一人推之。"这种一人推，二人拉的辂车，实际就是辇。

〔1〕《太平御览》卷七七五《车部四·象车》引，北京：中华书局，1960年影印版。

辇一开始上下通用，秦汉以后，便多为皇族所用。《通典・礼典》云：“夏氏末代制辇……秦以辇为人君之乘，汉因之。”《史记・梁孝王世家》载，梁孝王刘武“以太后亲故，王入则侍景帝同辇，出则同车游猎”。

皇族乘坐的辇种类很多，通常称帝辇、凤辇。唐高宗时，始制七辇，“每有大礼，则御辇以来往。爰洎则天以后，遂以为常”[1]。后来又有大凤辇、玉辇、仙游辇、四环金饰辇、平头辇、逍遥辇等。

元代，皇帝出行则乘“象辇”。象辇即驾在大象背上的大木轿子，插有旌旗和伞盖，里面衬着金丝坐垫，外包狮子皮，每只象有一名驭者。象辇虽舒适，但非常不安全。至元十九年（1282年），吏部尚书刘好礼就曾谏言：“象力最巨，上往还两都，乘舆象驾，万一有变，从者虽多，力何能及？”[2]

此外，古代还有驴车、骡车等。东汉灵帝“驾四驴，帝躬自操辔，驱驰周旋，京师转相仿效”。有人评论说：“驴者服重致远，上下山谷，野人之所用耳，何有帝王君子而骖驾之乎？”[3]“（蜀）后主刘禅，乘骡车降邓艾。”[4]直到现在，北方农村仍偶有驴车、骡车。

三、步辇、肩舆、轿子

由于古代道路质量不高，车轮又是用铁皮包的木轮，坐在上面非常不舒服。两晋时便干脆拆掉车轮，改为人抬，称为步辇、肩舆，这就是最初的轿子。《隋书・礼仪志》载：“辇，制象轺车，而不施轮……用人荷之。”

《晋书・山涛传》载：“帝尝讲武于宣武场，涛时有疾，诏乘步辇从。”

《晋书・王导传》载，西晋末琅邪王司马睿初镇建康，吴人不服，“会三月上巳，帝亲观禊，乘肩舆，具威仪，（王）敦、（王）导及诸名胜皆骑从”。

---

〔1〕《旧唐书・舆服志》，北京：中华书局，1975年版。
〔2〕《元史・刘好礼传》，北京：中华书局，1976年版。
〔3〕《后汉书・灵帝纪》注引《续汉志》，北京：中华书局，1965年版。
〔4〕《太平御览》卷七五五《车部四・骡车》引《蜀志》，北京：中华书局，1960年影印版。

《世说新语·简傲》载，东晋王徽之“肩舆径造竹下，讽啸良久”。

唐代画家阎立本画有唐太宗乘步辇接见吐蕃使臣禄东赞的《步辇图》。《因话录》卷三载，郑还古“初家青齐间，遇李师道渐阻王命，扶侍老亲归洛。与其弟自舁（yú 抬）肩舆，晨暮奔迫，两肩皆疮”。

步辇又称篮舆、兜笼、檐子、编舆。白居易有“驿路崎岖泥雪寒，欲登篮舆一长叹”的诗句。《三才图会》中有篮舆图，说：“陶元亮（陶渊明）有脚疾，每有游历，使一门生与其舁以篮舆。”

篮舆、编舆用竹子编造，形状像篮，乘者盘坐于篮中。篮舆上有二梁，以一杠穿过，由二人抬着，大多由妇女乘坐。《新唐书·车服志》载，永徽（650—655 年）中，妇女“坐檐以代乘车”。《册府元龟》也称：“唐文宗时，妇人本来乘车，近来率用檐子，事已成俗。”

兜笼，又名兜子。《旧唐书·舆服志》载，“兜笼，巴蜀妇人所用”“易于担负，京城奚车、兜笼，代于车舆矣”[1]。《新唐书·车服志》亦载：“乾元（758—760 年）初，番将又以兜笼易负，遂以代车。”《桂苑丛谈》载，李德裕曾“召兜子数乘，命关连僧人对事，咸遣坐兜子”。从“易于担负”来看，兜笼应该是网绳状、类似担架一类的辇。

唐时，虽然形成了乘轿的文弱之风，但一般仅限妇女和有疾病的官员，大多数人仍然骑马乘车。

清人福格的《听雨丛谈·肩舆》讲：“唐时宰相乘马，五代始用擔（或作檐）子。”后周时，“轿子”一词正式出现。宋王铚《默记》载：“艺祖（宋太祖）初自陈桥推戴入城，周恭帝即衣白襕，乘轿子出居天清寺。”

宋代时，轿子大兴，出现了花檐子、龙肩舆、山舆、腰舆、板舆、梯轿等新名称。

花檐子即后世的花轿，因其装饰以各种彩色的饰物而得名，主要用于迎亲嫁娶、重大节日等隆重热闹的场合，以增添喜庆气氛。

据《宋史·舆服志二》载，龙肩舆又名“棕檐子”“龙檐子”“舁以二竿，故

〔1〕《旧唐书·舆服志》，北京：中华书局，1975 年版。

▲唐　阎立本　《步辇图卷》

◀明 张翀《蓬山遇辇轴》

名檐子……中兴，以太后用龙舆，后惟用檐子”。其形制为方形棕顶，用朱漆红黄藤编制而成，以百花龙纹帷帐为屏障，红色门帘，朱漆藤座椅，下面设有踏子，内置红罗茵褥，软屏夹幔，供达官贵人及其女眷使用。

山舆又称山轿，是一种形制较为简单、专供行走山路时所使用的轿子。当时的文人士大夫走陡峭的山路，常乘山舆。南宋杨万里《过白沙竹枝歌》诗：“绝壁临江千尺余，上头一径过肩舆。舟人仰看胆俱破，为问行人知得无。”

据《宋史·舆服志五》载，北宋李昉曾奏请：“工商、庶人家乘檐子，或用四人、八人，请禁断，听乘车。”宋太宗诏从之。到宋哲宗时，“京城士人与豪右大姓，出入率以轿自载，四人舁之。甚者饰以棕盖，彻去帘蔽，翼其左右，旁午于通衢”。宋徽宗时，“京城内暖轿，非命官至富民、娼优、下贱，遂以为常”。

南宋迁都江南后，乘轿之风更盛。《朱子语类·本朝二》曰：“南渡以前，士大夫皆不甚用轿，如王荆公伊川皆云不以人代畜。朝士皆乘马。或有老病，朝廷赐令乘轿，犹力辞后受。自南渡后至今，则无人不乘轿矣。”

有坐轿子的，就有抬轿子的。明代谢肇淛《五杂俎》载，南宋“京师之人，衣食于此（抬轿）者，殆及万余”，足见江南轿业之发达。

明清以来，轿子的使用已平民化，“人人皆小肩舆，无一骑马者”[1]。这时期已形成了官民不同的官用轿和民用轿。官用轿即官员乘坐之轿。明朝景泰四年（1453 年），政府规定在京文官三品以上可以乘轿。弘治三年（1490 年）又规定，凡符合乘轿条件的文武官员，只能乘坐四人扛抬大轿，而其他如“五府管事，内外镇守、守备及公、侯、伯、都督等，不问老少，皆不得乘轿”[2]。违例乘轿及擅用八人轿者，严厉惩处。明代正德、嘉靖以后，这一规定逐渐遭到破坏，违例乘轿已成社会风气。

清代时，朝廷按照官员品级的不同，对轿夫的人数、轿子装饰做了详细规定：三品以上汉人文职京官所乘轿舆用银顶，皂色帏帘，在京乘四人轿，出京乘八人轿；四品以下文官用锡轿顶，轿夫两人；直省督、抚，轿夫八人；司、道以下，教职以上坐四人轿；钦差官三品以上坐八人轿。武官不得乘轿，只许骑马。将军、提督、总兵官年老不能骑马者可以报请批准坐轿。[3]官轿除因公受皇上赏识特别赐予的之外，一般由官员自备。清代官员出行乘坐的轿子有严格的限制，不得僭越，所以人们通常一瞧便知轿中之人的身份和官品地位。

民用轿即一般平民所坐之轿，通常是由两人抬的青布小轿。明代时，民间所使用的轿子有暖轿和凉轿之分。暖轿又称暗轿，其顶盖呈四面坡形，四角不上翘，顶尖饰有宝瓶，是一种有帷幔遮蔽的轿子。凉轿又称亮轿或显轿，其形制为一把大靠椅，两旁扛有竹杠，椅下设有踏脚板，不上帷子，多与华盖罗伞相配用，类似四川山区一带流行的“滑竿”。

---

〔1〕（明）顾起元：《客座赘语》，上海：上海古籍出版社，1999 年版。

〔2〕《明史·舆服志一》，北京：中华书局，1974 年版。

〔3〕见《清史稿·舆服志一·皇帝五辂》，北京：中华书局，1977 年版。

四、船

（一）刳（kū）木为舟，剡（yǎn）木为楫

我国古代最早的船是筏子和独木舟。筏子的制作比较简单，用几根树干或竹子排扎在一起即可。《物原》语："伏羲始乘桴。"《论语·公冶长》载孔子语曰："道不行，乘桴浮于海。"桴即筏子。

独木舟是用一段粗大的树干挖成的小船。《淮南子·说山训》讲："见窾（kuǎn）木浮而知为舟。""窾木"即中空木。《易经·系辞下》说，伏羲氏"刳木为舟，剡木为楫"。《汉书·地理志上》说，黄帝"作舟车以济不通"。另外还有共鼓、巧垂、伯益、番禺凿舟的神话。

到商代，出现了用数块木板组装而成的木板船。受筏子制作原理的启发，人们将两舟连接起来，又制造出了能提高稳定性和装载量的舫。《通俗文》云："连舟曰舫。"

周代规定："天子造舟，诸侯维舟，大夫方（舫）舟、士特舟，庶人乘泭（桴）。"[1]天子乘坐由多条船连成的造舟，诸侯乘坐"维连四船"的维舟，大夫乘"并两船"的方舟，士乘单只船的特舟，一般平民则只能乘筏。

连接多条船只的造舟、维舟、方舟的出现，说明人们已经知道防止船的摇晃和颠簸，但也从另一个方面说明，限于当时的技术水平，还不能制造形制太大的船。

（二）橹、舵、帆、锚

先秦时，船的动力主要是操桨，秦汉时出现了橹。橹是一种效率较高的人力推进工具，一橹的功效是一桨的三倍，"用膂力然后舟行也"。长沙伍家岭西汉

〔1〕《尔雅·释水》，载《十三经注疏》，北京：中华书局，1980年影印版。

明　张宏　《舟泊吴门图》

船模型显示了橹的早期形态，山东沂南东汉画像石的内河航行船图像可以看出橹的进一步发展和成熟。橹是我国造船与航行技术的一项杰出发明，有的外国学者称："橹可能是中国发明中最科学的一个。"

汉代还出现了舵、帆和锚。

舵当时又称柁或柂，用来控制船的航向。东汉刘熙《释名·释船》讲："其尾曰柂。柂，拖也，在后见拖曳也，且言弼（辅助）正船，使顺流不他戾（拐弯）也。"1955年，广州近郊一座东汉墓中出土了一只陶制船模型，长54厘米，宽11.5厘米，高16厘米，船首系锚，船尾有一宽叶桨板，似作掌舵，一般认为这是我国发现的、最早的舵。

风帆是利用风力使船航行速度加快的器具，始见于东汉中期。《释名·释船》曰："帆，泛也。随风张幔曰帆，使舟疾，泛泛然也。"马融的《广成颂》对帆的使用情况作了生动的描写："方余皇，连舼舟，张云帆，施蜺帱，靡飔风，陵迅流，发櫂歌，纵水讴，淫鱼出，蓍蔡浮，湘灵下，汉女游。"[1]为了增加受风面积，更充分地利用风力，还出现了双桅以至三桅、四桅船。

锚到东汉时已渐趋成熟。上述广州东汉陶制船模型首部悬挂有锚，其性质已经脱离了锚的初始阶段，锚上既有锚爪又有横杆，使锚爪易于插入水底泥中，基本上具备了后世锚的特点。

（三）楼船、轮船、指南针、神舟、宝船

秦汉时期，出现了多型式的船只，如舸、舫、艇、扁舟、轻舟、舲舟，以及用于军事的先登船、赤马舟、斥候船、楼船、戈船、艨艟等。

最能说明造船技术高超的是"楼船"。《史记·平准书》载，汉武帝在京师昆明池"治楼船，高十余丈"。东汉刘熙《释名·释船》讲，这种楼船有庐、飞庐、雀室三个楼层："船上屋曰庐，象舍也；其上重室曰飞庐，在上故曰飞也；又在其上曰雀室，于中候望，若鸟雀之惊视也。"由于制作楼船是用于军事，故汉代

〔1〕《后汉书·马融传》，北京：中华书局，1965年版。

的水军称楼船。楼船也可供出行游乐使用，《后汉书·公孙述传》载，公孙述曾建造“十层赤楼帛兰船”，这种豪华壮观的楼船即供公孙述出行享乐之用。

▲南宋　佚名　《早秋夜泊图》

唐代出现了车船，即轮船，用轮子转动划水，推动船前进，比欧洲早800多年。《旧唐书·李皋传》载：“挟二轮蹈之，翔风鼓浪，疾若挂帆席。”这是当时世界上最早的轮船。车船到宋代时大行于世。南宋起义军杨幺使用的大车船，长30余丈，宽4丈有余，高3层，可载千余人，轮桨多达32个，“以轮激水，其行如飞”[1]。唐朝造船已普遍采用了卯榫相接、铁钉钉连的方法，这比木钉、竹钉联结要坚固牢靠得多。如1960年3月江苏扬州出土的唐代木船，使用的便是榫接钉合技术。而且此时的船舱已用隔舱板间隔成数间，予以密封，称为水密舱。这种结构大大提高了船舶的坚固性和抗沉性，是中国对世界造船技术的一大贡献，其他各国直到18世纪末才开始吸收这种先进技术。唐人李肇《唐国史补》还提到一种俞大娘航船：“江湖语云：‘水不载万。’言大船不过八九千石。然则大历、贞元间，有俞大娘航船最大，居者养生、生死、嫁

〔1〕《宋史·岳飞传》，北京：中华书局，1975年版。

娶悉在其间。开巷为圃，操驾之工数百。”一条船竟囊括了衣、食、住、行、养生、生死、嫁娶，还能开圃种花植菜，其规模可想而知。

宋代的船只已广泛使用指南针，并应用于航海。北宋朱彧在《萍洲可谈》中写道：“舟师识地理，夜则观星，昼则观日，阴晦观指南针。”宋代工匠还能根据船性能和用途的不同要求，先制造出模型，进而画出船图，再依据模型和图进行施工。而欧洲在 16 世纪才出现简单的船图，落后中国三四百年。宋神宗时，明州建造的“神舟”，又称万斛船，规模宏大，载重量在 1100 吨以上。宣和年间，徐兢出使高丽乘坐的便是万斛船，“长阔高大、什物器用、人数，皆三倍于客舟”，航行时“巍如山岳，浮动波上，锦帆鹢首，屈服蛟螭”，以至驶达高丽国时，高丽人“倾国耸观，而欢呼嘉叹”[1]，惊赞不已。

明代造船场之一的龙江船场占地约 8100 亩，年产超过 200 艘，郑和下西洋的宝船就是由该场承造的。宝船长 44 丈，宽 18 丈，“张十二帆”[2]，船上篷帆铁锚，“非二三百人莫能举动”[3]。郑和率 62 艘宝船、200 多艘其他船只和 27000 多名船员七下西洋，出使了亚洲、非洲的 30 多个国家，显示了当时中国造船技术和航海能力在世界上的一流水平。

五、马、驴、骡、骆驼

古人驾驶舟车的同时，也骑乘马、驴、骡、骆驼等，主要是骑马。

春秋战国之交，赵武灵王“胡服骑射”，骑马之俗开始流行。魏晋南北朝时马镫的出现，增加了骑乘的稳定性和舒适性，从而避免了没有马镫时的巨大体力消耗，是中国骑乘史上的突破。到唐代，骑马终成一代风尚。上述“服饰风俗”中提到，唐朝宫人皆骑马。《旧唐书·舆服志》载：“开元十一年冬，（玄宗）将有事于南郊，乘辂而往，礼毕，骑而还。自此行幸及郊祀等事，无远近，皆骑

〔1〕（宋）徐兢：《宣和奉使高丽图经》卷三十四《客舟》《神州》，北京：中华书局，1985 年版。
〔2〕（明）费信：《星槎胜览·占城国》，北京：海洋出版社，2005 年版。
〔3〕（明）巩珍：《西洋番国志·自序》，北京：中华书局，1961 年版。

◀宋　李用及《神骏图立轴》

于仪卫之内。其五辂及腰舆之属，但陈于卤簿而已。”上行下效，更加剧了骑马之风的蔓延。当时朝臣上朝骑马已成惯例，尚秉和在《历代社会风俗事物考》中说：“夫官至四品，在唐时亦尊甚矣，而骑马赴朝。可见当时朝臣殆无不骑马也。”另外，“两骑翩翩来者谁”“良人玉勒乘骢马”“骑马过斜桥”“马上相逢无纸笔”等，无不反映出唐时骑马之盛。唐代不仅男子骑马，女子出行也一度风行骑马。《唐传奇》曰：“从二女奴，皆乘白马。”盛唐时女子骑马的习俗以杨贵妃之姊、虢国夫人最为张扬。据《明皇杂录》载，虢国夫人“每入禁中，常乘骢马，使小黄门御。紫骢之俊健，黄门之端秀，皆冠绝一时”。画家张萱的《虢国夫人游春图》也描绘了虢国夫人与女眷骑马出行游玩的景象。《旧唐书·舆服志》中，刘知几叙述了骑马风俗的演变：

古者自大夫已上，皆乘车而以马为騑服。魏晋已降，迄乎隋代，朝士又驾牛车……至如李广北征，解鞍憩息；马援南伐，据鞍顾盼。斯则鞍马之设，行于军旅，戎服所乘，贵于便习者也。案江左官至尚书郎而辄轻乘马，则为御史所弹。又颜延之罢官后，好骑马出入闾里，当代称其放诞。此则专车凭轼，可擐朝衣；单马御鞍，宜从亵服。求之近古，灼然之明验也。自皇家抚运，沿革随时。至如陵庙巡谒，王公册命，则盛服冠履，乘彼辂车。其士庶有衣冠亲迎者，亦时以服箱充驭。在于他事，无复乘车，贵贱所行，通鞍马而已。

刘知几的意思是说，由于乘车必须朝衣盛服，骑马则可亵衣便服，所以在唐朝，无论贵贱，祭祀、巡幸、册命、迎亲等正规礼仪场合则坐车，而私下非正规场合则“无复乘车”“通鞍马而已”。

宋代除乘车、轿外，骑马出行的现象也较为普遍。如宋初诗人王禹偁曰：“马穿山径菊初黄，信马悠悠野兴长。”《李学士家谈》云：“先公尝言，近日举子，多衣紫皂衫，乘马以虎豹皮装饰鞍，谒见士大夫。”[1]苏轼有诗云：“横槎

〔1〕《宋朝事实类苑》卷六一《举子投贽》，上海：上海古籍出版社，1981年版。

晚渡碧涧口，骑马夜入南山谷。”

明清时，轿子成为普遍使用的交通工具，但仍保持了骑马出行的风尚。

骑驴出行，往往多是平民。东汉张楷家贫，无以为业，常乘驴到县城卖药。[1]魏晋阮籍喜欢骑驴出行，司马昭任他为东平太守，“籍便骑驴径到郡”[2]。《魏书·萧宝夤列传》载，萧宝夤从南方逃往北方时，曾藏匿于山洞，向居民“赁驴乘之”。

由于骑驴者多为贫穷之士或平民，一般不如骑马者尊贵。隋唐时，驴被称为“劣乘”。隋朝杜子春由富而贫，其出行则相应地“去马而驴，去驴而徒”[3]。《云溪友议》载，冯氏兄弟因贫穷“共有一驴赴京”。因驴子的价格便宜，所以在民众中普遍使用。一些隐居高士或我行我素的人，往往以骑驴为超凡脱俗之举，并以此为尚。唐德宗时山人宰相李泌喜欢骑驴上朝，杜甫、贾岛等也都经常骑驴出行。宋人骑驴出行的也颇多。如苏轼《和子由渑池怀旧》诗云：“路长人困蹇驴嘶。”陆游《剑门道中遇微雨》诗：“细雨骑驴入剑门。”王安石言：“辞相位，居钟山，惟乘驴。”[4]北宋张择端的《清明上河图》中有驴数十匹，有驮运杂物的，有拉车运货的，有饮水喂料的，更有驮人代步的，可知历代市井中使用毛驴是很普遍的。

驴善驮负，便于妇人、小孩骑乘。俗话说“骑驴看唱本，走着瞧”，说明看着唱本也能骑驴。清代诗人富察明义在《中顶竹枝词》中描写妇女骑驴赶庙会回家的情景说：“庙散人空日已斜，跨驴红袖慢归家。”

由于骑驴者众多，便出现了靠赶毛驴供人乘骑的行业，称作“赶脚”。唐代杜佑《通典·食货·历代盛衰户口》讲，唐代“东至宋、汴，西至岐州，夹路列店肆待客，酒馔丰溢。每店皆有驴赁客乘，倏忽数十里，谓之‘驿驴’”。这种“驿驴”，应是“赶脚”的前身。清末，北京人进城或城里人出城，都爱租骑小毛驴。因而在北京的四城门洞有许多牵着毛驴“赶脚”的驴把式，他们了解自己毛

〔1〕《后汉书·张霸传》，北京：中华书局，1965 年版。
〔2〕《世说新语·任诞》刘孝标注引《文士传》，载《诸子集成》，上海：上海书店，1986 年影印版。
〔3〕《太平广记》卷一六《杜子春》，北京：中华书局，1961 年版。
〔4〕（北宋）邵伯温：《邵氏见闻录》卷十一，西安：三秦出版社，2004 年版，第 137 页。

▲北宋　张择端　《清明上河图》（局部）画中郊野骑驴者的形象

驴的秉性，认路，不论上哪儿，不错不绕。伺候旅客，上驴要架，下驴要搀，牵着驴把客人送到目的地，收缰点钱。固定的短程，驴走熟了路子，可以自行往来，驴把式则不必跟着一趟趟地往返跑路了。旧时北方媳妇骑毛驴回家，是北方一大风俗景观。河南曲剧、山东吕剧、五音戏《王小赶脚》，反映的就是这一风俗。

古人有时也乘骡子、骆驼出行。

《三国典略》载："（南朝）齐阳休之尝乘骡游于公卿门，略无惭色。"《太平广记》载，唐人李泌"所乘骡忽惊轶而走"。唐朝蔡州藩镇军队中有"骡子军""最

为劲悍，官军恒警备之”[1]。骡子既已作为军队作战的骑乘，骑骡子肯定已有很长的历史了。南宋周密《齐东野语》卷一九《清凉居士词》讲：“韩忠武王以元枢就第，绝口不言兵，自号清凉居士。时乘小骡，放浪西湖泉石间。”

骑骆驼者，如《资治通鉴·天宝十二载》载，哥舒翰“每遣使入奏，常乘白橐驼，日驰五百里”。《宋史·高昌传》云：“行者皆乘橐驼。”到今天，骆驼仍然是沙漠地区必不可少的交通工具。

〔1〕《太平御览》卷九〇一《兽部·骡》引《唐书》，北京：中华书局，1960年影印版。

岁时风俗即年、季、月、节气、候、日、时、更、刻等时间体系，以及观测、区分、使用这些岁时的历法、器具、名称、习惯等。它是人类对宇宙、光阴的认知水平发展到一定阶段的产物，其形成是一个历史积淀的过程。它反映一定时代人们的生活方式、心理特征、审美情趣和价值观念。正是因为有了它，人们才年复一年、月复一月、日复一日地沿着历史的长河走过来了。

第五章（上）

岁时风俗

第1节 年、月、季和古代的历法

一、年、月、季

年在古代有多种名称，《尔雅·释天》载：“夏曰岁，商曰祀，周曰年，唐虞曰载。”

古人很早就知道，将月亮盈亏一个周期，亦即月亮绕行地球一周作为一个月，也叫“朔望月”；把庄稼成熟的一个周期，即春播秋获称作一年。所以，古代先有春秋，后有冬夏，春秋就代表一年，孔子写的历史就叫《春秋》。东汉郑玄注释《诗经·鲁颂·閟宫》中的“春秋”说：“春秋，犹言四时也。”年在古代写作“秊”，《说文七上·禾部》载：“秊，谷熟也。”庄稼收成好，叫“有年”。《谷梁传·宣公十六年》载：“五谷大熟，为大有年。”至今人们仍把庄稼丰收称作“年成好”。

中国古代历法不纯属阴历，是一种阴阳合历[1]，月的概念是阴历，年的概念是阳历。实际上地球绕太阳公转1周的时间约为365.2425天，

〔1〕春秋战国到秦朝，中国古代共有黄帝历、颛顼历、夏历、殷历、周历、鲁历6种历法，其共同特点是以365+1/4日为一个回归年，由于分母中有4，故又称为四分历；以29+499/940日（29.530851）为一朔望月；19年7闰。六历的差别主要是岁首和施行地区不同。

岁时来自古代的历法，而历法又与农业生产紧密相连。尧的时候，“乃命羲和，钦若昊天，历象日月星辰，敬授民时”。即尧命令羲和，遵守上天的旨意，根据日月星辰的运行来制定历法，确定年、月、日、时。

而月亮盈亏 12 个周期，即 12 个月的时间平均是 354.3672 天，比它少了约 10.8753 天，积 3 年就多出了 1 个多月。对于阳历、阴历，古人并不清楚，但阴历的月和阳历的年的矛盾，他们却能直观地发现。比如原来 3 月播种，3 年后就成了 4 月播种，再往下延续，就成了 10 月了。为了解决这个矛盾，商代开始置闰，即每 3 年设一个闰月。《尚书·尧典》云："以闰月定四时，成岁。"孔颖达疏曰："一岁有余十二日，未盈三岁足得一月，则置闰焉。"春秋时期又确定了 19 年 7 闰法，来调整阴历的月，让它与阳历的年同步。

商周时期，一般把闰月放在年末，称作"十三月"。秦朝使用的《颛顼历》以十月为岁首，九月是年末，闰月叫"后九月"。秦汉以后，随着历法的逐步精密，安置闰月的历法更加准确合理，把不含中气的月份作为闰月，直到今天仍然使用。

《周易·节》载："天地节而四时成。"天地有节而形成了春、夏、秋、冬四时，也称四季。我国历法发展史经过"观物象""观星象"等阶段。顾炎武《日知录》卷三十《天文》讲："三代以上，人人皆知天文。"这是观星象。通过观星象，人们确定，黄昏时北斗星斗柄指向东方是春天，黄昏时北斗星斗柄指向南方是夏天，指向西方是秋天，指向北方是冬天，由此来确立一年的四季。孔子讲："天何言哉，四时行焉，百物生焉。"[1]四时就是由春播秋获和观星象产生的。

中国传统的农历把一年分为 12 个朔望月，一年四季，每季 3 个月。《周礼》[2]曰："凡四时成岁，岁者春、秋、冬、夏，各有孟、仲、季，以名十有二月。"古代除用正月、二月、三月等序数纪月外，还用四季来命名一年的 12 个月。春天的 3 个月称孟春、仲春、季春，夏天的 3 个月称孟夏、仲夏、季夏，秋天的 3 个月称孟秋、仲秋、季秋，冬天的 3 个月称孟冬、仲冬、季冬。

农历的第一个月也称正月。《春秋·隐公元年》言："元年，春，王正月。"西晋杜预注曰："凡人君即位，欲其体元以居正，故不言一年一月也。"可知正月的"正"是人君常居正道，以施政教之义。农历十一月又称冬月，是因为在没

〔1〕《论语·阳货》，载《诸子集成》，上海：上海书店，1986 年影印版。
〔2〕《太平御览》卷一七《时序部二·四时》引，北京：中华书局，1960 年影印版。

有闰月的情况下，冬至一般在这个月。从秦朝开始把农历十二月称为“腊月”，后世因之。《史记·陈涉世家》载：“腊月，陈王之汝阴。”《风俗通义·祀典》载：“腊者，猎也，言田猎取禽兽，以祭祀其先祖也。或曰：腊者，接也，新故交接，故大祭以报功也。”农历十二月猎取禽兽以祭祀祖宗神灵，辞旧迎新，故称腊月。

现在无论是农历还是阳历，都有某月上旬、某月中旬、某月下旬的说法，这一岁时风俗远古就有。

中国古代用天干纪日，每10日周而复始，所以远古时期就以10天为“旬”。《尚书·尧典》称：“期，三百有六旬有六日。”《庄子·逍遥游》中也使用了“旬”的概念：“旬有五日而后反（返）。”

唐朝时即把每月的前10天称作上旬，第二个10天称作中旬，余下的天数称作下旬。唐人段成式《酉阳杂俎》卷十七《广动植之二·虫篇》载：“蚺蛇……其胆上旬近头，中旬在心，下旬近尾。”

唐朝官吏每10天休息洗沐一次，称作“休浣”“休沐”，后因称每月上、中、下旬为上浣、中浣、下浣。《新唐书·刘晏传》载，刘晏“质明视事，至夜分止，虽休浣不废”。明人杨慎《丹铅录》载：“俗谓上浣、中浣、下浣为三浣，盖本唐制十日一休沐，而今犹袭之也。”

值得注意的是，“旬”在古代有十、周、满等多种含义。“旬月”指整一个月，也指10个月。《三国志·魏书·凉茂传》云：“旬月之间，襁负而至者千余家。”此处是指一个月。《汉书·车千秋传》云：“旬月取宰相封侯，世未尝有也。”这里是指10个月。“旬年”与“旬月”同样。《后汉书·何敞传》称：“旬年之间，历显位，备机近。”《汉书·翟方进传》云：“旬年间，免两司隶。”都是指一年。颜师古注曰：“旬，遍也，满也。旬岁，犹言满岁也。”而我们说的七旬大庆，则是指7个10年，即70岁。《三国志·魏书·刘廙传》云：“修之旬年，则国富民安矣。”这个“旬年”即10年。

农历的朔望月，每月初一称作“朔”，月亮和太阳同时从东方升起，从地面看不到月亮任何明亮的部分；每月十五月圆，称作“望”，十六称作“既望”；每月最后一日称作“晦”。

二、农历和阳历

世界上的历法有三类：第一类是阳历，全称叫太阳历，又称公历，中国也称“国历”。阳历力求年的长度精确地与地球绕太阳公转周期365.2425天相符合，月的长短则是人为决定，与月亮圆缺无关。现代各国通用的公历就是由阳历改编而成的。第二类是阴历，全称叫太阴历，以月亮的月相周期，即朔望月29.5306天为1个月，大月30天，小月29天，12个月为1年，1年354天或355天。第三类是阴阳合历，努力调和阴阳，既保证每年的时间与地球公转的时间相同，又力求一月的周期与月亮运行的周期相等，中国传统的历法就是阴阳合历，称作农历、旧历、阴历、夏历、华历、汉历、中历等。把它称作阴历，只是约定俗成的称呼，其实它不是严格的阴历。

采用阳历是辛亥革命以来我国岁时节庆最明显的变化。1912年1月1日，中华民国临时大总统孙中山通电各省，民国改用阳历，以1912年1月1日（黄帝纪元四千六百零九年十一月十三）为民国元年元旦。至此，民国政府，以及报纸、电讯传播处等单位，均采用阳历。从此，中国开始了两历并行的历史。民国二十三年山东《夏津县志续编》载：“民国肇始，改用阳历……迨党国统一，有鉴于斯，称国历以示郑重，订罚则以严遵守，惟各界狃于习惯，废历节序依旧举行。”民国二十三年山东《临清县志》[1]载：“授时之典，政府颁行者曰‘国历’，即‘阳历’；民间沿用者曰‘夏历’，即‘阴历’。”

中国传统的农历有现代阳历所不具备的优点：

第一，能较好地与四季对应，岁首正月是春天的第一个月，岁末腊月是冬天的最后一个月，一年四季，一季三个月，四季分明。

第二，能准确地反映月相，每月的朔日（初一），从地面看不到月亮任何明亮的部分；每月的望日（十五），必定是月圆。

---

〔1〕丁世良、赵放主编:《中国地方志民俗资料汇编》华东卷上引，北京：书目文献出版社，1995年版，第142、340页。

第三，能准确地计算大海的潮汐涨落。沿海百姓都知道一句“初一、十五两头干”的谚语，意思是每逢初一、十五，早上和傍晚总是退潮。

然而，农历又有许多明显的缺点：

第一，有不确定闰月，有了闰月一年就有十三个月、二十五个节气，会出现双春年。而农历平年中，有的年份只有二十三个节气，二十四节气唯独少了个立春，叫“无春年”。

例如，农历2017年闰六月，正月初七立春，腊月十九又立春，是双春年。农历2018年正月没有立春，但腊月三十是立春。2019年则是无春年。农历2020年闰四月，正月十一立春，腊月廿二又立春，是双春年。农家在长期观察中发现，双春年豆类作物往往歉收，民谚叫作“一年两头春，带角的贵齐金”[1]。

第二，农历一年长度长者达385天，短者只有353天，误差太大。农历的2017年闰六月，一个农历年有384天。

阳历的优点有：

第一，具有世界通用性，在时间上和世界同步。

第二，月数、天数固定，置闰规则，历年只有365日和366日两种，误差很小。“一三五七八十腊，三十一天永不差；四六九冬三十天，唯有二月二十八。”说的就是阳历的准确性。

第三，由于阳历没有闰月，二十四节气在哪个月、哪一天基本是固定的。中国传统的二十四节气，用公历计算更为准确。所以，民国实行阳历以来，二十四节气歌很快形成。

当然，阳历也有不可克服的弱点：

第一，岁首元旦没有明显的物候标志，春天从阳历2月开始，一年之初春打头，让人在感觉上就很别扭。

第二，阳历的月不反映月亮的圆缺变化，与月亮毫无关系，不是真正意义上的月。

---

〔1〕丁世良、赵放主编：《中国地方志民俗资料汇编》华东卷上引民国二十三年《夏津县志续编》，北京：书目文献出版社，1995年版，第145页。

农历、阳历各有短长，两历并用互补才能综合两种历法的优点而避免其缺点。例如，古人发现，如果立秋来得晚，天气炎热，必定庄稼丰收。来得早则天气凉得早，不利于庄稼生长。农谚讲：“六月秋，样样丢；七月秋，样样收。”正因为阴历不准确，才出现六月立秋、七月立秋的不固定现象。如果纯用阳历，立秋永远在 8 月 8 日前后，根本没有六月秋、七月秋，这句农谚就“死”了，或者说失去它的意义了。

然而，两历并用又导致了一种重复、荒唐的现象：一年过阳历年、农历年两个年，放两次年假，不仅不觉得滑稽、荒唐，反而觉得理所当然。若按此逻辑推理，所有的节日都有阴、阳两个日期，都可以一年过两次，两个清明、两个端午、两个中秋节。一人一年可以过两次生日，如果碰上闰月，还可以过三次。一个死人一年有两个忌日，他要死两次或者死三次。然而，风俗文化本身就具有矛盾组合性，是不能较真儿的。

第2节 一日之内的计时

一、六十甲子

六十甲子又称六十花甲子，从商周到秦汉，逐渐把它推广到纪日、纪时、纪年、纪月当中。商周时期已有甲、乙、丙、丁、戊、己、庚、辛、壬、癸共10个传说的太阳名，称作“天干”“十干”；又有子、丑、寅、卯、辰、巳、午、未、申、酉、戌、亥共12个月名，称作“地支”，二者合称“干支”。当时是用干支循环组合纪日，甲子、乙丑、丙寅……60日一循环。孔子的《春秋》、左丘明的《左传》、公羊高的《公羊传》，都用干支纪日。如《左传·僖公五年》载：“冬十二月丙子朔。”用“丙子”纪十二月初一。以此类推，“丁丑”是十二月初二，“戊寅”是初三……《左传·襄公十九年》又载：“夏五月壬辰晦，齐灵公卒。”用“壬辰”纪五月三十日。到了东汉，正式用干支纪年。这样纪年、纪日、纪时，都用六十甲子了。

干支纪月用得不太普遍，只是后来星相家用来推算八字。旧时星相家以人出生的年、月、日、时为“四柱”，合四柱之干支即为人的生辰“八字”。比方说，农历1911年10月10日12时

古代一日之内的计时，与六十甲子紧密相关。在没有钟表的情况下，时刻的确定，白天看太阳，晚上看星星，准确的时刻则要靠日晷和漏刻。

是辛亥年、己亥月、甲辰日、庚午时，如果出生在这个时刻，他的“八字”就是“辛亥己亥甲辰庚午”。

二、日晷（guǐ）和漏刻

有些时刻虽然可以靠鸡鸣、日出、隅中、日中、日昳、日入、黄昏等天色变化和禽兽活动来判断，但精准地划分，或者是在阴天看不到太阳、星星时，则要靠日晷和漏刻。

日晷的“日”指太阳，“晷”是影子，日晷的意思为“太阳的影子”。日晷也指白天测日影、定时间的仪器。

▲北京故宫太和殿前的明代日晷

最古老的日晷叫土圭，在地上垂直立一根竿子，以观察太阳投射的影子。后来用玉制作，仍称土圭。《周礼·地官·大司徒》称：“以土圭之法测土深，正日景（影）。”又《周礼·春官·典瑞》云：“土圭以致四时日月。”

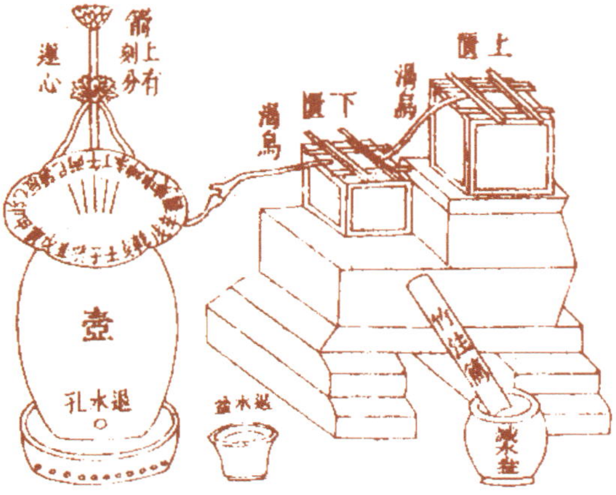

▲唐　吕才漏刻图

日晷由晷盘和晷针组成。晷盘是一个带刻度的石圆盘，中央装一根与盘面垂直的铜晷针，也称作“表”。北京故宫太和殿前的明代日晷，至今犹存。大家知道，一天的日影在不断地改变。北半球早晨的日影在西方，影子最长，随后逐渐变短。中午日影在北方，影子最短，随后又重新变长。傍晚日影在东方。日晷不仅能根据白天日影的长短或方向准确显示出白天的时辰，还可根据一年日影的长度测量出夏至、冬至、春分、秋分的准确时间。尤其是制定历法时，更是不可缺少的仪器。《汉书·律历志上》载，西汉武帝时，命公孙卿、司马迁等人“议造汉历，乃定东西，立晷仪，下漏刻”。“晷仪”即日晷。

由于日晷必须依赖日照，不能用于阴天和黑夜时，因此周代又有漏刻相配。《周礼·夏官·挈壶氏》曰：“凡军事，悬壶以序聚柝。”东汉郑玄注曰：“郑司农云：悬壶以为漏。”挈壶氏就是周代专司漏刻的官员。

漏刻又称“漏壶”“刻漏”“壶漏”“玉漏”，是用漏壶计时的仪器，与日晷合称“表漏”“晷漏”。漏壶有一个贮水壶和一个受水壶，受水壶里有带浮标的立箭，刻有刻度，立箭随蓄水逐渐上升，露出刻数，以显示时间。西汉初的漏刻只有一个贮水壶，水压变化大，计时的精准度较低。元朝延祐（1314—1320年）年间曾出现四个贮水壶的漏刻，四个铜壶自上而下叠置，最上面的铜壶装满水后依次滴入以下各壶，避免了壶内水压变化而滴水不均匀的现象，提高了计时的精准度。

古代把一昼夜24小时分为100刻。《说文十一上·水部》载：“漏，以铜受水，刻节，昼夜百刻。”每刻相当于现在的14.4分钟。清代以后改为96刻，每刻正好15分钟。所以，我们现在把15分钟称为“一刻钟”，就是来自漏刻。

表漏在古代政事、军事中普遍流行。《隋书·天文志》载：“揆日晷，下漏刻，此二者测天地，正仪象之本也。”春秋齐将司马穰苴率军反击“燕晋之师”，和监军庄贾约好“旦日日中会于军门，穰苴先驰至军，立表下漏，待贾”[1]。司马贞索隐按：“立表谓立木为表以视日景（影），下漏谓下漏水以知刻数也。”军事上要保证时间绝对无误，所以同时用日晷和漏刻。当约定的时间过后，司马穰苴“仆表决漏”。索隐按：“仆者，卧其表也。决漏谓决去壶中漏水。”显然是为了便

〔1〕《史记·司马穰苴列传》，北京：中华书局，1959年版。

于行军携带。

明朝万历以后，西方的钟表传入中国，漏刻逐渐弃置不用。

三、十二时辰

十二时辰是古人根据一日间太阳出没的规律、天色的变化以及日常生产活动、生活习惯的特点而创造的独特纪时法。它用十二地支纪一天之内的时间，用现在24小时计算，恰好两小时一个时辰，每个时辰又有特定的名称。

子时，从23点到1点，又称作夜半、子夜。《左传·哀公十六年》载："夜半而遣之。"清人王士禛《池北偶谈·谈异一·地震定数》载："夜半有急叩门者。"

丑时，从1点到3点，又称鸡鸣。《诗经·齐风·鸡鸣》以对话的形式叙述陈贤妃夙夜警戒，催促齐哀公起床。这就是后来"鸡鸣戒旦"的典故。

寅时，从3点到5点，又称昧爽、平旦、平明。曹魏王肃《孔子家语》卷九《五仪解第七》称："昧爽夙兴，正其衣冠。"

卯时，从5点到7点，又称日出、日始、破晓、旭日、旦、早、朝、晨。古代官衙查点人数在卯时进行，故称"点卯"。

辰时，从7点到9点，又称食时、蚤（早）食、朝食，是吃早饭的时间。《左传·成公二年》载，齐军与晋军战于鞌（在今山东济南），齐顷公轻狂地说："余姑剪灭此而朝食。"

巳时，从9点到11点，又称隅中。白居易《十二时行孝文》云："隅中巳，终孝之心不合二。"

午时，从11点到13点，又称日中。春秋齐国司马穰苴为将，与监军庄贾约定"日中会于军门"，庄贾夕时才到，司马穰苴"斩庄贾以徇三军"[1]。我们常说的"午时三刻"，大约是现在的11：45。

〔1〕《史记·司马穰苴列传》，北京：中华书局，1959年版。

未时，从 13 点到 15 点，此时太阳蹉跌而下，开始偏西，故又称日昳（dié）、昃。《尚书·无逸》载："自朝至于日中、昃，不遑暇食。"意思是，从早上 5 点，到中午 12 点，又到下午 3 点，忙得没有工夫吃饭。

申时，从 15 点到 17 点，又称晡时，是吃晚饭的时间。

酉时，从 17 点到 19 点，又称日入、夕、暮、昏、晚。《国语·鲁语下》中，鲁国公父文伯之母提到的"日入监九御"，就是酉时。她还讲："朝夕处事，犹恐忘先人之业。""朝夕"是从卯时到酉时，用来表示从早到晚。

戌时，从 19 点到 21 点，又称黄昏。

亥时，从 21 点到 23 点，又称人定。汉乐府曰："奄奄黄昏后，寂寂人定初。"

春秋齐国人宁戚《饭牛歌》称："从昏饭牛薄夜半，长夜漫漫何时旦。"[1] 用了"昏""夜半""旦"三个时辰名称。《史记·留侯世家》载，秦末张良在桥上与一老人约见，也用了"平明""鸡鸣""夜未半"（未到夜半）3 个时辰名称，说明这些时间概念很早就在民间流行。

明末清初，从欧洲传入了钟表，带来了新的"时"。为了区分这两个"时"，中国十二时辰的"时"称作"大时"，或仍然称作"时"，而西方传入的则改称为"小时"。

四、更和鼓

汉魏以来，又用更、鼓和甲、乙、丙、丁、戊来计算夜间的时间。《世说新语·言语》载，东汉祢衡曾被曹操"谪为鼓吏"。北齐颜之推《颜氏家训·书证》对此做了系统的解释：

> 或问："一夜何故五更？更何所训？"答曰："汉、魏以来，谓为甲夜、乙夜、丙夜、丁夜、戊夜。又云'鼓'，一鼓、二鼓、三鼓、四鼓、五鼓，亦

〔1〕《史记·鲁仲连邹阳列传》裴骃集解，北京：中华书局，1959 年版。

云一更、二更、三更、四更、五更，皆以‘五’为节。《西都赋》亦云：‘卫以严更之署。’所以尔者，假令正月建寅，斗柄夕则指寅，晓则指午矣。自寅至午，凡历五辰（寅卯辰巳午）。冬夏之月，虽复长短参差，然辰间辽阔，盈不过六，缩不至四，进退常在五者之间。更，历也，经也，故曰五更尔。”

夜，分甲夜、乙夜、丙夜、丁夜、戊夜共 5 个时间单位，每个单位 2 小时，用来计算夜间的时间。丙夜相当于子时。《资治通鉴·魏纪七·邵陵厉公嘉平元年》曰：“自甲夜至五鼓。”元胡三省注：“甲夜，初夜也。夜有五更：一更为甲夜，二更为乙夜，三更为丙夜，四更为丁夜，五更为戊夜。”

更，与夜相同，也用来计算夜间的时间，共五更，一更约 2 小时，三更相当于子时。

古代击鼓报更，故鼓为更的代称。一更一鼓相当于戌时，也称甲夜；二更二鼓相当于亥时、乙夜；三更三鼓相当于子时、丙夜；四更四鼓，相当于丑时、丁夜；五更五鼓，相当于寅时、戊夜。

《南史·檀道济传》载，南朝宋檀道济之弟檀祗东晋末任广陵相，有亡命徒司马国璠兄弟率百余人夜间攻入广陵（治今江苏扬州），并欲进攻府衙。檀祗被射伤，语左右曰：“贼乘暗得入，欲掩我不备，但打五鼓惧之，晓必走矣！”亡命者听到鸣鼓，知天将拂晓，乃奔散。

唐朝初年，京师还用击鼓来警示晨、暮，这一方法起自唐朝人马周。《旧唐书·马周传》载：“先是，京师诸街每至晨暮，遣人传呼以警众。周遂奏诸街置鼓，每击以警众，令罢传呼，时人便之。”由马周创造此法可知，古人对更、鼓是非常熟悉的。

第3节 二十四节气

一、少昊氏以鸟名官

前面说到，古人通过观星象确立了春、夏、秋、冬四季，而在观星象之前则是观物象，也叫观物候。物候指植物冬芽萌动、抽叶、开花、结果，动物的冬眠、复苏、繁育、换毛、迁徙，以及非生物现象如始霜、始冻、始化冻等对节候的反映。中国老百姓讲的“花木管时令，鸟鸣报农时”就是观物候，二十四节气就是通过观物候而逐渐发现的。

二十四节气起源于古代东夷族少昊氏的候鸟纪历法。《左传·昭公十七年》载，春秋郯国（在今山东郯城北）是少昊的后裔，郯子到鲁国，叔孙昭子问：“少昊氏鸟名官，何故也？”郯子以无限的自豪感，滔滔不绝地讲述了先祖这段远古职官史。少昊以知天时的凤鸟氏任历正，总管历法方面的事务。历正之下再设四官：玄鸟氏即燕子，春分来，秋分去，负责主管春分、秋分；伯赵氏即伯劳鸟，夏至鸣，冬至止，主管夏至、冬至；青鸟氏即鸧（cāng）鹒，立春鸣，立夏止，负责主管立春、立夏；丹鸟氏即锦鸡，立秋来，立冬去，主管立秋、立冬。这五个鸟图腾氏族是

由于中国传统的农历不精确，不方便指导农业生产，于是另创造了类似公历的二十四节气。它根据太阳在黄道（即地球绕太阳公转的轨道）上的位置来划分，可以说是古代精确的阳历，便于指导农事。

主管历法的官。从这段记载来看，在传说的东夷族少昊氏时就已经通过知天时的候鸟来确定春分、秋分、夏至、冬至、立春、立夏、立秋、立冬了。春秋战国时期，又运用圭表测日影的方法确定了春分、夏至、秋分、冬至等的具体时间。秦汉间，二十四节气完全确立。通常在朔望月的分布如下表：

正月	二月	三月	四月	五月	六月	七月	八月	九月	十月	冬月	腊月
立春	惊蛰	清明	立夏	芒种	小暑	立秋	白露	寒露	立冬	大雪	小寒
雨水	春分	谷雨	小满	夏至	大暑	处暑	秋分	霜降	小雪	冬至	大寒

二十四节气比较准确地反映了一年季节、温度、气象、物候等方面的变化，从北方流行的农谚即可看出它对农业生产的指导作用。例如：清明前后，种瓜种豆；清明麻，谷雨花，立夏栽稻点芝麻；立秋无雨是空秋，万物历来一半收；白露早，寒露迟，秋分种麦正合适；立冬萝卜小雪菜；等等。

二、七十二候

七十二候是中国古代结合天文、气象、物候的知识分解二十四节气的历法。它源于黄河流域，至晚成书于战国的《逸周书·时训解》有完整的记载。七十二候把每个节气分为 3 候，每候 5 天。各候均以一个物候现象相应，称“候应”。各个节气的气象、物候特征一目了然。

立春：初候东风解冻；二候蛰虫始振；三候鱼陟负冰，鱼渐上游而近于冰。

雨水：初候獭（tǎ）祭鱼，獭咬死鱼后陈列整齐若祭祀；二候（小）雁北；三候草木萌动。

惊蛰：初候桃始华（开花）；二候仓庚（黄鹂）鸣；三候鹰化为鸠，天气渐暖，鹰开始躲起来繁育后代，原本蛰伏的鸠鸟开始鸣叫、求偶。

春分：初候玄鸟（燕）至；二候雷乃发声；三候始电。

清明：初候桐始华，即白桐花开放；二候田鼠化为鴽（rú，鹌鹑），田鼠躲回

▲北宋　张择端　《清明易简图》

洞穴，鸳鸟开始出来活动；三候虹始见。

谷雨：初候（浮）萍始生；二候鸣鸠拂其羽，斑鸠开始鸣叫着梳理自己的羽毛；三候戴胜（织网之鸟，一名戴鵀）降于桑，女功兴而戴鵀鸣。

立夏：初候蝼蝈鸣；二候蚯蚓出；三候王瓜生，王瓜的蔓藤开始快速攀爬生长。

小满：初候苦菜秀；二候靡草死；三候麦秋至，小麦籽粒开始饱满。

芒种：初候螳螂生；二候鵙（伯劳）始鸣；三候反舌（百舌鸟）无声。

夏至：初候鹿角解（脱落）；二候蜩（tiáo，蝉）始鸣；三候半夏（药草）生。

小暑：初候温风至；二候蟋蟀居壁（避暑热）；三候鹰始鸷，老鹰因地面气温太高而在清凉的高空中活动。

大暑：初候腐草为萤，萤火虫产卵于枯草上，此时萤火虫卵化而出，古人认为萤火虫是腐草变成的；二候土润溽（rù，湿）暑，天气闷热，土地潮湿；三候大雨行时。

立秋：初候凉风至；二候白露降；三候寒蝉鸣。

处暑：初候鹰乃祭鸟，鹰把捕到的猎物摆放在地上，如同陈列祭祀；二候天地始肃（清）；三候禾乃登。

白露：初候鸿雁来；二候玄鸟归；三候群鸟养羞，储备粮食过冬。

秋分：初候雷始收声；二候蛰虫坯户，修理洞穴，准备冬眠；三候水始涸。

寒露：初候鸿雁来宾，大雁南飞；二候雀入大水为蛤，雀鸟都不见了，海边很多蛤蜊贝壳出现与雀鸟相似的花纹和颜色，古人误以为是雀鸟变成的；三候菊有黄华（花）。

霜降：初候豺乃祭兽，豺狼开始捕获猎物；二候草木黄落；三候蛰虫咸俯，进入冬眠状态。

立冬：初候水始冻；二候地始冻；三候雉入大水为蜃。雉是野鸡一类的大鸟，蜃为大蛤。立冬后，野鸡一类的大鸟不见了，而海边却可以看到外壳与野鸡线条、颜色相似的大蛤，古人认为雉到立冬后变成大蛤了。

小雪：初候虹藏不见；二候天（阳）气上升，地（阴）气下降；三候闭塞而成冬。

大雪：初候鹖鴠（hé dàn，夜鸣求旦之鸟，亦名寒号虫）不鸣；二候虎始交；三候荔（马蔺叶）挺出（抽出新芽）。

冬至：初候蚯蚓结，众多蚯蚓交缠在一起，结成块状，缩在土里过冬；二候麋角解；三候水泉动，深埋于地底的水泉开始流动。

小寒：初候雁（大者）北乡；二候鹊始巢；三候雉始雊（gòu 鸣）。

大寒：初候鸡始乳，母鸡开始孵小鸡；二候征鸟厉疾，鹰隼（sǔn）之类的、能飞越太平洋的征鸟，正处于捕食能力极强的状态，特别凶恶；三候水泽腹坚，水中的冰经过一冬天的严寒一直冻到水中央，最结实、最厚。

三、二十四节气歌

中国传统的二十四节气，用公历计算更为准确，所以，自民国实行阳历以来，二十四节气歌很快形成：

春雨惊春清谷天，夏满芒夏暑相连，
秋处露秋寒霜降，冬雪雪冬小大寒。
上半年在六二一，下半年在八二三，
一月两节日期定，有时相差一两天。

阳历 2 月是立春、雨水，3 月是惊蛰、春分，一个月两节，以此类推。上半年每月的第一个节气如立春、惊蛰等在 6 日前后，第二个节气如雨水、春分在 21 日前后，下半年在 8 日、23 日前后。由于阳历没有闰月，二十四节气在哪个月是固定的，在哪一天基本是固定的。

四、二十四节气与置闰

由于二十四节气根据太阳在黄道上的位置来确立，是古代精确的阳历，准确地调整它在农历每个朔望月中的分布，也就等于调整了古代阴阳合历中阳历的年和阴历的月的矛盾，所以，它还成为古代置闰的参照。《周礼·春官·大史》称："正岁年以序事。"唐人贾公彦疏曰：

> 一年之中有二十四气：正月立春节，启蛰中；二月雨水节，春分中；三月清明节，谷雨中；四月立夏节，小满中；五月芒种节，夏至中；六月小暑节，大暑中；七月立秋节，处暑中；八月白露节，秋分中；九月寒露节，霜降中；十月立冬节，小雪中；十一月大雪节，冬至中；十二月小寒节，大寒中。皆节气在前，中气在后。节气一名朔气，朔气在晦，则后月闰；中气在朔，则前月闰。

按照贾公彦的疏，二十四节气在农历的正常分布是一月两节，前者叫节气，也叫朔气，后者叫中气。节气在前，中气在后。各月的"节气"和"中气"如下表：

月	正月	二月	三月	四月	五月	六月	七月	八月	九月	十月	冬月	腊月
节气	立春	惊蛰	清明	立夏	芒种	小暑	立秋	白露	寒露	立冬	大雪	小寒
中气	雨水	春分	谷雨	小满	夏至	大暑	处暑	秋分	霜降	小雪	冬至	大寒

然而，二十四节气是按照地球绕太阳公转一周为一年、每月 30.4368 天来分配的，而农历朔望月的一个月只有 29.5306 天，相差了将近一天。这样，中气在朔望月的日期会逐月推迟一天，一旦推迟到这个月的最后几天，下个月只有一个节气，就没有中气了。那么，就把这个月作为闰月。如农历 2017 年六

月三十日（晦）是大暑（中气），下个月十六是立秋（节气），再下个月初二才是处暑（中气），六月的下个月只有一个立秋（节气），没有中气，因此作为闰六月。这就是贾公彦说的“朔气在晦，则后月闰”，其实应该是“中气在晦，则后月闰”。农历 2020 年四月二十八是小满（中气），闰四月十四是芒种（节气），而作为中气的夏至在五月初一（朔），这个月（闰四月）没有中气，所以被置为闰四月。贾公彦说的“中气在朔，则前月闰”，就是指这种情况。

节日是人们从一年中确立的，值得纪念、庆祝、传承的日子。它是人类社会发展到一定阶段的产物，流淌着的源远流长的历史和文化，在人们的社会生活中具有不可或缺的位置和价值。

第五章（下）

节日风俗

第 1 节　除夕和元旦

一、由元旦到春节的流变

《诗经·豳风·七月》记载，西周的农夫到年底 10 月和改岁（过年）前，为庆祝丰收和新一年的到来，集合在一起，“朋酒斯飨（xiǎng），曰杀羔羊。跻彼公堂，称彼兕（sì）觥，万寿无疆”！即备好酒，杀了羊，登上公堂，举起牛角杯，共祝万寿无疆。在这首诗里，已具备了春节的雏形，但它还没固定在某一天进行，并且是在正月之前，还算不上严格意义上的元旦。

元旦的定型，需要一年岁首的定型。夏、商、周、秦，每一次改朝换代，为了表示受命于天，都要“改正朔”。《白虎通·三正》载：“王者受命必改朔何？明易姓，示不相袭也。明受之于天，不受之于人，所以变易民心，革其耳目，以助化也。故《大传》曰‘王者始起，改正朔，易服色，殊徽号，易器械，别易服’也。”正，指岁首正月，是一年的开始；朔，指每月初一，是一月的开始。正朔是一年第一天的开始。

夏朝以建寅之月（夏历正月），即孟春为岁首正月，以平旦为朔。商代以建丑之月（夏历十二月），即季冬为岁首正月，以鸡鸣为朔。周

元旦在古代称上日、元日、朔旦、元正、正日、正朝，民间叫作“过年”，辛亥革命后叫春节，是中国传统节日中最隆重、最受重视的节日。

代以建子之月（夏历十一月），即仲冬为岁首正月，以夜半为朔。秦朝以建亥之月，即孟冬十月为岁首，就称十月，不叫正月。

东汉的儒学家们在《白虎通·三正》中发挥说，周以十一月为正，是天正；商以十二月为正，是地正；夏以十三月（孟春）为正，是人正。这叫作"三正""三统""三微之月"。这"三正"都可以作岁首正月，与此对应的有夜半、鸡鸣、平旦三个时辰可以作朔日的开始。"改正朔"就是重新确立一年的岁首正月和朔日的开始时间。朱熹在《论语集注》中也说："天开于子，地辟于丑，人生于寅，故斗柄建此三辰之月，皆可以为岁首，而三代迭用之。夏以寅为人正，商以丑为地正，周以子为天正也。"

由于从夏朝至汉武帝前，岁首正月不断地改变，所以作为节日的元旦也始终没有定型。汉武帝太初元年（公元前 104 年），正式实施司马迁、落下闳、邓平等人改定的《太初历》，以夏历正月为岁首。以后，除王莽的新朝和魏明帝一度用殷正，武则天和唐肃宗一度用周正外，历代历法虽有变更，但基本上都使用夏正，即以孟春之月为岁首。因此，元旦的节日风俗最晚萌芽于西周，定型于汉武帝。

辛亥革命后，以元旦为春节、端午为夏节、中秋为秋节、冬至为冬节，把阳历 1 月 1 日称为新年，而不称为元旦。1949 年 9 月 27 日，中国人民政治协商会议第一届全体会议通过使用公元纪年法，才将阳历 1 月 1 日正式定为元旦，而农历正月初一改为春节。在中国古代，元旦一直是春节新年的通用名称，自阳历确立后，元旦的名称被阳历抢走了。

其实，"春节"指的是二十四节气中的立春、春季、春天，或者是二十四节气中春天的六个节气。《后汉书·杨震传》中"冬无宿雪，春节未雨"，指的是春季。中国古代阴历的正月初一，只是元旦，而不是春节。商朝以夏历十二月为正月，周朝以夏历十一月为正月，秦朝和西汉初以夏历十月为岁首，都不是立春之月，当然不能叫春节。

二、除夕

除夕是元旦的前夜，本是腊月的节日，应放在“年底”叙述，但民间向来把它与元旦视同一体，除夕已经沉浸在元旦的享受和兴奋中。再者，民间“过年”最忙碌、最急切盼望的是除夕，真正过年了反倒有点儿失落了。在此，把除夕与元旦连同一体。

（一）逐傩

除夕是元旦前的最后一天，最首要的活动是要把恶鬼驱逐出家门，这就是逐傩。逐傩是一种驱逐疫疠凶鬼的巫舞，又称“傩”“大傩”。《论语·乡党》载：“乡人傩。”《礼记·月令》载：“命有司大傩。”《吕氏春秋·季冬纪》注云：“腊岁前一日，击鼓驱疫，谓之逐除。”可见，先秦时期这种逐傩仪式已很盛行。

傩舞由方相氏带领上百人进行，还要击鼓呼噪。《周礼·夏官司马第四·方相氏》载：“方相氏掌蒙熊皮，黄金四目，玄衣朱裳，执戈扬盾，率百隶而时傩，以索室驱疫。”《庄子》[1]中以游岛、雄黄对话的形式讲述了当时的傩舞。游岛问雄黄曰：“今逐疫出魅击鼓呼噪，何也？”雄黄曰：“黔首多疾，黄帝氏立巫，咸使黔首沐浴斋戒，以通九窍；鸣鼓振铎，以动其心；劳形趋步，以发阴阳之气；饮酒如葱，以通五脏。夫击鼓呼噪，逐疫出魅鬼。黔首不知，以为魅祟也。”

从“咸使黔首沐浴斋戒”来看，当时的傩舞是在方相氏的带领下，所有的人都参加，在驱鬼逐疫的同时，还通过傩舞“劳形趋步”，来通畅心气、祛疾健身。

到了汉代，不仅在民间，宫中也形成了隆重而盛大的驱鬼逐疫仪式。据《后汉书·礼仪志中》记载，汉宫中的大傩仪式选10—12岁的中黄门子弟120人为侲子（侲，音zhèn，驱鬼的童子），头带红帻，身穿皂衣，手持鼓。又有人身披

〔1〕《太平御览》卷五三〇《礼仪部九·傩》引，北京：中华书局，1960年影印版。

南宋　佚名　《大傩图》

熊皮，手执戈和盾，扮作方相氏主舞，带领由12人扮演的猛兽，一边挥舞，一边呼喊。皇帝和文武官员齐集殿前。傩舞反复三遍后，持火炬送疫疠凶鬼出端门，再由千名骑士接过火把送出司马门。门外又有五营骑士千人接过火把，送到洛水边，将火把投入水中。这幅人神联合驱鬼的场面极其壮观，别说没有鬼，就是真有恶鬼，也早被这强大的阵势吓跑了。

到唐宋时，傩舞仪式发展为傩戏，驱鬼逐瘟的功能淡化了，表演性、观赏性和娱乐气氛加强了。

宫廷的傩戏有音乐伴奏，文武百官可带家眷一起观赏。宋朝的宫廷傩戏十分奢侈、排场。据《东京梦华录》卷十《除夕》记载，傩戏由皇城亲事官和值班卫士担任，又从教坊中挑选有表演技能的各色人来扮演。这些人要戴假面具，铠甲、旗帜、刀剑一应俱全。扮演的角色有将军、门神、钟馗与小妹、灶神、土地神及各种神兵等，共计有千余人。陆游《老学庵笔记》卷一载，宋徽宗政和（1111—1118年）中大傩，桂府进奉的面具“以八百枚为一副，老少妍陋，无一相似者”。

民间的傩舞也发展为只有三四人的歌舞，可即兴表演说唱故事，也是卖艺者乞钱谋生的手段，名称有打夜胡（狐）、跳灶王、跳钟馗。为了乞钱，这种三五人表演的傩舞，一进腊月门就开始了。由他们扮演的灶公、灶婆、钟馗满街串，住户都要施舍米、钱，不然就不离开。到腊月二十四，跳灶王停止，跳钟馗一直到除夕。

明清时期，傩戏在大部分地区演变为元宵节扮演的杂剧，除夕前扮傩戏者逐渐减少，且多为儿童，已非普遍流行的风俗了。辞灶后“儿童击锣鼓，饰鬼面，有傩戏逐疫之遗”“有用兵戈金鼓，彩旗色衣，涂面为逐疫之戏者，则童子群趋之”。[1]

晚清民国以后，傩戏演变为正月里唱大戏。电视机出现后，又演变为中央电视台除夕之夜举行的春节文艺晚会。它彻底清除了逐傩的阴影，将喜庆、欢快的娱乐气氛推至高潮，并赋予了时代和科学的新内容、新艺术。

---

〔1〕丁世良、赵放主编：《中国地方志民俗资料汇编》华东卷上引乾隆二十七年山东《乐陵县志》、康熙四十九年山东《茌平县志》，北京：书目文献出版社，1995年版，第132、313页。

（二）门神、桃符、春联、年画

经过逐傩仪式把恶鬼赶走后，绝不能让它们再进家门，中国人很早就有除夕贴门神的习俗。

中国最早的门神是神荼（shū）和郁垒（lǜ）。据东汉王充《论衡·订鬼》引《山海经》，《风俗通·祀典》引《黄帝书》、蔡邕《独断》记载，沧海度朔山上有棵大桃树，伸展三千里，其枝的东北曰“鬼门”，有万鬼出入。树上有神荼、郁垒兄弟俩，负责领阅万鬼，拿着苇索，有恶鬼就捆起来喂老虎。黄帝请他俩驱鬼，以桃木梗（gěng）削神荼、郁垒的形象立在门上，并在门上悬挂苇索，称作“悬苇”。

《战国策·齐策三》载，苏秦对孟尝君说：“今者臣来，过于淄上，有土偶人

门神

物華天寶
人傑地靈
福

硃箋試墨寫宜春，村老傭書吉語陳。錫福蒼生揮鳳管，重華開筆永遵

清　黄钺《穌丰协象图册》　贴春联

与桃梗相与语。桃梗谓土偶人曰：‘子，西岸之土也，挺子以为人，至岁八月，降雨下，淄水至，则汝残矣。’土偶曰：‘不然。吾西岸之土也，土则复西岸耳。今子，东国之桃梗也，刻削子以为人，降雨下，淄水至，流子而去，则子漂漂者将何如耳。”这两个被捏制、雕刻的偶人应该就是战国时摆放在门前的门神，冬春干旱少雨，能够安然无恙，八月雨多就被冲毁了。待傩舞驱鬼逐疫后，再重新做一对摆放在门口。

唐末五代时，人们又以钟馗为门神。据《唐逸史》和《梦溪笔谈》记载，唐玄宗病中梦见一个大鬼捉住一个小鬼，把小鬼的眼睛剜出来吃了。大鬼自称是落第武举钟馗，为玄宗扫除了妖孽。玄宗醒后，病就好了。于是，命画家吴道子画钟馗像，手持宝剑，捉一小鬼。这样，钟馗取代了神荼、郁垒，成为第二任门神。

钟馗任门神不久，大概是因为他狰狞的形象与春节欢快的气氛不和谐，显得不够庄重；也可能是因为他一个人把不住两扇门，不符合中国人对称的习惯，很快又被撤换，把门神的职位让给了秦琼、尉迟敬德。据《三教搜神大全》载，唐太宗患病，夜里常听到恶鬼呼叫。秦琼、尉迟敬德自愿守门，恶鬼就不敢来了。唐太宗不好总烦劳二人守门，命画二人的像，贴在宫门上，恶鬼照样不敢来。后来，渐渐传到民间，南宋以后民间的门神，大部分是秦琼、尉迟敬德的画像了。明人吴承恩还把这一传说写进了《西游记》中。

唐宋时，因刻桃木人太麻烦，老百姓干脆就在桃木板上画二人的像，或写上二人的名字，除夕更换，叫作“仙木”“桃符”。王安石《元日》诗：“爆竹声中一岁除，春风送暖入屠苏。千门万户曈曈日，总把新桃换旧符。”“换旧符”就是更换这种桃符。

唐代已兴起了雕版印刷术，人们开始在纸上印门神。印出来的门神不仅能驱鬼，而且还具有观赏、装饰价值。于是，到宋代便出现了木刻年画。现存最早的木刻年画是宋版的《隋朝窈窕呈倾国之芳容》，画的是王昭君、赵飞燕、班昭、绿珠四人，习惯上称《四美图》。明末清初，以天津杨柳青、苏州桃花坞、山东潍县的木刻年画最著名。

雕版印刷的门神出现后，桃符逐渐失去了原有的意义。五代时，人们开始在桃符上写一些吉利词句，挂在门上。《宋史・五行志》载，宋朝“命翰林为词，题桃符，正点置寝门左右”。据《宋史·蜀世家》记载，五代十国时，后蜀孟昶（chǎng）自题桃符板“新年纳余庆，佳节号长春”，一般认为是中国第一副春联。后蜀太子曾在本宫策勋府桃符上题“天垂余庆，地接长春”。乾德三年（965 年），北宋灭后蜀，任命兵部侍郎，参知政事吕余庆知军府事，以蜀太子策勋府为处理军务的处所。有人认为：“吕公名余庆，太祖皇帝诞圣节号长春，天垂地接，先兆皎然，国之兴替，固前定矣。”[1]

中国的对偶句有着深厚的文化土壤，汉魏六朝的骈体文刻意追求对偶，古诗中特别是唐诗中有许多对偶佳句，在此基础上春联很快沿袭成俗。直到今天，仍久盛不衰。

春联上方两边各有一个“福”字，明清时期就有了。乾隆二十一年（1756 年）山东《黄县志》载：“除日，贴对联，宜春，迎福字，换门神，桃符。”

明清时期，早已被撤职的门神神荼、郁垒、钟馗，过时的桃符，还成为士大夫复古、追求年味的寄托。如道光二十六年（1846 年）山东《招远县志》载：“除日……造桃板着门左右枨，谓之‘桃符’，换新春联及郁垒、钟馗像。”全国各地的方志都有类似的记载。

（三）守岁

“一夜连两岁，五更分二年”。除驱傩、贴门神外，元旦前的主要活动就是守岁了。西晋周处《风土记》载：“除夕达旦不眠，谓之守岁。”士庶之家欢聚一堂，围炉团坐，是阖家团圆幸福的时刻。西晋临淄令曹摅，除夕巡监狱，对囚犯们说：“新岁人情所重，岂不欲暂见家邪？”[2]让囚犯们都回家过年，克日令还。到了约定的日期，犯人们自动投狱，无一逃亡。《北齐书·循吏传》载，北齐张华原为兖州刺史，“至年暮，唯有重罪者数十人，华原亦遣归家申贺，依期至狱”。

隋唐时期，守岁风俗大行。据说，隋炀帝除夕守岁，用沉香、檀木两种香木

〔1〕黄休复：《茅亭客话》卷一《蜀光兆》，上海：上海古籍出版社，2012 年版，第 99 页。
〔2〕《晋书·良吏·曹摅传》，北京：中华书局，1974 年版。

麟遊鳳舞
村社迎年

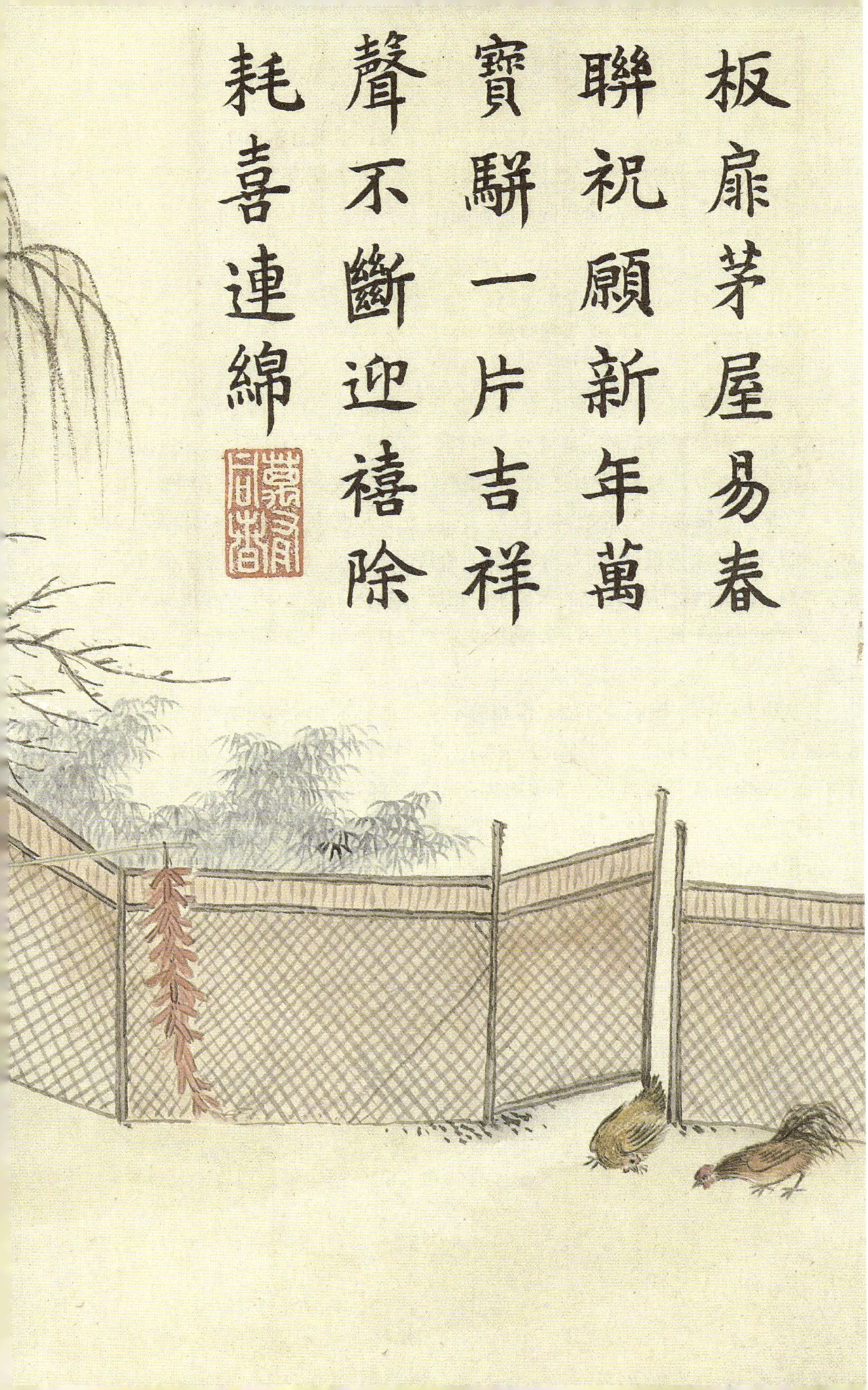

清 黄钺《穌丰协象图册》守岁

架篝火，火焰高达十余丈，香闻数十里，一夜要烧掉珍贵香木200多车。唐代宫中守岁，在傩舞的同时，也“燃巨烛，燎沉檀”，并大摆宴席，大臣应制作诗。唐太宗就作过《守岁》诗。唐朝诗人沈佺期在《守岁应制》诗中写道：

殿上灯人争烈火，宫中侲子乱驱妖。
宜将岁酒调神药，圣祚千春万国朝。

沈佺期在诗中提到“岁酒”，是守岁或元日喝的椒柏酒、屠苏酒。汉代“元日进椒柏酒。椒是玉衡星精，服之令人身轻，能耐老。柏是仙药。又云进酒次第当从小起，以年少者为先”[1]，还要饮用桃树叶、茎熬成的桃汤，以压邪气。魏晋以后，又增加了屠苏酒。《荆楚岁时记》[2]载：“元日服桃汤。桃者五行之精，厌服邪气，制百鬼。今人进屠苏酒、胶牙饧，盖其遗事也。”孙思邈的《千金方》有屠苏酒方。饮酒的次序与传统的敬老次序相反，先少后老。因年少者得岁，年老者失岁，含重视子孙后代之意。明韩奕《新岁述怀》云：“白首坐中堂，屠苏最后尝。”

从隋唐到明清、民国，守岁之俗相沿不衰。北宋苏东坡因在陕西任职，给弟弟苏辙写了《守岁》《馈岁》《别岁》三首诗，其中有“儿童强不睡，相守夜喧哗”的诗句。南宋文天祥被俘后，在铁窗内还写过《除夜》诗，其中有“无复屠苏梦，挑灯夜未央”之句。

宋代以后的守岁，房厨灯烛彻夜不灭，称作“守岁烛”“照年”“上灯”。富贵人家的守岁烛粗大如椽，穷困小户用细烛，灯火微弱，只要终夜不灭就行了。

除家中的烛火外，隋唐时期除夕“架篝火”的旧俗演变为燃烧束草和点天灯，称作“照庭”“旺火”。清康熙五十七年（1718年）山西《临汾县志》载：“元日夙兴，燔柏叶，或焚束薪，名曰‘兴旺火’。”[3]所谓“点天灯”是在天井中竖

〔1〕《太平御览》卷二九《时序部一四·元日》引东汉崔寔《四民月令》，北京：中华书局，1960年影印版。
〔2〕《太平御览》卷二九《时序部一四·元日》引，北京：中华书局，1960年影印版。
〔3〕丁世良、赵放主编：《中国地方志民俗资料汇编》华北卷引，北京：书目文献出版社，1995年版，第642页。

一根高数丈的杆子，绑上松柏枝燃之，或点一只灯笼，挂在杆子上。《帝京景物略》载：“竿标楼阁，松柏枝荫之，夜灯之，曰‘天灯’。”[1]现在除夕夜，则家家户户挂灯笼，通宵达旦。

明清时期，除夕守岁出现许多和元旦日重复的习俗，如放爆竹、礼百神、祀祖先、拜尊长、亲族互拜等，称作“辞岁”“辞年”“分岁”“添岁”。康熙三十三年（1694年）《登州府志》载：“至戊夜（五更），明燎爆竹，礼百神，祀祖先，俱同元旦之仪。祭事毕，群子弟暨卑幼各称觞，为父兄尊长寿，谓之‘添岁’”。所谓“俱同元旦之仪”，是说这些仪式到元旦还要再来一遍。

“辞岁”拜贺尊长完毕，家长要给卑幼者分“守岁钱”。道光二十六年（1846年）《招远县志》载：“家长集群子弟为守岁宴。稚子则饼饵啖之，人予以守岁钱，自幼而长，婢仆皆然云。”直到今天的春节，“守岁钱”“压岁钱”仍在全国各地盛行。

三、元旦

经过除夕一夜的折腾和盼望，终于迎来了新的一年，也就开始了新年的仪式。

（一）放爆竹

汉代没有火药，在堂前用火烧烤竹节发出噼噼啪啪的响声，以“辟山臊恶鬼”。据说，山臊恶鬼居深山中，有一尺多高，人碰上就会生病。

《神异经·西荒经》载：“西方深山中有人焉，身长尺余，袒身捕虾蟹，性不畏人，见人止宿，暮依其火，以炙虾蟹，名曰山臊，其音自叫。人尝以竹着火中，爆烞而出，臊皆惊惮。犯之令人寒热。”

〔1〕丁世良、赵放主编：《中国地方志民俗资料汇编》华北卷引，北京：书目文献出版社，1995年版，第2页。

《荆楚岁时记》载："正月一日，是三元之日也，春秋谓之端月。鸡鸣而起，先于庭前爆竹以辟山臊恶鬼。"

魏晋时，炼丹家们发现硝石、硫黄、木炭合在一起能燃烧。宋代高承《事物纪原》说，"马钧始制爆仗"，恐不确。爆仗的出现应该与火药同步或稍晚一点。唐代仍用爆竹，称作"爆竿"。宋代已普遍使用纸裹火药制成的爆仗、鞭炮和"起火"，以后逐步改进，并推广到各种喜庆场合。

（二）穿新衣、吃水饺、拜年和投刺

明清时期的元旦，"无论男女贫富，俱着新洁衣履"[1]，先焚香祀天地、祖先，再拜尊长、吃水饺，然后出门拜宗族亲朋。

中国隋唐时期已有水饺，俗称"饺子""元宝汤"。进入近代以来，饺子的花样增多了，并成为必食的元旦节日食品。中国有句俗语叫"谁家过年不吃顿饺子"。光绪二十四年（1898 年）河北《滦州志》[2]讲："元旦日，食必水饺，其俗千里不异。"民国三十年（1941 年）山东《潍县志稿》[3]载："无贫富均食饺子（俗呼曰扁食），殆取更新交子之义。或暗以花生、枣、栗及铜钱藏之饺子中，家人食得者则辄幸，遇事顺利。"

汉代已有拜年之风。朝廷文武百官首先要给天子行贺年礼，叫作"正旦大会""正朝"。正朝自汉至清沿袭不改，礼仪越来越森严，由普天同庆、与民同庆，发展到纯粹为皇帝一人拜年。

据《后汉书·礼仪志中》记载，汉代的正朝，公侯以璧、二千石官以羊羔、六百石官以雁、四百石以下官以雉，送给皇帝作拜年礼，皇帝要设宴招待群臣。晋朝还要给百官增禄。南朝梁除赐宴外，还要赐群臣辟恶散、却鬼丸等物。隋唐

〔1〕丁世良、赵放主编：《中国地方志民俗资料汇编》华东卷上引康熙四十七年山东《巨野县志》，北京：书目文献出版社，1995 年版，第 306 页。

〔2〕丁世良、赵放主编：《中国地方志民俗资料汇编》华北卷引，北京：书目文献出版社，1995 年版，第 263 页。

〔3〕丁世良、赵放主编：《中国地方志民俗资料汇编》华东卷上引，北京：书目文献出版社，1995 年版，第 207 页。

时期，皇帝也要赐柏叶赐御酒，颇有点君臣礼尚往来的味道。

明清时期就不同了。明朝不仅京官正朝，地方官也要向皇帝遥祝。清代元旦朝贺从子夜就开始了。皇帝祭天地，百官要在午门外相送，皇帝回来到永寿宫祭祖，给太后行礼，到太和殿接受外臣朝贺，回乾清宫接受嫔妃、太子、公主、郡主、宫女、诸王三跪九叩礼，百官都要恭候，跟着一块跪拜。从子夜一直折腾到中午，不知磕了多少头，折了多少腰，早已是饥肠辘辘，头昏眼花，然而皇帝却不赐宴，大臣们各自拖着疲惫的身子回家用膳。皇帝仅为宗室、王公、贝勒等近臣赐宴。这哪是庆贺，简直是一种肉体摧残。这种演变，反映了君主专制制度的僵化和没落。

民间拜年主要是拜同宗族的尊长和亲戚，一般在元旦当日，拜亲戚可推后。据《元史·孝友传一》记载，浙江金华郑氏每逢元旦等岁时，家主郑大和端坐堂上，“群从弟子皆盛衣冠，雁行立左序下，以次进，拜跪奉觞上寿毕，皆肃容拱手，自右趋出”，气氛肃穆，无一人敢喧哗、拥挤。

明清时期，士大夫阶层出现复古风，讲究节日的礼仪性和应酬性，元旦拜年变得复杂、烦琐，庸俗、虚伪的人际关系充斥到节日风俗中。尤其是拜尊长和亲族互拜，除夕夜刚刚进行过，转过身来再拜。清人富察敦崇《燕京岁时记》载，拜年时“亲者登堂，疏者投刺而已。貂裘莽服，道路纷驰，真有车如流水，马如游龙之盛”。

投刺类似今天的递名片、名帖，是古人交往的一种形式。古人谒见，先要投刺。秦末郦食其（yì jī）欲见刘邦，瞋目按剑叱责刘邦的使者，“使者惧而失谒，跪拾谒”[1]。“谒”，就是郦食其见刘邦的名帖。这种谒，到西汉末又称刺。清人赵翼《陔余丛考·名帖》载：“古人通名，本用削木书字，汉时谓之谒，汉末谓之刺。汉以后虽用纸，而仍相沿曰刺。”

宋人平时以名刺广交朋友，元旦忙得不能登门拜贺，都是望门投刺。明清时期更加盛行。有的叫“飞帖”“拜年帖”，素不相识也互相投贴。有的人家干脆在门口挂上红纸袋，号为“门簿”，来接受拜年帖，以收得多者为荣。

---

〔1〕《史记·郦生陆贾列传》，北京：中华书局，1959 年版。

◀清 姚文瀚《岁朝欢庆图》

说到名刺，还有一段慈禧太后与吴棠交往的传说。据清末恽毓鼎《崇陵传信录》载：

孝钦后为叶赫那拉氏。天命朝，大兵定叶赫，颇行威戮，男丁罕免者。部长布扬古临没愤言曰：“吾子孙虽存一女子，亦必覆满洲。”以此祖制，宫闱不选叶赫氏。孝钦父任湖南副将，卒官。姊妹归丧，贫甚，几不能办装。舟过清江浦，时吴勤惠公棠宰清江。适有故人官副将者，丧舟亦舣河畔。勤惠致赙三百两（或传两千两，非也），将命者误送孝钦舟。复命，勤惠怒，欲返璧，一幕客曰：“闻舟中为满洲闺秀，入京选秀女，安知非贵人，姑结好焉，于公或有利。”勤惠从之，且登舟行吊。孝钦感之甚，以名刺置奁具中，语妹曰：“吾姊妹他日倘得志，无忘此令也。”既而孝钦得入宫，被宠幸，诞穆宗。妹亦为醇贤亲王福晋，诞德宗。孝钦垂帘日，勤惠已任知府，累擢至方面，不数年督四川。勤惠实无他材能，言官屡劾之，皆不听。薨于位，易名曰惠，犹志前事也。

民国时，由于西方文化的传入，公历新年也送印刷而成的贺年片。1911年正月十一日上海《民立报》登载的《新式名片出现》称：

近年吾国用品每喜参用西式，即名柬一

项亦都以西式为便。惟此种名柬均为日本人仿造，颜色纯素，于吾国交际场中不甚相宜，每人溢出之利亦颇不少。商务书馆有鉴于此，特制新式名柬十余种，或画或字，模样既精致可喜，设色亦美丽动人，供闺阁名姝之用，也可备新年贺禧之需也。

其实，名片、贺年片都是中国旧有的传统，是古代人际交往的一种媒介。

（三）破五

唐代诗人张籍《吴楚歌词》有“今朝社日停针线”的诗句，可知隋唐时期的节日就有诸多的忌讳。明清以来，人们越发讲求万事大吉，除夕和春节的忌讳明显增多了。过年“相见各道吉利语”[1]，所有不吉利的字眼都不能吐口。尤其是对小孩，大人总是千叮咛，万嘱咐，一旦口出不吉利的话语，就会遭到大人的训斥。民国时流行这样一段笑话：

有一店铺掌柜大年三十图吉利，给一个伙计取名高升，另一个伙计取名进财，并告诉他俩，初一早上喊他们吃饺子时，一定要响响快快地答应。初一凌晨，掌柜早早煮好水饺，喊他俩起来，吆喝一声：“进——财！”进财一边穿衣服，一边大声回答：“出去了！出去了！”掌柜听了很扫兴。接着又喊：“高——升！”高升住在阁楼上，连忙答应：“下来了！下来了！”掌柜气得连话都说不出来了。

其他的忌讳还有很多，除夕夜“各室遍燃灯烛，时以百灵下界，鸡不鸣，犬不吠，污水不泼地，炊食不拉风匣，盖惧有冲撞也”。元旦期间“不以生米为炊”“不汲水，不洒扫，不乞火，不用针剪”“男子不举笔，妇人不拈针，罢市三日”。[2]

〔1〕丁世良、赵放主编：《中国地方志民俗资料汇编》华东卷上引民国二十二年江苏《吴县志》，北京：书目文献出版社，1995年版，第377页。
〔2〕丁世良、赵放主编：《中国地方志民俗资料汇编》华东卷上引民国二十四年山东《青城县志》、民国三十年《潍县志稿》、中华民国八年江苏《太仓州志》、民国九年江苏《六合县续志稿》，北京：书目文献出版社，1995年版，第182、207、367、415页。

乾隆四年（1739 年）《天津志略》[1]载："元旦日食黍糕，曰年年糕。（拜年）于至亲、至友处则登堂叩头，主人饷以百事大吉盒，中置柿饼、荔枝、桂圆、核桃、枣、栗等品，一品必佐以吉语，柿饼曰事事如意，核桃曰和和气气，更合枣、栗、花生、桂圆，而曰早生贵子。……是日，禁刀剪及裁割、扫除、倾水等事……初五日谓之'破五'，五日内最忌损坏物件及煎烤食物。"

所谓"破五"，是说过了正月初五这天，除夕和春节的诸多禁忌都可以破，祭祀、拜年、酒宴等，也都停止了。从初六开始，工商开市，农民劳作，一切恢复到平日状态，元旦结束了。从以下方志的记载即可看出这一习俗的含义：

民国二十二年北京《顺义县志》："元旦燃烛、爇（ruò）香、放爆竹。各户互拜年，分别尊卑长幼，至五日止。"

清康熙三十二年福建《建宁府志》："元旦祈年，男女夙兴，洁厅宇，陈酒果，焚楮（chǔ）币，以拜上下神祇。庆节飨祀毕，序拜称觞，然后亲族里邻更相造拜，设酒食相款，凡五日止。谒墓、祭灶、祭门，亦初五日止。"

民国二十二年辽宁《铁岭县志》："五日午前，各神位前供品一致彻（撤）去，家主跪拜如仪，曰'送神'。是日晨，家家乃食水饺子，曰'捏破'。此五日内，无分贫富，饮食丰美。屋内忌洒扫，尘垢堆积屋角，过六日始除之。初六日，农家即于是日工作，工商各户亦于是日开始营业……年前新婚夫妇于是日具礼物同往母家，曰'拜新年'。"

民国十八年辽宁《锦西县志》："初五日名'破五'，家家均啖荤饺，并于是日撤供，即送神也。初六日，工商开市。"

民国十六年辽宁《兴城县志》："初五日，朝膳捏面饺食之，俗曰'捏破'。是日也，撤供桌，开箱柜，试剪刀，过此妇女始外出拜贺，亦曰破五。初六日为商家开市之期。"

民国十八年吉林《安图县志》："初五日，俗呼为'破五'。晨起，于各

[1] 丁世良、赵放主编：《中国地方志民俗资料汇编》华北卷引，北京：书目文献出版社，1995 年版，第 52 页。

神位前拈香叩首，事毕，然后一律撤供。”

民国二十年吉林《辑安县志》：“初一至初五，谓之‘破五’，因系一年中吉凶所观，此五日内不煮生米为饭……初六则为‘过破五’，而不禁忌矣。”[1]

“百里不同风，千里不同俗”，正月初五破五又称作“五穷日”“送穷”“送五穷”“送五穷鬼”。这一习俗由来已久。宋人释心道《烧木佛》有“石崇犹自送穷船”的诗句。清光绪十一年（1885年）山西《屯留县志》[2]讲：“五日送穷，谓仿石崇送穷船之意，虽韩子辨之甚悉，然鄙俗不能革。”“韩子”是指唐朝文学家韩愈，《全唐文》卷五百五十七载有他的《送穷文》。

文中讲，主人韩愈认为自己被“智穷、学穷、文穷、命穷、交穷”五个穷鬼缠身，使他一生困顿。他吩咐仆人扎柳车草船，装上干粮，把五个穷鬼送走。不料穷鬼们不但不走，反而历数自己40多年来追随主人韩愈备尝艰苦的经历和耿耿忠心，并要求主人把送走他们的理由说清楚。主人回答说：“你们五个穷鬼中，‘智穷’鬼让我刚强高尚，恶圆滑而喜正直，耻于奸诈，不忍伤害别人；‘学穷’鬼让我探究真理，博采百家学说；‘文穷’鬼让我的文章切中时弊，不容当世，只能自娱；‘命穷’鬼让我外表丑而心灵美，不牟私利而敢于承担；‘交穷’鬼让我诚信待友，忠肝义胆，而对方却怨我恨我。你们让我沉迷于这些品德，让我倒霉，陷于饥寒，遭人讹传讥讽，却又无怨无悔……”

话没说完，五鬼瞪眼吐舌，拍手顿脚，对主人韩愈说：“你实在是小聪明大糊涂。人生能有几何？我们替你立身扬名，百世流芳。小人君子，其心不同，只有不趋炎附势，才能和天理相通。你在这世上的知音莫过于我们。你虽遭贬斥，我们仍不忍心疏远你，你好好从‘诗书’中研究研究这些道理吧。”

主人韩愈被五穷鬼说得理屈词穷，连忙拱手称谢，烧掉车船，把他们“延至

[1] 丁世良、赵放主编：《中国地方志民俗资料汇编》引，北京：书目文献出版社，1995年版，华北卷第22页，华东卷下第1239页，东北卷第112、230、236、295、337页。
[2] 丁世良、赵放主编：《中国地方志民俗资料汇编》华北卷引，北京：书目文献出版社，1995年版，第639页。

上坐”。

韩愈的《送穷文》诙谐有趣，实际上赞扬了古代士人“穷不失义”、安贫乐道，敢于针砭时弊的高尚品格，文章说是“送穷”，实则是“赞穷”“留穷”。

大概是从西晋石崇、唐朝韩愈以后，民间正月初五就有了燃放鞭炮“送穷”的风俗。所送之“穷”有的是“五穷鬼”，有的传说是颛顼宫中的“穷鬼”，有的是“五穷媳妇”，从下列方志记载中即可看出：

清康熙五十六年山西《解州志》：“《金谷园记》云：昔颛顼时，宫中生一子，好服浣衣，人作新衣与之，即裂破，以火烧穿着，宫人共号‘穷子’。其后以晦日卒，人葬之，曰‘今日送穷’。因此相承，号‘送穷’。昌黎（韩愈）有《送穷文》，但送穷，古以晦日，今用五日，稍异。”

清光绪八年河北《怀来县志》：“初四晚，扫室内卧席下土，室女剪纸缚秸，作妇人状，手握小帚，肩负纸袋，内盛糇粮，置箕内，曰‘扫晴娘’，又曰‘五穷娘’，昧爽有沿门呼者：‘送出五穷媳妇来！’则启门送出之。人拾得则焚灰，于播种时和籽内，谓可免雀鸟弹食。或不焚，逢阴雨悬之檐端，可扫翳祈晴。”

民国二十三年河北《万全县志》：“正月初五，俗谓之‘破五’。是日，商肆整理账目、货物，以备照常交易，居民亦各谋所业。是晚，各家皆用纸扎一妇人，高约四五寸，身背纸袋，将屋隅秽土扫置其袋内，燃炮炸之门外，俗谓之‘送五穷’。儿童并为谚，高声歌于街巷曰：‘五穷媳妇五穷排，家家门上送出来。不管秃子、瞎子送出一个来。’”

民国十八年山西《翼城县志》：“正月初五日谓之‘破五’。取炉灰少许于筐，剪楮人五，送至门外，焚香放一炮而还，名曰‘掐五鬼’。亦曰‘送穷气’。是日，以刀切面，煮而食之，名曰切五鬼。晚则撤祖先案上陈列祭品，放鞭炮，焚香礼拜，移神主于旧龛内，谓之‘送祖宗’。”

清同治十一年山西《河曲县志》：“初五日，俗谓之‘破五’。黎明，扫室中尘土污秽送于巷口，焚香燃爆，名曰‘送穷’。间有剪纸为妇人形者，则曰‘送穷媳妇’。韩昌黎送穷鬼岂妇人耶？里巷不经之事，付之一噱

（xué）可也。”[1]

破五的第三个风俗含义是“送穷土”。由于从除夕到破五前，俗忌洒扫，到初五这天将这几天的尘土污秽一并扫地出门。民国二十八年（1939年）河北《赵州志》载：“五日扫除秽土置门外，曰送‘五穷’。”也有的既送穷土，又送五穷媳妇。民国二十四年（1935年）《张北县志》载：“正月初五日，俗谓之‘破五’，各家用纸制造妇人，身背纸袋，将屋内秽土扫置袋内，送门外燃炮炸之，俗谓之送五穷。亦有儿童高喊歌唱者。”[2]

几千年不得温饱的贫穷生活，使脆弱的小农谈穷色变，只能借助元旦送穷的习俗来表达自己的美好愿望，享受这空洞的慰藉和满足。

由于正月初五是元旦的结束，民间“五日，祀五路神，以祈财利。自子至辰，爆竹不绝声”。“五日，市贾祀财神开市。嘉、道年间，初三日始有开店者，今初二日列肆满街，盖民贫俗俭，买者卖者均无力坐食矣”[3]。“五路神”即财神，在明代许仲琳《封神演义》中的五路财神是赵公元帅和招宝天尊萧升、纳珍天尊曹宝、招财使者陈九公、利市仙官姚少司。也有的说“五路”谓东、西、南、北、中，意为出门五路，皆可得财。民间传说正月初五是财神的生日，各家置办酒席，为财神贺辰，希望它在新的一年保佑大家财源滚滚。

（四）初一以后的节日

宋朝以后，随着娱乐活动和拜访的增多，春节的时间拉得越来越长。由于节日太多，以至于出现节中套节的现象。同时，节日的密度也增大了，从元旦到元宵，几乎天天都有，甚至是鸡狗菜果都排上了节日。

〔1〕丁世良、赵放主编：《中国地方志民俗资料汇编》华北卷引，北京：书目文献出版社，1995年版，第140、206、655、566、689页。

〔2〕丁世良、赵放主编：《中国地方志民俗资料汇编》华北卷引，北京：书目文献出版社，1995年版，第111、156页。

〔3〕丁世良、赵放主编：《中国地方志民俗资料汇编》华东卷上引清光绪八年江苏《周庄镇志》，民国八年江苏《太沧州志》，北京：书目文献出版社，1995年版，第390、415页。

各地许多方志都引西汉东方朔《占书》云："一日为鸡，二日为犬，三日为猪，四日为羊，五日为马，六日为牛，七日为人，八日为谷，九日为果（有的为蚕），十日为菜（或麦），是日晴和则吉，阴惨则否。"

据《北史·魏收传》载，东魏孝静帝"问何故名'人日'"？群臣"皆莫能知"，魏收回答说："晋议郎董勋《答问礼俗》云：正月一日为鸡，二日为狗，三日为猪，四日为羊，五日为牛，六日为马，七日为人。"魏收只提晋董勋，不提西汉东方朔的《占书》，可能《占书》所记是后人附会的，但至少从魏晋时期就有这种说法了。后来民间又把正月十一日作为庄稼会。

其实，这些日子并不是独立的节日，而是正月里的风俗事项，人们只是"以天之晴阴验人畜、谷菜之否泰、丰歉"〔1〕。在这些节日中，最重要的是初七人日。唐诗人杜甫有"人日题诗寄草堂"的诗句。《荆楚岁时记》载："正月七日为人日，以七种菜为羹，剪彩为人，或镂金箔为人，以贴屏风，亦戴之头鬓。又造华胜相遗。"《杂五行书》〔2〕讲："正月七日，男吞赤豆七颗，女吞二七颗，竟年无病。"这种人和家畜、庄稼一起排序的风俗，是中国农业与家庭畜牧业相结合、自给自足的自然经济的反映。

后来，从元旦到元宵节一直充满节日气氛，甚至有"有心拜节（年），寒食不迟"〔3〕之说。

〔1〕丁世良、赵放主编：《中国地方志民俗资料汇编》华北卷引民国二十年河北《乾安县志》，北京：书目文献出版社，1995 年版，第 228 页。

〔2〕《太平御览》卷三〇《时序部一五·人日》引，北京：中华书局，1960 影印版。

〔3〕《古今图书集成·岁功典·元旦部》引《直隶志书》，北京：中华书局，成都：巴蜀书社，1985 年版。

第2节 元宵节

一、元宵节的起源

元宵节是先秦时期“庭燎”、汉武帝祭祀“泰（太）一”神，佛教燃灯礼佛互相融合的产物。

先秦时的庭燎有两种。一种表天子勤政。诸侯来朝时，天子在夜未央燎烛以问夜，等待时刻到来，以使诸侯早朝。《诗经·小雅·庭燎》歌颂周宣王说：“夜未央，庭燎之光，君子（诸侯）至止，鸾声将将。”另一种是丧葬、祭天、来宾等邦国大事，皆燎烛照众。《周礼·秋官司寇·司烜氏》载：“凡邦之大事，共坟庭燎。”郑玄注曰：“坟，大也。树于门外曰大烛，于门内曰庭燎，皆所以照众为明。”这种庭燎之俗，没固定在某天进行，可视为元宵节放灯的最早渊源。

汉武帝在五帝之上又设立了个最高天帝，叫泰一神，在甘泉宫修建泰一神祠坛。正月十五黄昏开始，用盛大的灯火祭祀，通宵达旦。东汉明帝时，蔡愔从印度求得佛经归来，为了弘扬佛法，下令正月十五在宫廷和寺院“燃灯表佛”。据唐道世撰《法苑珠林》说，东汉明帝永平十四年（71年），召诸山道士与西域和尚在白马寺比

夏历正月十五是元宵节。道教称作上元节，是上元天官降凡赐福之日，在民间影响不大。

较法力。道士设坛焚经，而和尚的舍利经像“光明五色，直上空中，旋环如盖。于时，天雨宝花，大众咸悦”。当时道教仅有黄老道等原始形态，上述说法显然是为了扬佛抑道而作。不过，正月十五放灯火的确是中印文化交流的结果。东汉班勇《西域记》[1]载：“摩揭陀国正月十五日僧徒俗众云集，观佛舍利放光雨花。”佛教燃灯礼佛的形式，把汉宫中放灯火祭泰一神的风俗带到了民间。从此，就有了正月十五张灯结彩的风俗。

中国古代有宵禁之制。《周礼·秋官司寇·司寤（wù）氏》载：“掌夜时，以星分夜，以诏夜士夜禁。禁晨行者，禁宵行者、夜游者。”汉代两都亦有宵禁之制，由执金吾负责。后来历代王朝均奉行不替，如《元史·兵志四》载：“其夜禁之法：一更三点钟声绝，禁人行；五更三点钟声动，听人行。”汉代皇帝特许，正月十五和前后两晚弛禁，允许百姓观灯。

元宵节始盛行于隋朝，后历代王朝经久不衰。

《隋书·柳彧传》记载，柳彧上书隋文帝说，每逢正月十五，人们“充街塞陌，聚戏朋游，鸣鼓聒天，燎炬照地，人戴兽面，男为女服，倡优杂技，诡状异形”，有的“高棚跨路，广幕陵云，袨（xuàn）服靓妆，车马填噎……竭赀破产，竞此一时”，请禁绝这一竞奢的风俗。隋文帝还算个节俭的皇帝，采纳柳彧的建议，禁止元宵张灯及娱乐活动。相州刺史长孙平因禁止不力，被免官。到隋炀帝时，又带头铺张起来。据《隋书·音乐志》载：“每岁正月，万国来朝，留至十五日。于端门外，建国门内，绵亘八里，列为戏场。”化了装，穿上五彩缤纷的妇人服的歌舞人员有3万多人，文武百官都在路旁搭起棚子观看。灯火光照天地，彻夜不灭，歌舞也夜以继日，直到正月三十日。

随着元宵放灯活动愈演愈烈，唐代“正月十五日夜，敕金吾弛禁，前后各一日，以看灯火”[2]。

宋徽宗在金国虎视眈眈的情况下，每年都隆重庆祝元宵节。宣和四年（1122年），元旦刚过，宋徽宗便数着天数盼望元宵节的到来。一嫌日子过得太

---

〔1〕《太平御览》卷三〇《时序部一五·正月十五日》引，北京：中华书局，1960年影印版。

〔2〕《太平御览》卷三〇《时序部一五·正月十五日》引《两京新记》，北京：中华书局，1960年影印版。

▲明　吴彬　《岁华纪胜图册·元夜》

慢，二怕到了那天天阴下雪扫了兴，竟想出了一个荒唐的新招——预借元宵。有位无名氏写了一首《贺圣朝》云："太平无事，四边宁静狼烟渺。国泰民安，谩说尧舜禹汤好……奈吾皇，不待元宵景色来到，只恐后月，阴晴未保。"没过五年，宋徽宗就当了金人的俘虏。

明成祖永乐七年（1409 年）规定："上元节自十一日为始，赐节假十日。"[1]

二、放灯、观灯和歌舞百戏

元宵节最主要的景观是放灯，从朝廷到庶民都制作各式各样的花灯挂在门口街旁。当然还是由朝廷带头，上行下效。

唐玄宗先天二年（713 年）正月十五，在安福门外制作一巨型灯轮，高达

〔1〕《古今图书集成·岁功典·上元部》引《永乐七年诏》，北京：中华书局，成都：巴蜀书社，1985 年版。

20 丈，以金银丝缎为饰，悬挂花灯 5 万盏，犹如霞光万道的花树，灯下还有数千宫女轻歌曼舞。唐玄宗还命南方工匠毛顺制造了一座高 150 尺、阔 20 间的灯楼，微风吹来，金玉铮铮作响，灯上虎豹龙凤腾跃。[1]

皇帝带头，皇亲国戚也夸富斗奢。《开元天宝遗事》载，杨贵妃的大姐韩国夫人制作了“百枝灯树”，高达 80 尺，放在高山上，百里之外皆见光明。

宋代的花灯更加巧夺天工，在棚上张灯结彩，呈山林状，点燃后万灯齐明，称作灯山。皇宫内的灯山有文殊跨狮子、普贤骑象。菩萨的手臂活动自如，手指能喷出五道水柱，飞流直下，状如瀑布，是中国最早的人工喷泉技术。北宋汴京相国寺大殿前，还有诗灯牌，上书“天碧银河欲下来，月华如水照楼台”“火树银花合，星桥铁锁开”等诗句。制作时先将木板镂空成字，放进灯，点燃灯火，再用彩色纱绢罩贴。[2]其他如火龙灯、琉璃灯、白玉灯、走马灯等，均精奇豪华，独具匠心。

豪华精奇的花灯，激发了文人学士的绝妙文思。唐诗人苏味道《正月十五夜》云：“火树银花合，星桥铁索开。”宋人何梦桂《灯夕乐舞》云：“天碧星河欲下来，东风吹月上楼台。玉梅雪柳千家闹，火树银花十里开。”简直句句锦绣，字字珠玉。

因此，元宵之夜的京师成为最热闹的地方。士女无不争相观看，人山人海。唐代长安街上甚至有人被挤得悬空而起，自己不挪步，被带出数十步远。

各地地方官也令穷乡僻壤的百姓元宵放灯。南宋陆游《老学庵笔记》卷五记载了一位叫田登的知州，“自讳其名，触者必怒，吏卒多被榜笞，于是举州皆谓‘登’为‘火’。上元放灯，许人入州游观。吏人遂书榜揭于市曰：‘本州依例，放火三日。’”“只许州官放火，不许百姓点灯”的典故，由此而来。

宋代元宵节的灯品增加了两项新内容：一是兴起了焰火，又称烟火，现在叫礼花。南宋周密《武林旧事》卷二《元夕》记载了南宋孝宗时元宵节放灯的盛况。当时有一种“金炉脑麝”“如祥云五色，荧煌炫转，照耀天地”。为了观赏这

---

〔1〕《古今图书集成·岁功典·上元部》引《朝野佥载》《灯影记》，北京：中华书局，成都：巴蜀书社，1985 年版。

〔2〕参见南宋孟元老：《东京梦华录》卷六《元宵》《十六日》，北京：文化艺术出版社，1998 年版。

奇妙的景色，为孝宗擎辇的随从都倒着行走。越到深夜，焰火越多，“宫漏既深，始宣放烟火百余架”。二是出现了灯谜，即把谜语贴在灯上，供游人猜射。《武林旧事》卷二《灯品》载：“又有以绢灯剪写诗句，时寓讥笑，及画人物，藏头隐语，及旧京诨语，戏弄行人。”明人徐祯卿《翦胜野闻》[1]载：“（明）太祖尝于上元夜微行京师，时俗好为隐语，相猜以为戏。乃画一妇人赤脚怀西瓜，众哗然。帝就视，因喻其旨谓淮西妇人好大脚也，甚衔之。明日命军士大僇居民，空其室。盖马后祖贯淮西，故云。”如此看来，古代的节日也不光是喜庆欢乐，还有统治者的暴虐和平民百姓的灾祸。

除放灯、观灯外，元宵节还有歌舞百戏。《东京梦华录》卷六《元宵》载，歌舞百戏在正月初七前就开始了，“奇术异能，歌舞百戏，鳞鳞相切，乐声嘈杂十余里，击丸蹴鞠，踏索上竿……奇巧百端，日新耳目”。《武林旧事》卷二《舞队》记载的南宋元宵节大小全棚傀儡舞就有查查鬼、快活三郎、瞎判官、快活三娘、男女竹马、男女杵歌、孙武子教女兵、扑蝴蝶、划旱船、踩高跷、耍和尚等70余种。到了清代，又增加了扭秧歌、打腰鼓等许多民间娱乐形式。有的地方以跳绳为戏，称作“跳百索”。正月十六日男女群游观灯称作“走百病”。临水的地方，元宵多放河灯。有的用萝卜之类的东西做灯台，插上灯芯，放一点儿油，屋内院内及野外祖坟上各送一盏，称作“送灯”。

三、吃元宵

元宵又称“圆宵”“圆子”“汤圆”，是必食的节日食品。

《荆楚岁时记》载，东晋正月十五“作豆糜加油糕”，已有吃糕的习俗。唐代开始吃元宵，当时叫“油䭔（duī）”，北宋陶谷《清异录》叫“油画明珠”。宋人因其熟后浮于水面，称“浮圆子”。南宋始包糖馅儿，叫“乳糖圆子”。后来，又以白糖、枣泥、芝麻、核桃、山楂、豆沙等制馅儿，花色品种也就日益多

[1]《古今图书集成·岁功典·上元部》引，北京：中华书局，成都：巴蜀书社，1985年版。

样化了。

从把香甜美味装到里面的元宵、月饼以及包子、水饺、馄饨，说明中国人特别重视实际内容的价值取向。反映在人际关系上，中国人特别鄙视那些花言巧语而不务实际的人，总要“观其言而察其行”，把那些内里一团糟的人，叫作“金玉其外，败絮其中”。

正月十五舞龙灯

第3节 清明节

一、清明节探源

清明节由寒食、修禊、扫墓三种风俗事象融汇而成。

经过一冬的干燥，春天一打雷，很容易引起火灾，所以先秦时有春天禁火的风俗。《周礼·秋官司寇·司烜氏》载：“中春，以木铎修火禁于国中。”

山西晋地流传，寒食是纪念春秋晋文公时的介子推。介子推辅佐晋文公在外流亡19年，晋文公当上国君后封赏功臣，遗忘了他，介子推遂和母亲隐居绵山中。晋文公得知，圈绵山为介子推封田，故后人又称绵山为介山。晋地传说，介子推曾在困饿之际割下大腿肉给晋文公吃，后来晋文公烧山逼他出来，介子推与母亲抱树被烧死。晋文公哀痛不已，令当地在介子推死日不得举火。查《左传》与《史记》，介子推未得封，隐居绵山，晋文公改绵山为介山，并作为介子推的封地，确有其事，但并无烧山和下令寒食之事。

最早记载晋文公焚山、介子推被烧死的是《庄子》和西汉末刘向的《新序》，但无寒食的记载。如《庄子·盗跖》载：“介子推至忠也，

清明节是二十四节气之一，但它与上述“四时八节”不同，“四时八节”的节日风俗都是由它自身的时令演变出来的，而清明节的主要风俗寒食、修禊、扫墓等，已脱离了气候、物候、农事的性质。

自割其股以食文公。文公后背之，子推怒而去，抱木而燔死。”这里只是说介子推被燔死，但没明确说晋文公焚山。东汉末蔡邕的《琴操》[1]将禁火与介子推联系起来，但时间是五月五日，而不是清明，“介子绥（推）割腓骨以啖重耳，重耳复国，子绥独无所得，甚怨恨，乃作龙蛇之歌以感之。终不肯出，文公燔山求之，子绥遂抱木而烧死。文公令民，五月五日不得发火”。

禁火寒食纪念介子推的风俗起自汉代的晋地，但时间是盛冬，而不是清明。《后汉书·周举传》载：

> 周举稍迁并州刺史，太原一郡旧俗以介子推焚骸，有龙（火）忌之禁。至其亡月，咸言神灵不乐举火，由是士民每冬中辄一月寒食，莫敢烟爨。老小不堪，岁多死者。举既到州，乃作吊书以置子推之庙，言盛冬去火，残损民命，非贤者之意，以宣示愚民，使还温食。于是众惑稍解，风俗颇革。

把寒食放在清明的前几日，是在魏晋时期。东晋陆翙（huì）《邺中记》[2]载：“并州俗，冬日后百五日为介子推断火冷食三日。”冬至后105天，正好是清明之前。另外，《晋书·石勒载记》《魏书·高祖纪》分别记载了后赵石勒、北魏孝文帝禁断寒食的规定，其时间和唐宋时期基本一致。《东京梦华录》卷七《清明节》也记载：“冬至后一百五日为大寒食……寒食第三节（日）即清明日矣。”

禁火寒食仅在山西介山一带流行，且魏晋南北朝时期才放在清明前，在其他地区则不太流行。古代大部分地区清明前后的传统节日是第四章提到的、与春游联系在一起的修禊节，也叫春禊。因在三月上旬的第一个巳日举行，又叫上巳节。

先秦时期即流行修禊的风俗。《周礼·春官宗伯·女巫》载：“女巫掌岁时祓（fú）除。”《后汉书·礼仪志上》注引《韩诗》曰：“郑国之俗，三月上巳，之溱、洧两水之上，招魂续魄，秉兰草，祓除不祥。”春天是瘟疫和流行感冒的

---

〔1〕《太平御览》卷三一《时序部一六·五月五日》引，北京：中华书局，1960年影印版。

〔2〕《太平御览》卷三〇《时序部一五·寒食》引，北京：中华书局，1960年影印版。

▶ 清明扫墓

选自《年节习俗考全图》。清明节，又称踏青节、祭祖节、扫墓节等，传统重大春祭节日，扫墓祭祀，缅怀祖先。在这天，人们会带着酒菜等供品去祭拜逝者，拿着锄头、扫把等，清除墓周围的杂草，以及烧一些纸钱，期盼亲人在另一个世界也能过得安好。

易发季节，所以要到水上盥洗，以祓除疾病。可见，修禊节是祛病免灾的节日。

两汉时期，无论官民都要修禊。《后汉书·礼仪志上》载："是月（三月）上巳，官民皆洁于东流水上，曰洗濯祓除，去宿垢疢（chèn，热病），为大洁。洁者，言阳气布畅，万物讫出，始洁之矣。"李贤注曰："后汉有郭虞者，三月上巳产二女，二日中并不育，俗以为大忌。至此月日讳止家，皆于东流水上为祈禳，自洁濯。"

魏晋南北朝隋唐时期，修禊节固定在三月三日举行，并由"洗濯祓除，去宿垢疢"的祈禳防瘟疫节日向春游性质的佳节演变。

《晋书·礼志下》载："自魏以后，但用三日，不以上巳也。"《邺中记》[1]载："石虎三月三临水会，公主、妃、主，名家妇女无不毕出临水。施张（帐）幔，车服灿烂，走马步射，饮宴终日。"西晋末年，王导为提高司马睿的声望，率领北方士族众星捧月般扈从司马睿出行，也选择了士女毕出的修禊节。

东晋永和九年（353年）修禊节，琅琊临沂（今属山东）人王羲之与谢安、孙绰等41人在山阴（今浙江绍兴）兰亭"修禊"，大家"一觞一咏"，汇成《兰亭集》，王羲之为他们写了赞誉千古的《兰亭集序》。该文叙述了兰亭周围的山水之美和聚会的欢乐之情，已没有了瘟疫垢疢的恐怖和祓禊禳灾活动了。

唐代以后，彻底摆脱了祓禊禳灾的阴影，被踏青郊游所取代。

南北朝时，在职官员常请假回乡扫墓。《魏书·高阳王传》载："任事之官，吉凶请假，定省扫拜，动辄历十旬。"唐玄宗开元二十年（732年），正式下诏："寒食上墓，宜编入五礼，永为恒式。"[2]从此，国家以礼法的形式，将扫墓的时间定为寒食节，并很快流行成俗。唐代诗人王建《寒食行》讲："牧儿驱牛下冢头，畏有家人来洒扫。"可知，从唐朝开始，已是家家清明扫墓了。

到了唐朝，寒食、修禊以及扫墓，都融汇到清明节中，清明节作为中国的传统节日，最后定型。寒食、清明虽混为一谈，但仍有先后之别。一般清明前两日为寒食，需禁火冷食，第三日是清明。

---

〔1〕《太平御览》卷三〇《时序部一五·三月三日》引，北京：中华书局，1960年影印版。

〔2〕《旧唐书·玄宗纪》，北京：中华书局，1975年版。

二、清明节的风俗活动

隋唐以后，清明节的风俗活动明显增多，除由修禊节演变而来的踏青春游、饮酒赋诗外，许多体育娱乐风俗都渗透到清明节中。

（一）“换新火”与清明戴柳

先秦时期就有钻燧易火、杼井易水、薰屋墐灶的风俗。《管子·禁藏》载：“当春三月，萩（qiū）室熯（hàn）造（燥），钻燧易火，杼井易水，所以去兹毒也。”《管子·轻重己》亦载：“冬尽而春始……教民樵室钻燧、墐灶、泄井，所以寿民也。”鲁国也有类似的风俗。《论语·阳货》载：“旧谷既没，新谷既升，钻燧改火，期可已矣。”

这里讲了齐鲁春天流行的四项禳祓消毒、卫生长寿的风俗：

第一，“萩室熯（hàn）燥”，也叫“樵室”。即燃蒿草熏屋消毒，如果是新造之屋，则燃蒿使之干燥。“萩”是一种似艾草的蒿草，有香气，山东至今仍有这种草。

第二，“杼井易水”。“杼”通“抒”，意为舀，取出。即把井里的陈水淘干，使其冒出新水，也叫“泄井”。直到明清时期，齐国旧地仍有清明“淘井”的风俗。

第三，“钻燧易火”即“换新火”。古人认为：“四时变火，以救时疾。明火不数变，时疾必兴。”[1]换新火能防治疾病，当然是认识的误区，但这种在险恶生存环境下的探索和开拓精神是值得肯定的。

第四，“墐灶”，即用泥土涂塞炉灶，使之焕然一新。

到隋文帝时，员外散骑侍郎王劭“以古有钻燧改火之义，近代废绝，于

〔1〕《隋书·王劭传》，北京：中华书局，1973年版。

是，上表请变火”。王劭还讲，由于两晋时期不换新火，以致“有以洛阳火渡江者”[1]。隋文帝采纳了他的建议。因此，钻燧改火的风俗在隋唐再度流行，并放在清明节。唐诗人沈佺期《寒食》诗“普天皆灭焰，匝地尽藏烟”、讲的是清明前的断火寒食风俗；杜甫《清明二首》诗“朝来新火起新烟”，元人张弘范《寒食后》诗“家家钻火露新烟”，讲的是寒食后的换新火风俗。

由于寒食火种灭绝，清明要重新钻木取火。据《辇下岁时记》《岁时广记》记载，唐代宫中有关人员都在宫殿前钻柳榆取火，先钻得者还能得到赏赐。皇帝还将钻取的柳榆火种赐给近臣。有的达官显贵将传火的柳条插在门前，以向人炫耀。唐诗人韩翃《寒食》写道：

春城无处不飞花，寒食东风御柳斜。
日暮汉宫传蜡烛，轻烟散入五侯家。

据唐朝段成式《酉阳杂俎》卷一《忠志》载，唐朝皇帝还“赐侍臣细柳圈，言带之免虿毒”，这应是清明戴柳的最早记载。五代、宋时，这种炫耀御赐柳条的方式，演变为在门口插杨柳枝的风俗。《东京梦华录》卷七《清明节》载，寒食的前一日谓之“炊熟”，开封用麦面做成枣饼飞燕，用柳条串起来，插在门楣上，称作“子推燕”。宋南渡后，插柳的风俗被带到了杭州。明清时期，南北各地均有在檐前门上插柳枝的习俗。由于柳枝有御赐的荣耀，人们纷纷用细柳枝编成柳冠、柳圈、柳球或者柳枝戴在头上，长沙一带称作“记年华”。当时有民谚说：“清明不戴柳，红颜成皓（一作白）首。”[2]清代的杭州，每逢清明，满街都是卖柳条的。杨韫华《山塘棹歌》描绘说：

清明一霎又今朝，听得沿街卖柳条。
相约比邻诸姊妹，一枝斜插绿云翘。

---

〔1〕《隋书·王劭传》，北京：中华书局，1973年版。
〔2〕《古今图书集成·岁功典·清明部》引《西湖游览志余·熙朝乐事》《直隶志书》，北京：中华书局，成都：巴蜀书社，1985年版。

（二）荡秋千

秋千起源于春秋齐桓公，汉代流传于宫中。《古今艺术图》[1]讲："寒食秋千，本北方山戎之戏，以习轻趫（qiáo）者也。"齐桓公伐山戎，传入中国。宋人高承《事物纪原》讲，秋千是汉武帝时的后宫之戏，本为千秋，后倒语为"秋千"。

南北朝时期，秋千传到民间。南朝宗懔（lǐn）的《荆楚岁时记》载："春时悬长绳于高木，士女衣彩服坐于其上而推引之，名曰打秋千。"

唐代清明，打秋千十分盛行。《开元天宝遗事》载，每到清明，唐宫中都要竖秋千。唐玄宗看见那些体态轻盈的宫女凌空飞舞，呼之"半仙之戏"。杜甫《清明二首》称："万里秋千习俗同。"唐诗人韦庄生动地描写了清明打秋千的情景：

满街杨柳绿似烟，画出清明三月天。
好似隔帘红杏里，女郎撩乱送秋千。

隋唐时期，秋千主要流行于北方，南宋时传到江南，明朝蔚成风俗。明人王问《秋千行顾园作》云：

此戏曾看北地多，三三五五聚村娥。
……
今日江南初见此，丽人如花映瑶水。

说到打秋千，山东寿光、潍县（今山东潍坊）的巨型人力"转秋千"，无论是秋千的规格，还是打秋千的技艺，都让人惊叹不已。嘉庆五年（1800年）《寿光县志》载：

---

〔1〕《太平御览》卷三〇《时序部一五·寒食》引，北京：中华书局，1960年影印版。

人家植双木于院落，系绳板为秋千，唐人所谓“半仙之戏”也。又或于市町广场竖巨木高数丈，缚车轮于木杪（miǎo），而垂屉板于周遭，有多至三十二索者，横巨木于下，而以人力推转，妇女靓妆盘旋空中，飞红扬紫，翩若舞蝶。千百为群，蹴尘竞赴，大抵皆齐民中下之家也。

这种人力转轮秋千同时可坐上数十百人凌空飞舞，场面十分壮观，应是现代摩天轮的前身，反映了古代机械制造方面的高超技艺和惊人的创造力。民国三十年《潍坊志稿》[1]又载：

秋千之在人家庭院者悉属旧式，惟城外白浪河边沙滩上坎地竖一木柱，上缀横梁，四面绳系画板，谓之“转秋千”。小家女子多着新衣围坐画板上，柱下围一木栅，内有人推柱使转，节之以锣。当锣声急时，推走如飞，画板可筛出丈余。看似危险，而小女子则得意自若也。又于秋千柱上顶悬一小旗，并系以钱，则有多数勇健少年猱（náo）升而上，作猴儿坐殿、鸭鸭浮水、童子拜观音种种把戏，谓之“打故事”。捷足者得拔旗，携钱以归。观者乃夸赞，呵好不绝。此盖多年积习，至今未改。

潍县的“转秋千”亦独具特色。小女子敢在高空旋转如飞，且“得意自若”，必定是从小打秋千锻炼出来的胆量。那些攀升秋千的勇健少年，已接近专业打秋千的杂技水平了。

▲潍县转秋千

（三）蹴鞠和马球

蹴（cù），亦作蹵、鞧、蹋，蹴鞠即中国古代的足球。西汉刘向《别录》[2]

〔1〕《寿光县志》《潍坊志稿》，均为丁世良、赵放主编：《中国地方志民俗资料汇编》华东卷上引，北京：书目文献出版社，1995年版，第195—196、209页。
〔2〕《太平御览》卷三〇《时序部一五·寒食》引，北京：中华书局，1960年影印版。

讲："寒食蹴鞠，黄帝所造，本兵势也。或云起于战国。按鞠与毬同，古人踏鞠以为戏。"西汉骠骑将军霍去病带兵击匈奴，在塞外"穿域蹋鞠"[1]。唐司马贞索隐曰："今之鞠戏，以皮为之，中实以毛。"由此可知，汉代蹴鞠是一项以踢球为内容的军事体育活动。"穿域"即造场地。球以皮制作，里面塞上毛，所以古代的球写作"毬"。由上述刘向《别录》的"寒食蹴鞠"可知，汉代民间过寒食也有这项活动。

唐代，蹴鞠成为清明节举行的一项娱乐活动。球的制作工艺改进了，外层为八片皮革缝制，内用动物膀胱作球胆充气，既结实又有弹性，可以集体竞赛，也可两人对踢。唐人仲无颜在《气毬赋》中写道："寒食景妍，交争竞逐，驰突喧闹，或略地丸走，乍凌空似月圆。"两人对踢，以踢的花样和次数来定胜负，称作"白打"。军队也以此习武娱乐，唐诗人韦应物《寒食后北楼作》诗："遥闻击鼓声，蹴鞠军中乐。"

唐宋时代的清明节，还盛行打马球，称作击鞠、击球、打球。马球类似足球，在球场立一球门，球放在场中，参赛者骑马手执一头弯曲的球杖，以先将球击过球门者获胜。

唐朝皇帝太宗、玄宗、宣宗、僖宗，都是球艺精湛的高手。唐僖宗曾对优人石野猪说："朕若应击球进士举，须为状元。"广明元年（880年）三月，宦官田令孜奏请以陈敬瑄等四人镇三川，唐僖宗荒唐地命四人"击球赌三川"。结果，陈敬瑄得第一，任西川节度使，杨师立为东川节度使，牛勖（xù）为山南西道节度使。

《资治通鉴·后梁纪·太祖开平元年》载，淮南节度使杨渥，"然（燃）十围之烛以击球，一烛费钱数万"。其奢靡且不论，以蜡烛照明，夜间打球，是中国最早的灯光球场。

（四）拔河

拔河的风俗源起先秦。《墨子·鲁问》载："公输子（鲁班）自鲁南游楚焉，

[1]《史记·卫将军骠骑列传》，北京：中华书局，1959年版。

始为舟战之器，作为钩强之备。退者钩之，进者强（拒）之。”可知，春秋鲁班最初设计的是一种舟战之器，其中，钩住、拉住对方后退战船的方法，演变为后来的拔河。《隋书·地理志》记载，南郡、襄阳“有牵钩之戏，云从讲武所出，楚将伐吴，以为教战，流迁不改，习以相传。钩初发动，皆有鼓节，群噪歌谣，震惊远近，俗云以此厌胜，用致丰穰。其事亦传于它郡”。

南北朝时，这种牵钩之戏盛行于南方。南朝梁宗懔《荆楚岁时记》载：“施钩之戏以绠作篾相罥（juàn），绵亘数里，鸣鼓牵之。”

南朝仍把它作为一项军事体育活动，并在军事上用来对付敌人的钩车。南朝宋元嘉二十八年（451 年），北魏太武帝猛攻盱眙（今属江苏省），“以钩车钩垣楼，城内系以弧絙（kōu gēng），数百人叫唤引之，车不能退”[1]。

唐朝，牵钩之戏发展为拔河比赛，并放在春天二三月举行，清明节达到高潮。当时，不仅名称和现在相同，比赛规则也基本一致。唐人封演《封氏闻见记》载：“古用篾缆，今民则以大麻絙，长四五十丈，两头分系小索数百条持于前，分二朋，两勾齐挽。当大絙之中，立大旗为界，震鼓叫噪，使相牵引，以却者为输，名曰拔河。”

《资治通鉴·睿宗景云元年》载，唐中宗“命文武三品以上抛球及分朋拔河。韦巨源、唐休璟衰老，随絙踣（bó）地，久之不能兴”，惹得唐中宗、后妃、公主等仰面大笑。

（五）放风筝

风筝在中国有悠久的历史。《墨子·鲁问》载：“公输子（鲁班）削竹木以为鹊，成而飞之，三日不下。”后来，人们又以纸制作，称作“纸鸢（yuān）”。五代时，又在纸鸢上装竹哨，风吹哨响，声如筝鸣，故称“风筝”，南方则称“鹞子”“纸鹞”。宋人高承《事物纪原》载：“纸鸢俗称风筝。”从宋代开始，放风筝的习俗盛行于民间。由于春季多风且暖，多在清明前后进行。宋伯仁在《纸鹞》

〔1〕《宋书·臧质传》，北京：中华书局，1974 年版。

▼清　陈枚　《清院本清明上河图卷》（局部）
图中有古人河畔放风筝的形象

诗中写道：

弄假如真舞碧空，吹嘘全在一丝风。
唯渐尺五天将近，犹在儿童掌握中。

明清时期，清明放风筝的风俗遍及全国各地。明人徐渭写《风鸢图》十首，其中一首写道：

江南江北纸鹞齐，线长线短迴高低。
春风自古无凭据，一任骑牛弄笛儿。

由于风筝能随风飘扬到很高很远的地方，古代人很早就将其运用到军事上。《新唐书·田悦传》载，藩镇田悦的军队进攻临洺（在今河北永年），守将张伾力战粮尽，以纸为风鸢，高百余丈，越过敌营，将求救信送到朝廷军营。南宋杨万里《诚斋杂记》还记载，西汉韩信放纸鸢来测量到未央宫的距离，欲穿地道入宫中。这当然是后人的附会，不过其中隐寓的勾股定理，西汉时期的数学家确已创造出来了。

另外，清明节还盛行踏青春游风俗，上述第四章行旅风俗中业已述及。

总之，从唐朝开始，清明节已从瘟疫、邪灾、火禁的恐怖中解放出来，介子推的情感也不再被理会。随着春回大地，万物更新，人们尽情地沐浴这风和日丽的春光，到处呈现出轻松欢快的生活气息。只是由于中国人祖先崇拜和宗法观念的浓重，唯一没有忘记的是到父母先人的坟墓上烧香拜土，在欢乐的气氛中保留了一份庄严肃穆的情感。

第4节 端午节

一、恶月恶日的恐怖

至迟到战国时期，北方已把五月五日视为恶月恶日了。《史记·孟尝君列传》载，孟尝君田文于五月五日生，其父田婴告诫孟尝君母说，“勿举也”，孟尝君母偷偷把他养活下来。待田婴发现，孟尝君已经长大了，田婴对孟尝君母大发雷霆说，“五月子者，长与户齐，将不利其父母”。孟尝君据理力争，这才活了下来。

两汉时期的人认为，不仅五月子不吉利，整个五月都万事不利。《风俗通·佚文·释忌》云：“俗说五月五日生子，男害父，女害母。”“俗云五月到官，至免不迁。”《论衡·四讳》讲：“讳举正月、五月子。”这些观念，不仅使古人处在恶月恶日的恐怖中，而且使生在该日的婴儿惨遭遗弃，即使有幸活下来的也时刻有一种不祥的感觉。

《西京杂记》载，王凤五月五日生，其父欲不举，其叔父曰：“昔田婴敕其母勿举田文，文后为孟尝君，以古事推之，非不祥。”父亲才把王凤养了下来。《世说》[1]载，东汉“胡广本姓

端午节在夏历五月五日，又称端五、重午、端阳。它的形成是各地风俗互相融合的产物，现在仍有不同的地区特色。一般说来，北方起自五月是恶月，端午是驱邪避恶之日；南方起自越族的龙图腾祭祀和龙舟竞渡。

〔1〕《西京杂记》《世说》，均为《太平御览》卷三一《时序部一六·五月五日》引，北京：中华书局，1960年影印版。

黄，五月五日生，父母恶之，置瓮中投于江。胡翁闻瓮中有儿啼，往取之，养为子，遂七登三司”。东晋末王镇恶五月五日生，家人以俗忌欲出继疏族，祖父王猛将他留了下来，名为“镇恶”。宋徽宗五月五日生，因俗忌改为十月十日，并称“天宁节”。

从这些事例可以看出，古人本身就对五月子不祥表示怀疑，只是由于俗忌才不得已而为之。其实，视五月为恶月也有一定的道理。五月已进入夏季，蛇、蝎、蜈蚣、蜂、蜮五毒虫[1]和蚊、蝇等毒虫都进入活动旺季，人们受伤后的伤口也容易发炎。由于它给人们带来的种种不幸，所以将其视为恶月。古人开始以感性的、质朴的认识来改造自然，顽强地生存，于是又产生了五月端午的种种风俗。

二、天师符、五时图、五色丝、艾草、菖蒲酒、石榴花、雄黄

从汉代开始，人们在端午日挂青、红、黄、白、黑五种颜色写的桃木板，叫“朱索五色印”，桃印，用来止恶气。道教产生后，又演变为贴天师符，用来镇恶。《后汉书·礼仪志中》载：“五月五日，朱索五色印为门户饰，以难止恶气。”北齐魏收《五日》诗：“辟兵书鬼字，神印题灵文。”

唐人段成式《酉阳杂俎》卷一《礼异》载，北朝妇人“五月进五时图、五时花，施帐之上”。所谓“五时图”，是在纸上画蛇、蝎、蟾蜍、壁虎、蜈蚣等五毒虫，也称“五毒符”。据说这五种毒虫互为天敌，蜈蚣克蛇，蛇克蟾蜍，蟾蜍克壁虎，壁虎克蝎子，蝎子克蜈蚣。当它们同时存在时，谁也不敢互斗，只好和平共处。将五时图挂在床帐上，无论哪一种毒虫都能从图中看到自己的天敌，就不敢叮咬人了。后来又把五毒虫绣到小孩儿肚兜上，用来驱毒虫。

《风俗通》[2]载：“五月五日以五彩丝系臂者，辟兵及鬼，令人不病瘟。”又曰：“亦因屈原，一名长命缕，一名续命缕，一名避兵缯，一名五色缕，一名朱

〔1〕旧时指蛇、蝎、蜈蚣、壁虎、蟾蜍为五毒，此据《言鲭·谷雨五毒》。
〔2〕《太平御览》卷三一《时序部一六·五月五日》引，北京：中华书局，1960年影印版。

索。”又曰，五色缯“青、赤、白、黑以为四方，黄为中央”。即汉代以青、赤、黄、白、黑色合成的五色丝系于手臂，又称作“百索”，可以避兵、驱瘟、除邪、止恶气。

隋唐以后，朝廷过端午时，皇帝和文武百官往往互相赠送五色丝。唐人窦叔向《端午日恩赐百索》诗：“仙宫长命缕，端午降殊私。事盛蛟龙见，恩深犬马知。”宋朝端午，则由文武百官向皇帝献朱丝。章得象《端午阁贴子》云：“清晓会披香，朱丝续命长。一丝增一岁，万缕献君王。”辽朝时，君臣在端午宴会上共系五彩丝，谓之“合欢结”。

可见，隋唐以后的五色丝已由避鬼除邪而演变为长寿欢乐之义了。

《夏小正》载，五月“蓄药，以蠲除毒气也”。《大戴礼记》[1]称：“五月五日蓄兰为沐。”兰是兰草，即香草，可供药用。屈原《离骚》讲：“纫秋兰以为佩。”古代人佩兰、以兰草水沐浴，都是为了清毒祛毒。

南北朝时，又出现了在门口挂艾人禳毒的风俗。《荆楚岁时记》[2]云，五月五日，“将艾以为人，悬门户上以禳毒气”。有的将艾草做成虎形，称作艾虎，戴在头上。明彭大翼《山堂肆考·宫集》载：“端午以艾为虎形，或剪彩为虎，粘艾叶以戴之。”陈元靓《岁时广记》卷二十一载王沂公《端午贴子》云：“钗头艾虎辟群邪，晓驾祥云七宝车。”南宋陆游《重午》诗：“世间各自有时节，萧艾著冠称道陵。”

艾草有香味，晒干后燃烧，可驱蚊蝇，也可灸治伤病，所以端午节最受人们重视。

唐朝又形成端午饮菖蒲酒的风俗。菖蒲是水生植物，可入药。最初饮菖蒲酒也是为了预防五毒叮咬和外伤发炎，后转化为和平长寿之意。唐人殷尧藩《端午日》诗：“少年佳节倍多情，老去谁知感慨生。不效艾符趋习俗，但祈蒲酒话升平。”宋人无名氏《夫人阁端午贴子词》云：“共荐菖蒲酒，君王寿万春。”[3]

宋代端午始戴石榴花。上述陆游《重午》诗：“叶底榴花蹙绛缯。”无名氏

---

〔1〕《太平御览》卷三一《时序部一六·五月五日》引，北京：中华书局，1960年影印版。
〔2〕《太平御览》卷三一《时序部一六·五月五日》引，北京：中华书局，1960年影印版。
〔3〕《古今图书集成·岁功典·端午部》引，北京：中华书局，成都：巴蜀书社，1985年版。

《重五》诗亦有“重五山村好榴花”的诗句。到了明朝，又将端午称作“女儿节”，小闺女端午簪以榴花蔚成风俗。除艾草、菖蒲酒外，明朝又出现用雄黄涂耳鼻的习俗。《直隶志书》载：“五月五日，家悬五雷符，插门以艾，幼儿佩纸符簪榴花，曰‘女儿节’。是日午，具角黍渍菖蒲酒，阖家饮食之。以雄黄涂耳鼻，取避虫毒之义也。”〔1〕雄黄是一种矿物，俗称鸡冠石，具有解虫蛇毒、燥湿、祛痰的功能。每逢端午，人们把房子打扫干净，洒上雄黄水，以杀死或防治毒虫。

由以雄黄涂耳鼻的习俗，又发展为端午喝雄黄酒。中国民间有“喝了雄黄酒，百病都远走”的谚语。传统戏曲《白蛇传》中，白素贞饮雄黄酒现原形的情节，即取材于这一传说。

用艾草、菖蒲、雄黄等草药驱毒祛瘟，本是古代中医的职责，所以五月端午还是古代医学家采药制药的日子。除上述《夏小正》“蓄药以蠲（juān）除毒气”的记载外，《齐民要术》《农政全书》《本草纲目》等都有端午采药、合药、制药的记载。因此，端午还应视为中国古代的制药日。

有的达官显贵生怕草药、天师符镇不住邪气，还要请道士一类的术士来家驱邪。宋人戴复古《扬州端午呈赵帅》写道：

榴花角黍斗时新，今日谁家不酒樽。
堪笑江湖阻风客，却随蒿艾上朱门。

三、龙舟竞渡和伍子胥、曹娥、屈原

在北方度恶月恶日的同时，南方正进行着激烈的龙舟竞渡活动。

南方越族以龙为图腾，在先秦时期就有祭祀龙的节日，龙舟竞渡是其活动之一。《事物原始》引《越地传》云：“竞渡之事起于越王勾践，今龙舟是也。”1935年在河南汲县战国墓出土的鉴、1965年四川成都出土的铜壶上，

〔1〕《古今图书集成·岁功典·端午部》引，北京：中华书局，成都：巴蜀书社，1985年版。

都有竞龙舟的图案，说明战国时期就有龙舟竞渡风俗，且不仅局限于吴越地区。

从汉到南北朝，中国的节日开始赋予其纪念意义和人文化的倾向。由于五月五日是恶月恶日，许多著名历史人物放在此日死去，正符合当时的观念。

至于五月端午纪念的历史人物，因地区而各不相同。

今山西一带纪念介子推，但与竞渡无关。南方吴越之俗，是纪念伍子胥和曹娥。据南宋吴自牧《梦粱录》卷九《浙江》载，伍子胥自杀后，被吴王夫差以鸱夷之革裹着扔进钱塘江，化为波神。《史记·伍子胥列传》也载，伍子胥死后，夫差以“鸱夷革”盛尸，浮之江中。吴人为他立祠于江边，命名曰胥山。每年五月五日，当地人都要泛舟江上，以迎波神。《曹娥碑》载：“五月五日，以迎伍君。”

曹娥是东汉会稽人。《会稽典录》[1]载，曹娥之父“弦歌而为巫”，五月五日溯涛迎波神而溺死。曹娥年方14岁，寻找父尸，投江而死，与父尸一起浮出江面。当地人以其孝女，为其立碑。

每到阴历五月五日，当地为纪念曹娥，在龙舟上为其塑像，划龙舟竞渡。

赛龙舟纪念屈原的说法，流行于荆楚地区。

南朝梁宗懔的《荆楚岁时记》做了较为全面的说明：“五月五日竞渡俗，为屈原投汨罗日，伤其死，故并命舟楫以拯之。舸舟取其轻利，谓之飞凫……邯郸淳曹娥碑云，五月五日时迎伍君，逆涛而上，为水所淹，事又东吴之俗，事在子胥，不关屈平（原）也。《越地传》云，起于越王勾践，不可详也。”

总之，在南北朝以前，五月端午各自纪念本地的历史人物。隋唐统一后，经过各地风俗的渗透、融汇和人民的普遍筛选，具有爱国主义精神的屈原击败了其他“对手”，龙舟竞渡纪念屈原的说法得到人们的普遍认同。

唐朝编撰的《隋书·地理志下》载：“屈原以五月望日赴汨罗，土人追至洞庭不见，湖大船小，莫得济者。乃歌曰‘何由得渡！’因尔鼓棹争归，竞会亭上，

---

〔1〕《太平御览》卷三一《时序部一六·五月五日》引，北京：中华书局，1960年影印版。

清　佚名　《闹龙舟》

习以相传，为竞渡之戏。”

《松江府志》[1]记载，徐守斋11岁时，偷偷从家里跑出去观竞渡，其父惩罚他说：“汝能作一诗，当贯汝。”守斋应声而作：

> 艾虎悬门日，龙舟竞渡时。
> 屈原遗恨在，千载楚人思。

松江府在今上海市吴淞江以南地区，旧属吴地，竞渡应纪念伍子胥或者曹娥，至此也变成屈原了。

四、角黍

角黍俗称粽子，是南北方普遍食用的端午节日食品。

西晋时的五月五日就有吃粽子的风俗了，当时一名曰“粽”，一名曰“角黍”。西晋周处《风土记》[2]载：“俗以菰叶裹黍米，以纯浓灰汁煮之，令烂熟，于五月五日及夏至啖之。一名粽，一名角黍。盖取阴阳尚相裹，未分散之时像也。”自五月端午纪念屈原的说法产生后，粽子逐渐与屈原联系在一起了。南朝梁吴均《续齐谐记》[3]载：

> 汉建武（25—56年）中，长沙区迴白日忽见士人，自称三闾大夫，谓迴曰：“君常见祭，甚诚，但常年所遗，俱为蛟龙所窃，今君惠，可以綀（楝）树叶塞其上，以彩丝缠缚之，此二物蛟龙所惮也。”迴谨依旨。今世人五日作粽，并带綀（楝）叶及五色丝，皆汨罗之遗风。

〔1〕《古今图书集成·岁功典·端午部》引，北京：中华书局，成都：巴蜀书社，1985年版。
〔2〕《太平御览》卷八五一《饮食部九·粽》引，北京：中华书局，1960年影印版。
〔3〕《太平御览》卷八五一《饮食部九·粽》引，北京：中华书局，1960年影印版。

以竹筒贮米，是最早的筒粽。从南北朝开始，粽子不仅和屈原联系起来，而且以楝叶包裹，系以五彩丝了。

隋唐以后的粽子，形制和花样不断增多，有百索粽、九子粽、角粽、锥粽、茭粽、筒粽、秤锤粽等。粽内不仅包裹枣、栗、糖果等，皇宫内的粽子还包裹杨梅。宋人无名氏诗：“不独盘中见庐桔，时于粽里得杨梅。”[1]贫民之家过端午也要吃粽子，陆游《端午》诗：“贫家犹裹粽，随时答年光。”每到端午，人们将自己制作的粽子互相馈赠、品尝，已不再扔到江里供飨屈原了。

清 徐扬《端阳故事图册》裹角黍

清 徐扬《端阳故事图册》悬艾人

〔1〕《古今图书集成·岁功典·端午部》引，北京：中华书局，成都：巴蜀书社，1985年版。

第5节 中秋节

一、中秋节的起源

中秋节是由天子夕月、秋社、赏月以及月宫的传说等多种风俗事项汇合而成的，它起源于先秦，定型于唐朝。

夕月即古代天子秋分祭祀月亮。《周礼·春官宗伯·典瑞》郑玄注：“天子常春分朝日，秋分夕月。”《史记·孝武本纪》裴骃集解引应劭语曰：“天子春朝日，秋夕月，拜日东门外。朝日以朝，夕月以夕。”现在北京的月坛，原名夕月坛，就是明清皇帝秋分祭月的场所。

由于秋分的晚上不一定有月亮，即使有月亮也不一定圆，未免大煞风景，于是民间渐渐地把秋分祭月放到中秋了。

八月中秋正是收获季节，古人要举行祭祀土神的仪式，叫作“秋报”“秋社”。《白虎通·社稷》载：“仲秋之月，择元日，命民社。《援神契》曰：‘仲春祈谷，仲秋获禾，报社祭稷。’”

夕月、秋社，可视为中秋节的渊源。

由于中秋的月亮特别皎洁晶莹，从汉代开始，由祭月、礼月逐步形成赏月之风。汉代文学家枚乘有《月赋》，西晋陆机，南朝谢灵运、沈

古代人民不仅通过观星象认识牵牛星、织女星，想象出美妙的故事，而且还认识和描绘月亮，以观月、赏月为主要活动的中秋节，就是由对月亮的崇拜和遐思，而成为传统节日的。

中秋一词，最早见于《周礼·夏官司马·大司马》：“中秋，教治兵。”

现在也有的写作“仲秋节”，严格地说应为“中秋节”，因为“仲秋”所表示的时间概念是秋天中间的整整一个月。《古今图书集成》用“仲秋部”记载整个的阴历八月，用“中秋部”记载八月十五中秋节这一天。对此，明人徐炬《事物原始》引唐诗人欧阳詹《玩月》序云：“秋之于时，后夏先冬；八月于秋，季始孟终。十五于夜，又月之中。稽于天道，则寒暑均；取诸月数，则蟾兔圆，故曰‘中秋’。言此日为三秋之中也，又谓之月夕。”

约、鲍照，北周王褒都有咏月、赏月的诗赋，但并没有固定在八月十五日，所以并没有形成节日。如西晋陆机《拟明月何皎皎》诗：

安寝北堂上，明月入我牖。
照之有余晖，揽之不盈手。

南朝宋鲍照《玩月城西门廨中》诗：

始见西南楼，纤纤如玉钩。末映东北墀，娟娟似蛾眉。
蛾眉蔽珠栊，玉钩隔琐窗。三五二八时，千里与君同。
夜移衡汉落，徘徊帷幌中。……

北周王褒《关山月》诗：

关山夜月明，愁色照孤城。半形同汉阵，全（全）影逐胡兵。
天寒光转白，风多晕欲生。寄言亭上吏，游客解鸡鸣。[1]

这些诗赋都没提到中秋月。

中秋赏月风俗的正式形成是在唐代。据《开元天宝遗事》载，八月十五日夜，唐玄宗备文酒之宴，与禁中直宿诸学士玩月，以后每年八月十五都照例赏月。为了与杨贵妃一起望月，唐玄宗还敕令于太液池西岸筑百丈高台，因安史之乱爆发，没有修成。自唐玄宗以后，出现了大量中秋咏月诗。如唐诗人白居易的《八月十五日溢亭望月》云："西北望乡何处是，东南见月几回圆。"韦庄的《送李秀才归荆溪》云："八月中秋月正圆，送君吟上木兰船。"司空图《中秋》云："此夜若无月，一年虚过秋。"北宋苏东坡的《水调歌头》云："明月几时有？把酒问青天。"都是中秋赏月的佳句。不仅文人学士赏月、咏月，平民百

〔1〕《太平御览》卷四《天部四·月》引，北京：中华书局，1960年影印版。

▶清 佚名《画院画十二月令图·八月图轴》

◀清 陈枚《月曼清游图》

姓亦“千家看露湿，万里觉天清”[1]。

宋代中秋节赏月的风俗十分盛行。《东京梦华录》卷八《中秋》载：“中秋节前，诸店皆卖新酒，重新结络门面、彩楼、花头、画竿、醉仙锦旆。市人争饮至午未间……中秋夜，贵家结饰台榭，民间争占酒楼玩月……儿童连宵嬉戏，夜市骈阗，至于通晓。”

宋代以后的中秋赏月更加流行。宫中八月十五，“日供月饼、瓜藕，候月上，焚香，即大肆饮啖，多竞夕始散”[2]。民间则设瓜果酒馔，祭月燕饮。有的地区借月圆之意，称作“团圆会”“团圆节”“圆月”等。北方许多地区还有“酬佣工”的风俗，主人和长工、短工一起饮酒赏月，酬谢他们一年的劳作。

由于中秋节赏月，元宵节放花灯，许多地区都发现，中秋节云遮月，来年元宵节必下雨雪。安徽一带民谚云：“云暗中秋月，雨打上元灯。”[3]山东一带流传“八月十五云遮月，正月十五雪打灯”。

二、中秋月饼

关于“月饼”的来历，说法众多。民间传说，元末江苏高邮人张士诚（一说朱元璋）为号召人民反元，中秋节将纸条夹到月饼中，约定起义的时间。从此，每逢中秋节吃月饼，纪念这一斗争。河北《新河县志》载：“相传月饼之会为朱元璋杀鞑子之暗记。”山东《青城县志》载：“八月十五杀鞑子。”《台南县志》载：“汉人以密令藏月饼，相约一时起义，遂于一夜杀完元兵，所以才有俚

［1］（唐）张南史：《和崔中丞中秋月》，参见《古今图书集成·岁功典·中秋部》引，北京：中华书局，成都：巴蜀书社，1985年版。

［2］《古今图书集成·岁功典·中秋部》引《酌中志略》，北京：中华书局，成都：巴蜀书社，1985年版。

［3］《古今图书集成·岁功典·中秋部》引《秦淮故事》，北京：中华书局，成都：巴蜀书社，1985年版。

言‘三家养一员，一夜刽完元’。”〔1〕其实，这些传说本身即可证明，元朝就有中秋吃月饼的习俗。

作为节日食品的月饼，唐代就有了。《洛中见闻》载，唐僖宗中秋吃月饼，味道极美，命御膳房将月饼赐给新科进士。

南宋吴自牧的《梦粱录》卷十六《荤素从食店》、元朝周密的《武林旧事》卷六《蒸作从事》，都提到月饼。月饼最初由家庭制作，到明清逐步演化为商品。据《燕京岁时记》载，清代前门致美斋制作的月饼为京都第一。直到今天，每逢中秋节，各个食品店都摆满了琳琅满目的月饼，各种花色、品种、样式、口味应有尽有。中秋向亲友馈赠月饼，成为必须履行的人情，也是中秋节前人际间主要的交往形式。奇怪的是，像粽子、年糕、元宵一类的节日食品，平日也可以吃，唯独月饼，不是中秋节前后，既无卖的，也无吃的，是最具特定意义的节日食品。

到唐代为止，有关中秋神话、传说、风俗，以及节日食品等，都基本齐备了中国传统的中秋节最后定型。

▲中秋赏月《年节习俗考》

〔1〕丁世良、赵放主编：《中国地方志民俗资料汇编》，北京：书目文献出版社，1995年版，华北卷第513页，华东卷上第183页，华东卷下第1831页。

第6节 重阳节

一、重阳节的起源

重阳节在战国时期已经萌芽，重阳的名称、餐菊、登高的习俗都产生了。屈原《远游》曰：“集重阳入帝宫兮，造旬始而观清都。”《离骚》云：“朝饮木兰之坠露兮，夕餐秋菊之落英。”北宋高承《事物纪原》载：“齐景公始为登高。”

至于登高、餐菊是否固定在九月九日，已无从考证了。重阳节作为一种节日，至迟在两汉时期已经形成了。《西京杂记》[1]载：“汉武帝宫人贾佩兰云，在宫时，九月九日佩茱萸，食蓬饵，饮菊花酒，令人长寿。”东汉崔寔《四民月令》[2]也记载：“九月九日，可采菊华（花）。”

东汉开始流传用登高、菊花酒、茱萸囊攘除恶气、灾厄的说法。南朝梁吴均《续齐谐记》[3]载，东汉汝南桓景随方士费长房学道，费长房告

〔1〕《古今图书集成·岁功典·中秋部》引，北京：中华书局，成都：巴蜀书社，1985年版。
〔2〕《太平御览》卷九九六《百卉部三·菊》引，北京：中华书局，1960年影印版。
〔3〕《太平御览》卷九九一《药部八·茱萸》引，北京：中华书局，1960年影印版。

重阳节是夏历九月九日。《易经》将九定为阳数，九月九日的月、日都是九，故曰“重阳”。魏文帝曹丕《与钟繇九日送菊书》讲：“岁往月来，忽复九月九日。九为阳数，而日月并应，俗嘉其名，以为宜于长久，故以享宴高会。”

诫桓景说："九月九日汝家有灾厄，宜令急去，家人各作绛囊盛茱萸以系臂上，登高饮菊花酒，可消。"重阳过后，待桓景全家回来一看，院中的鸡、狗、猪、羊、牛全都暴死。费长房说，这是家畜代你们受了祸。从此，"世人每至此日，登高山、饮酒、戴茱萸囊是也"。由此可知，重阳节还是古人同灾难、瘟疫、厄运抗争的避难节，民间有句话叫"躲过三月三，躲不过九月九"，与重阳节避难不无关系。

二、重阳节的风俗活动

（一）登高

重阳节登高最著名的典故是"龙山落帽"和项羽戏马台。

东晋桓温九月九日于龙山（今安徽当涂东南）大宴僚佐，参军孟嘉被风吹落帽子而不觉。待其如厕，桓温命左右取帽放其座上，并命孙盛作文嘲弄他。孟嘉返回，作文回赠，"其文甚美，四座嗟叹"[1]。后来，"龙山落帽"成为才华横溢的典故。辛弃疾《念奴娇》称："龙山何处？记当年高会，重阳佳节，谁与老兵共一矣？落帽参军华发。"

楚汉战争时，项羽自立为西楚霸王，定都彭城，在城南南山检阅士兵操练兵马，故名项羽戏马台。东晋末年，大将刘裕九月九日"出项羽戏马台，至今丞相以为旧准"[2]。项羽戏马台因而成为重阳登高、赋诗的名胜，谢灵运、谢瞻、韩愈、苏轼、辛弃疾、文天祥都曾到此登台咏诗。

今徐州项羽戏马台位于徐州市区南部户部山上。明朝天启年间（1621—1628年）徐州大水，徐州户部分司署迁台上办公，此后改称户部山。现戏马台为1987年重修，占地800平方米，修复和新增景点30余处。

〔1〕《晋书·孟嘉传》，北京：中华书局，1974年版。
〔2〕《南齐书·礼志》，北京：中华书局，1972年版。

（二）插茱萸

茱萸是一种常绿带香的植物，具有杀虫消毒、逐寒祛风的功能，被称为“辟邪翁”。西晋周处《风土记》[1]载：“俗九月九日谓为上九，茱萸到此日气烈，熟，色赤，可折茱萸囊以插头，云避恶气御冬。”隋唐时期，重阳节插茱萸蔚然成风，王维的《九月九日忆山东兄弟》载：

独在异乡为异客，
每逢佳节倍思亲。
遥知兄弟登高处，
遍插茱萸少一人。

（三）采菊花、饮菊花酒

两汉时期，采菊花，饮菊花酒已蔚然成风。《风土记》[2]载：“汉俗九日饮菊花酒以祓除不祥。”由于菊花可辟邪，使人长寿，所以古人称菊花为“延寿客”“制颓龄”。两汉以后，菊花和重阳节结为不解之缘，人们纷纷采菊、赏菊、咏菊、饮菊花酒，用菊花配制不老方。

陶渊明是古代最喜欢重阳节饮酒咏菊的诗人，辞官隐居后，“九月九日无酒，宅边东篱下菊丛中摘（菊）盈把，坐其侧。未几，望见白衣人至，乃王弘送酒也。即便就醉

▶清 陈枚《月曼清游图》重阳赏菊

〔1〕《太平御览》卷九九一《药部八·茱萸》引，北京：中华书局，1960年影印版。
〔2〕《古今图书集成·岁功典·重阳部·汇考》引，北京：中华书局，成都：巴蜀书社，1985年版。

清　余省《无射戒寒图》展示了重阳节采菊登高的画面

而后归”[1]。他写的《九日闲居》[2]序也有此心境：“余闲居，爱重九之名，秋菊盈园而持醪靡由，空服九华，寄怀于言。”其中有“酒能祛百虑，菊为制颓龄”的诗句。这就是“陶公咏菊”“白衣送酒”的故事。唐初王勃《九日》诗，“九日重阳节，开门有菊花。不知来送酒，若个是陶家”，描写的就是这件事。

南朝宋王韶之《太清记·不老方》[3]载：“九月九日采菊花与茯苓、松脂，久服之，令人不老。”《本草纲目》亦载：“九月九日采白菊花，名曰金精菊花二斤，茯苓一斤，捣罗为末，每服二钱，温酒调下，日三服。或以炼过松脂和丸，鸡子大，每服一丸。主（治）头眩，久服令人好颜色，不老。”

在古代，几乎是“无菊无酒不重阳，不插茱萸不过

明代 陈洪绶《玩菊图》

〔1〕《太平御览》卷三十二《时序部一七·九月九日》引《续晋阳秋》，北京：中华书局，1960年影印版。
〔2〕《古今图书集成·岁功典·重阳部·艺文二》引，北京：中华书局，成都：巴蜀书社，1985年版。
〔3〕《古今图书集成·岁功典·重阳部·汇考》引，北京：中华书局，成都：巴蜀书社，1985年版。

节”。南宋吴自牧《梦粱录》卷五《九月》载：“日月梭飞，转盼重九。盖九为阳数，其日与月并应，故号曰‘重阳’。是日孟嘉登龙山落帽，渊明向东篱赏菊，正是故事。今世人以菊花、茱萸浮于酒饮之，盖茱萸名‘辟邪翁’，菊花为‘延寿客’，故假此两物服之，以消阳九之厄。年例，禁中与贵家皆此日赏菊，士庶之家亦市一二株玩赏。”宋元之交周密《乾淳岁时记》[1]载，偏安江左的小朝廷南宋过重阳，也要在临安（今浙江杭州）庆瑞殿点菊花灯，“分列万菊”。

（四）赋诗

两汉以后，皇帝百官、文人学士重阳节登高饮酒、赋诗咏怀等风雅之事史不绝书。唐朝宫中重阳节，皇帝也和文武百官一起饮酒赋诗，并赐重阳宴。唐中宗景龙三年（709年）九月九日，与群臣登高饮酒赋诗，规定最后成诗者罚酒。结果，卢怀慎最后完成，被罚了酒。《新唐书·王勃传》载，王勃的父亲左迁交趾令，王勃前去省亲，路过南昌，恰遇洪州都督阎氏九月九日大宴宾客于滕王阁。都督原计划让其婿作序，以在宾客面前夸耀，故意拿出纸笔让宾客们写。王勃泛然不辞，都督怒起更衣，让手下看王勃写些什么，逐句禀报。当都督看到“物华天宝”“人杰地灵”“落霞与孤鹜齐飞，秋水共长天一色”等佳句时，由衷感叹说：“天才也！”

当然，更多的还是赏菊、咏菊的诗。陶渊明有“采菊东篱下，悠然见南山”的诗句，从此“东篱”成为菊花园的别称，为咏菊文人所津津乐道。北宋词人柳永《玉蝴蝶·重阳》有“西风吹帽，东篱携酒”的诗句。南宋女词人李清照重九写的《醉花阴》，也借“东篱”组词，留下了“东篱把酒黄昏后，有暗香盈袖。莫道不销魂，帘卷西风，人比黄花瘦”的千古佳句。

唐末农民起义领袖黄巢写过著名的《不第后赋菊》：

待到秋来九月八，我花开后百花杀。

〔1〕《古今图书集成·岁功典·重阳部·纪事》引，北京：中华书局，成都：巴蜀书社，1985年版。

冲天香阵透长安，满城尽带黄金甲。

南宋张端义《贵耳集》[1]载，黄巢五岁时和父祖一起对菊花联句。祖父正在思考，黄巢信口抢答道："堪与百花为总首，自然天赐赭黄衣。"父亲大怒，上前就要打。祖父制止说："孙能诗，但未知轻重，可令再赋一篇。"黄巢应声吟道：

飒飒西风满院栽，蕊寒香冷蝶难来。
他年我若为青帝，报与桃花一处开。

子孙在父祖面前要礼让，赋诗撰文也不能占先。由此可知，古代重阳节还蕴含着儒家的孝道和改天换地的豪情。毛泽东就是继承了这种豪情，写下了《采桑子·重阳》：

人生易老天难老，岁岁重阳，今又重阳，战地黄花分外香。
一年一度秋风劲，不似春光，胜似春光，寥廓江天万里霜。

（五）射箭

西周时期，天子、诸侯、卿大夫有宾射、燕射、大射之礼，一般民众也有春秋定期举行的乡射之礼。射还是当时礼、乐、射、御、书、数六艺之一。秦汉以后，朝廷除定期举行大射之礼外，在春蒐、夏苗、秋狝、冬狩等四时围猎及宫廷宴会等场合，都少不了较射讲武。重阳节饮酒射箭，就是注重讲武习射传统向节日的渗透。

《南齐书·礼志》讲："九月九日马射。或说云，秋金之节，讲武习射，象汉立秋之礼。史臣曰：案晋中朝元会，设卧骑、倒骑、颠骑，自东华门驰往神虎门，此亦角抵杂戏。宋武（刘裕）为宋公，在彭城，九日出项羽戏马台，至今相

〔1〕《古今图书集成·草木典·菊部·纪事》引，北京：中华书局，成都：巴蜀书社，1985年版。

承，以为久准。”可知重阳节骑马射箭之俗，起于东晋南朝。南朝陈后主重阳节观马射，还写下了《同管记陆瑜九日观马射》诗：

且观千里汗，仍瞻百步杨。
非为从逸赏，方追塞外羌。

唐太宗贞观十六年（642年）重阳节，“赐文武五品以上，射于玄武门”[1]。唐初宋国公萧瑀不习射，九月九日赐射，竟一箭不中，欧阳询赋诗取笑说：

急风吹缓箭，弱手驭强弓。
欲高翻复下，应西还更东。
十回俱著地，两手并擎空。
借问谁为此，乃应是宋公。[2]

（六）食糕

糕，古代称作“饵”“粢”。《释名》曰：“饵，而也。相粘而也。”[3]先秦时期谷贱黍贵，带黏性的黍米饭是“食之贵者”。《周礼·天官·笾人》载：“羞笾之实，糗饵粉粢。”郑玄注曰：“粢谓干，饵，饼之也。此二物皆粉稻米、黍米所为也。合蒸曰饵，饼之曰粢。”郑玄认为，周代就有将黍磨成面粉合蒸的糕了。上述贾佩兰说的“蓬饵”，就是糕。

也有的认为汉代以后才有糕。《野客丛谈》[4]载，唐朝诗人刘禹锡作九日诗，想用“糕”字，但想到《五经》中没有，所以没敢用。宋真宗时的名臣宋祁认为，《周礼·天官·笾人》中的“饵”“粢”就是糕，遂写《九日食糕》

〔1〕《唐会要》卷二六《大射》，北京：中华书局，1955年版。
〔2〕《古今图书集成·岁功典·重阳部·纪事》引《启颜录》，北京：中华书局，成都：巴蜀书社，1985年版。
〔3〕《太平御览》卷八六〇《饮食部一八·饵粢》引，北京：中华书局，1960年影印版。
〔4〕《古今图书集成·岁功典·重阳部·杂录》引，北京：中华书局，成都：巴蜀书社，1985年版。

诗道：

飙馆轻霜拂曙袍，糗粢花饮斗分曹。

刘郎不敢题糕字，虚负诗中一世豪。

隋代杜台卿《玉烛宝典·食蓬饵饮菊花酒》讲：“九日食蓬饵（糕）饮菊花酒者，其时黍秫并收，因以黏米嘉味，触类尝新，遂成积习。”《隋书·五行志》载当时民谚说：“七月刈禾伤早，九月吃糕正好。”可见，重阳节食糕的风俗，与收获已毕的农事季节有关。

《嘉话录》[1]载，唐朝袁师德的父亲叫袁高，因为“高”与“糕”同音，袁师德重阳节“不忍食糕”。这固然反映了儒家孝道中避父祖名讳的荒唐，但也说明孝亲比遵从节日风俗重要得多。

隋唐以后，重阳节食糕的风俗十分流行，糕的种类与花样也名目繁多。《东京梦华录》卷八《重阳》载，重阳“前一二日，各以粉面蒸糕遗送。上插剪彩小旗，掺饤果实，如石榴子、栗黄、银杏、松子肉之类。又以粉作狮子蛮王之状，置于糕上，谓之狮蛮”。

除此之外，还有食禄糕、枣栗花糕、丹桂花糕、高丽栗糕、松糕、菊黄糕等。

咏菊、饮酒、射箭、赋诗是皇帝百官及文人学士的高雅之戏，普通民众最流行的是做节日食品。每逢重阳节，家家蒸糕互相馈送。江苏一带流传：“重阳吃块糕，过寒也不焦；重阳吃块饼，过寒也不冷。”许多地区过重阳节都将嫁出去的姑娘接回来，来往过程中则互送花糕，名曰“追节”“迎九”“女儿节”。有的切一块糕，贴到儿女脑袋瓜上，祈祷三声说：“愿儿百事俱高（糕）！”

农耕生活的处境，使中国的老百姓时刻注意节日的气候和来年的收成，总结出许多有关农时气候的规律和谚语。他们发现，重阳刮东北风，则来年丰收；刮西北风，则来年歉收。重阳日晴，则一冬晴，雨则皆雨，如南方谚语说：“重阳

〔1〕《古今图书集成·岁功典·重阳部·纪事》引，北京：中华书局，成都：巴蜀书社，1985年版。

无雨看十三，十三无雨一冬干。”“不怕重阳雨，只怕重阳风。”[1]

三、重阳节的传说

重阳节的传说很多，在此仅举两例。

东晋干宝《搜神记》卷五载，安徽省全椒县有一姓丁的媳妇不堪忍受恶婆婆的虐待，于九月九日自缢而死。这位媳妇还不错，没有忘记受苦受难的阶级姐妹，变为神灵托身巫祝说：“妇女天天劳作，不得休息，九月九日不能再干活。”于是，江南人尊她为“丁姑”，把九月九日作为“息日”。这是古代唯一记载妇女劳作辛苦和妇女休息日的典籍，应该是中国古代最早的妇女劳动节。

《后汉书·独行·范式传》载，山阳金乡人范式（字巨卿）与汝南张劭（字元伯）少游太学，告归乡里时，范式对张劭说：“后二年当还，将过拜尊亲，见孺子焉。”到了约定的日期，张劭让母亲准备酒菜等待范式的到来。母亲说：“二年之别，千里结言，尔何相信之审邪？”“范巨卿信士，必不乖违。”范式果然准时赴约，二人尽欢而别。后张劭病死，托梦给范式，范式又千里迢迢到汝南奔丧。临安葬，张劭的棺柩怎么也不肯进墓穴，母亲知他在等待范式，命停棺柩等待。一会儿，范式素车白马，号哭而来，亲自“执绋而引”，张劭的棺柩才肯前行。范式为张劭修坟栽树，安置停当才离去。

后人出于对范、张二人“信义生死交”的钦佩和推崇，不断进行演绎加工。明人冯梦龙《喻世明言》第十六卷在吸收前人文学加工的基础上，演绎出一段令人肝肠寸断的故事，叫作“范巨卿鸡黍生死交”。

东汉山阳商人范式在洛阳近郊染上风寒，困在客店中。恰逢汝南人张劭进京应选，与范式同宿一家店里。在张劭的精心照料下，范式很快恢复了健康。范、张二人遂结拜为生死兄弟。分手时，范式约定来年黄花红叶的重阳节到张劭家拜

〔1〕《古今图书集成·岁功典·重阳部·汇考》引《江南志书》《福建志书》，北京：中华书局，成都：巴蜀书社，1985 年版。

见其母。张劭承诺：当杀鸡煮黍以待。

第二年重阳节，张劭早早起床，把院子、房间洒扫干净，拿出专门酿制的美酒，让弟弟杀了专门饲养的肥鸡，让母亲煮好黍米饭。然后，摆好桌椅，让母亲坐在中间，旁边摆上范式座位。遍插菊花、茱萸于瓶中，等待范式到来。母亲说："山阳到我们家迢迢千里，又是一年前的约定，恐怕范式未必能到。等他来了，再杀鸡也不晚。"张劭说："范巨卿，信士也，今日必到。我曾承诺以鸡黍招待，人家一进门就看见我承诺的饭食，才显出我们的诚意。"

范式回家后，忙于经商，忘记日期。重阳早上邻居送来茱萸酒，他这才猛然想起重阳"鸡黍之约"。可迢迢千里，无论如何也赶不上了。范式想起古人讲的"人不能行千里，魂能日行千里"，便嘱咐妻子说："我死后不要下葬，等我兄弟张元伯来了，方可入土。"说完，他自刎而死。范式的魂魄架阴风千里赴约。

张劭等范式不来，迷迷蒙蒙地进入梦乡。在梦境中，听范式讲述了实情，一下子就哭醒了，于是连夜起程，赶赴金乡。数日后到达，一打听果然如梦中情景一样，他就直奔墓地而去，哭倒于地。随后，令人买来祭物和香烛纸帛，陈列于范式灵柩前。祭后朝着范式灵柩连磕三个响头，拔剑自刎而亡。众人来不及阻拦，在惊愕中，忙为之设祭，备好棺椁把二人合葬于墓穴之中。

范、张二人死后，金乡范庄的老百姓念及他们重诺守信的壮举，改范庄为"鸡黍"，即现在的山东金乡县鸡黍镇，镇上有"二贤祠"与"范张林"。

"鸡黍之交"把承诺、信义的价值放在自己的生命价值之上，再现了古代君子之交的神圣和高尚，为重阳节又增添了一份厚重的文化意蕴。

婚姻是人类得以繁衍生息的主要方式和构成家族、亲族的基础。婚姻风俗主要包括婚姻形态、媒介、礼仪以及离婚、改嫁、夫妇间的地位等种种风俗观念。

第六章

婚姻风俗

第1节 婚姻媒介

一、媒妁婚和冰人、月老

远古社会男女自由择偶，不需要通过媒妁。商周时期，自由谈婚论嫁的氏族遗风仍大量存在。

《左传·庄公三十二年》载："初（庄）公筑台临党氏，见孟任，从之，閟（bì），而以夫人言许之，割臂盟公，生子般焉。"

《左传·昭公十一年》载："泉丘人有女，梦以其帷幕孟氏之庙，遂奔（孟）僖子，其僚（邻女）从之，盟于清丘之社曰：'有子无相弃也！'"

从这两件事反映的情况来看，"盟誓"是男女自由结合的一种形式。汉乐府《上邪》宣誓曰："上邪！我欲与君相知，长命无绝衰。山无棱，江水为竭，冬雷震震，夏雨雪，天地合，乃敢与君绝！"反映的正是远古社会这种自由择偶。

西周的统治者开始推行父母之命、媒妁之言等古代婚姻媒介的新风尚。无论是鲁国的"变其俗，革其礼"，还是齐国的"因其俗，简其礼"，都是对远古社会氏族遗风的逐步改造，对新社会风尚的倡导和推行。从男女自由择偶，到媒妁权威的树立；从对"烝""报""通"等男女关系的容忍，到"烈女不更二夫"，社会风俗传承的基本趋势是：远古氏族遗风逐渐消失，各种风俗礼制逐步树立。婚姻方面的移风易俗，齐鲁是率先垂范的地区。

传说中的媒人是女娲，被称作"神媒"。《风俗通·佚文·阴教》载："女娲祷祠神，祈而为女媒，因置昏姻，行媒始行明矣。"南宋罗泌《路史》亦载："女娲氏正媒氏，职婚姻，通行媒，以重万物之别，是曰'神媒'。"

其实，最早出现的媒人是国家法定的官员，亦即官媒。《周礼·地官司徒·媒氏》记载，媒氏职掌男女结合、登记造册，防止聘礼逾制、处理夫妻诉讼等。

齐国的官媒称“掌媒”，负责“合独”，合独是齐国的“九惠之教”之一。《管子·入国》介绍说：“一曰老老，二曰慈幼，三曰恤孤，四曰养疾，五曰合独，六曰问疾，七曰通穷，八曰振困，九曰接绝……所谓合独者，凡国都皆有掌媒，丈夫无妻曰鳏，妇人无夫曰寡，取鳏寡而合和之，予田宅而家室之，三年然后事之，此之谓合独。”

这段材料表明，设立媒妁是国家推行的婚姻法之一，它与安定民生、培养税源、富国强兵等统治政策联系在一起。后来的皇帝赐婚；地方官临堂做媒；王莽禁止民间铸钱，犯者邻里相坐，把几十万人押往长安，拆散人家夫妇重新婚配；三国军阀抢掠妇女配给将士，都是在执行官媒的职能。《元典章·户部》规定，媒妁由地方长老保送信实的妇人充当，充官为籍。

从西周到战国，媒人、父母主宰婚姻的作用逐渐增大，媒妁的职权也由仅仅主管鳏夫、寡妇的“合独”，扩大到系结未婚男女的婚姻，无媒嫁娶开始受到社会舆论的指责。

东汉许慎在《说文十二下·女部》中谈媒妁的职责时讲道：“媒，谋也，谋合二姓。”“妁，酌也，斟酌二姓也。”

《诗经·豳风·伐柯》称：“伐柯如何？匪斧不克。娶妻如何？匪媒不得。”后来称做媒为“作伐”“执柯”“伐柯”，即出此。

《诗经·齐风·南山》讲：“娶妻如之何？必告父母。”“娶妻如之何？匪媒不得。”

《诗经·卫风·氓》云：“非我愆（qiān）期，子无良媒。”

《礼记·曲礼上》云：“男女非有行媒，不相知名。”

《公羊传·僖公十四年》何休注：“礼，男不亲求，女不亲许。”

《管子·形势》云：“自媒之女，丑而不信。”

《孟子·滕文公下》云：“不待父母之命，媒妁之言，钻穴隙相窥，逾墙相从，则父母国人皆贱之。”

燕将乐毅攻破齐国，齐湣王的儿子法章逃匿到莒城太史敫家，和太史敫的女儿私订终身。法章后为齐襄王，立太史敫的女儿为王后。对太史敫来说应是天大的喜事，可他竟然宣布说："女不取媒因自嫁，非吾种也，污吾世！"[1]终生不见女儿。太史敫固然死不开窍，但由此也可看出，媒妁对婚姻风俗的制控力已很强大了。

私媒的出现也很早，多由妇人充当，称作"媒媪"，元朝始称"媒婆"。由于她善于花言巧语，乱点鸳鸯，在古代威信就不高。《淮南子・谬称训》称："媒妁誉人，而莫之德也。"《战国策・燕策一》载："周地贱媒，为其两誉也。之男家曰女美，之女家曰男富。"明清民国时期的许多地方志多记有"宁做贼，不做媒"的谚语。

由于中国古代传宗接代的婚姻价值选择，决定了媒妁在执行着一项崇高而伟大的事业，中国人对她是又恨又离不开，又送给她"冰人""月老"等种种高雅的称号。

冰人之称起自晋代。《晋书・索纨传》载，令狐策梦见站在冰上与冰下人说话，索纨为其解梦说："士如归妻，迨冰未泮，婚姻事也。君在冰上与冰下人语，为阳语阴，媒介事也。君当为人做媒。"不久，太守田豹果然来求其做媒。从此，媒人又称冰人。

月老的说法起于唐代。唐人李复言传奇小说《续玄怪录・定婚店》载，杜陵韦固多次求婚不成，为求婚住在店里。晚上见月下有一老人拿着一个包和天下定婚牍，韦固向他叙述自己求婚的情况。月下老人说，不行，你媳妇才 3 岁，17 岁才能嫁给你。我包里装的是红绳，用红绳系在男孩、女孩的脚上，长大后虽天涯海角，仇敌之家也要牵到一起。你脚上的线，我已经系到那女孩的脚上了。月老还领韦固到市场上，见到一个卖菜的老太婆抱着一个 3 岁丑女，说："此君妻也。"韦固大怒，指使家奴刺中了那丑女的眉心。14 年后，韦固娶了刺史王泰 17 岁的女儿，美丽绝伦，眉间贴一花钿。婚后，该女说，我是刺史的养女，父母双亡，乳母每日抱我卖菜，3 岁时被狂徒刺中眉心，留下疤痕。

这个月下老人千里红线牵姻缘的传说虽美妙动听，却已贯穿上姻缘前世定，不可抗争的命定格调。

---

〔1〕《史记・田敬仲完世家》，北京：中华书局，1959 年版。

媒妁在中国存在了几千年，“婚嫁有媒，买卖有保”，到新中国成立后仍然流传“天上无云不成雨，地下无媒不成婚”的俗语。今天，千年的传统与现代化的形式结成跨时代的知音，先是婚姻介绍所，接着是空中鹊桥、征婚广告、电恋网等，每当出现一种新的传媒，总是首先应用于婚姻媒介。它只是打破了过去那种一对一的狭小范围，一个人可以同时面对广泛的候选对象。但它与传统的媒妁有一个共同的特征：都是从陌生人中选择配偶。媒妁之所以长期存在，主要原因是：

1. 中国传统婚姻是家族盛衰的关键，是君臣父子等级人伦之根本，是家族型、社会型的，而不是个人型的，当然不能婚姻自主，必须通过父母、媒妁。

2. 男女授受不亲的观念需要媒妁来限制那些私合、淫奔的爱情，以保证祖宗血脉的纯正性。《白虎通·嫁娶》载：“男不自专娶，女不自专嫁，必由父母，须媒妁何？远耻防淫泆也。”

二、指腹婚和童养媳

如果媒妁婚是媒妁之言的话，指腹婚就是父母之命。

指腹婚起自汉代。《后汉书·贾复传》载，贾复在激战中受重伤，汉光武帝大惊说：“我所以不令贾复别将者，为其轻敌也，果然失吾名将。闻其妇有孕，生女邪，我子娶之；生男邪，我女嫁之。”

指腹婚在南北朝相当盛行，士族们把儿女婚事当作儿戏，以此来附庸风雅。北魏崔浩曾让王慧龙妻与卢遐妻指腹为婚。南朝韦放与张率指腹为子女们订婚。到明代，甚至割下母亲的衣襟作为指腹为婚的信物。清代婴儿还没出生，就把童养媳抱进门，称作“望郎媳”，美其名曰“插朵花儿待儿生”。

从汉朝的王符到北宋司马光都指责这种指腹婚，司马光指出：“世俗，好于襁褓童幼之时轻许为婚，亦有指腹为婚者。及其既长，或不肖无赖，或身有恶疾，或家贫冻馁，或丧服相仍，或从宦远方，遂至背信弃约，速狱致讼者多矣。”[1]

---

〔1〕《朱子家礼·婚礼》引《司马氏书仪》，北京：中国人民大学出版社，2016年版。

虽元、明、清的法律均对指腹婚加以禁止，但直到民国时期仍然屡禁不止。《元史·刑法志二》载:“诸男女议婚，有以指腹割襟为定者，禁之。”《大清会典事例·刑部·户律婚姻》载：“或有指腹割衫襟为亲者，并行禁止。”

与指腹婚相联系的是童养媳，它有一个发展演变的过程，童养媳起源于春秋时期的“待年”。它来自侄娣陪嫁的媵，更远则是姊妹共夫的群婚制。民国十二年的安徽《黟县四志·地理志》讲：

> 童养媳俗云小媳妇，盖始于春秋待年之女而绝似六朝拜时之妇。按隐公七年，叔姬归于纪。公羊注：伯姬弟（娣）也，待年于父母之家。拜时为权宜之制，其礼以纱蒙女首，送往夫家。夫发之，因拜舅姑，使成妇道，礼毕即归。今黟之小新妇竟依夫家，与六朝拜时稍异。

先秦时的“待年”，即不够结婚的年龄，先订婚，然后在父母家里待年。《春秋·隐公七年》载：“叔姬归于纪。”杜预注曰：“叔姬，伯姬之娣也，至是归者，待年于父母国，不与嫡俱行。”《春秋公羊传》何休解诂曰：“叔姬者，伯姬之媵也，至是乃归者，待年父母国也。妇人八岁备数，十五从嫡，二十承事君子。媵贱书者，后为嫡，终有贤行。”

叔姬是鲁女伯姬之妹，本来应该作为“媵”随伯姬一起出嫁，因为年龄小，在家里待年。这里已有童养媳的形式，但订婚后不在舅姑家，而是住在父母家。

“拜时”婚主要流行于魏晋南朝的朝臣、世族之家。杜佑《通典》卷五十九《礼十九》载：“拜时之妇，礼经不载，自东汉魏晋及于东晋，咸有此事。按其仪，或时属艰虞，岁遇良吉，急于嫁娶，权为此制。以纱縠蒙女氏之首，而夫氏发之，因拜舅姑，便成婚礼，六礼悉舍，合卺复乖。”“拜时”是因为世道“艰虞”而又遇“良吉”之时，先择吉时到舅姑家举行婚礼，然后再回到娘家。因这是“礼经不载”，违背“六礼”“合卺”礼的速成婚姻，又称作“三日之婚”，曾引起朝臣的激烈争论。

三国时，朝鲜半岛东海滨的东沃沮还有一种和现在差不多的童养媳，“女年十岁，已相设许，婿家迎之，长养以为妇，至成人，更还女家。女家责钱，钱毕，乃复还婿”[1]。该俗是先将女孩养在婿家，长大后再纳聘礼成亲。

严格意义上的童养媳流行于元、明、清、民国时期，蔓延于安徽、湖广、闽浙一带。

同治十三年（1874 年）刻的湖南《平江县志》载：“有女甫生而过门者，谓之‘血盆’。”《岳州府志》[2]叫“血盆抚养”，又叫“婆养媳”。

安徽《绩溪县志·舆地志·风俗》载：“自育婴废，贫者生女，多有不举。近效江右，女生畀人抱养，长即为抱养者媳。虽陋俗箧礼，然犹贤于残忍成风也。”

从上述地方志的记载来看，从小养在婆家的童养媳主要在明清、民国时期。童养媳往往娘家贫寒，在夫家受到残酷的虐待。

三、收继婚

收继婚又称续婚、转房，指男方收继后母、寡嫂、弟媳等。它来自原始社会群婚的残余。汉族和各少数民族都有这种婚俗。

《史记·五帝本纪》载，尧将娥皇、女英二女嫁给了舜，舜的异母弟象千方百计要杀死哥哥，只要哥哥一死，他就可把两位嫂子继娶过来。《史记·匈奴传》亦载，匈奴族“父死妻其后母，兄弟死皆取其妻妻之”。西汉王昭君在其夫呼韩邪单于死后，又嫁给了呼韩邪的儿子。

秦汉以后，中原的收继婚开始受到限制。《淮南子·氾论训》载：“昔苍吾绕娶妻而美以让其兄，此所谓忠爱而不可行也……孟卯妻其嫂，有五子焉，然而相魏，宁其危，解其患。”苍吾绕是春秋时人，以妻漂亮而让给哥哥。孟卯是齐国人，娶了嫂子生了五个儿子。该文的意思是说，对兄长忠爱，也不能把媳妇让给他啊！孟卯“妻其嫂”虽然道德败坏，当官却能为魏国宁危排患。可以看出，由于汉代道德伦理观念的改变，先秦时期通行的收继婚，到汉代成为“乱伦”了。

〔1〕《三国志·乌丸鲜卑东夷传》裴松之注引《魏略》，北京：中华书局，1959 年版。
〔2〕丁世良、赵放主编：《中国地方志民俗资料汇编》华中卷引，北京：书目文献出版社，1995 年版。

《汉书·王尊传》载，王尊为槐里令，兼行美阳令事，美阳女子告丈夫前妻之子不孝曰："儿常以我为妻，妒笞我。"王尊说："律无妻后母之法。"把不孝子绑在树上用乱箭射死。

元、明、清的法律对收继婚的惩罚更加严厉。

《元史·刑法二》载："诸兄收弟妇者，杖一百七，妇九十七，离之。虽出首，仍坐。主婚笞五十七，行媒三十七。诸居父母丧奸收庶母者，各杖一百七，离之。有官者除名。诸汉人、南人，父没子收其庶母，兄没弟收其嫂者，禁之。诸姑表兄弟嫂叔不相收，收者以奸论。"

《大清会典事例·刑部·户律婚姻》载："若收祖父妾及伯叔母者（不问被出、改嫁）各斩。若兄亡收嫂、弟亡收弟妇者，各绞。"乾隆四十九年（1784年），奉天府高九收弟媳杨氏，下谕"应拟绞候，秋谳（yàn）时再核其情节轻重办理"。

尽管礼法如此，娶后母、寡嫂、弟媳的风俗仍然流行。益州牧刘璋的儿子刘瑁之妻吴氏寡居，按辈分是刘备的侄媳妇，刘备还是娶了吴氏为后。南朝宋前废帝刘子业，隋炀帝杨广都曾娶过父亲的妃子，唐太宗李世民也曾娶过弟弟李元吉的妃子。这种婚俗在新中国成立前后仍然存在，叫作"转房"。

四、入赘婚和典卖婚

入赘婚起自先秦。《史记·滑稽列传》载："淳于髡者，齐之赘婿也。"《说文六下·贝部》载："赘，以物质钱。"也就是说，男子入赘女家是作为抵押品的。秦朝赘婿的地位很低，为"七科谪"[1]之一。《汉书·贾谊传》载："秦人，家富子壮则出分，家贫子壮则出赘。"应劭注曰："出作赘婿也。"唐朝颜师古注曰："谓之赘婿者，言其不当出在妻家，亦犹人身体之有肬赘，非应所有也。一说，赘，质也，家贫无有聘财，以身为质也。"把赘婿看作身之"肬赘"，其低下

〔1〕即有罪的官吏；逃犯；赘婿；有市籍的商人；曾有市籍的商人；父母曾有市籍的；祖父母曾有市籍的。

的地位可想而知。

先秦两汉时，出赘在贫苦人家十分流行。《汉书・严助传》载："间者，数年岁比不登，民待卖爵赘子以接衣食。"东汉如淳注曰："淮南俗卖子与人作奴婢，名为赘子，三年不能赎，遂为奴婢。"颜师古注曰："云赘子者，谓令子出就妇家为赘婿耳。"即令子到女家为赘婿或为奴婢，以换取一定的钱财。

赘婿在封建社会低贱的地位有两个表现：

其一，赘婿入赘女家，子女随女方姓，甚至本人也要随女家的姓。

《元曲选・罗李郎大闹相国寺》有段道白说："老夫陈州人士，姓李名玉字和之，在罗家入赘，人顺口，都叫我罗李郎。"

《明史・陈友谅传》载，陈友谅"沔阳渔家子也，本谢氏，祖赘于陈，因从其姓"。

其二，婚姻的决定权在女方。女方随时可将赘婿赶走，叫作"逐婿"。

姜太公就是个"逐婿"，《韩诗外传》卷八第二十四章载："太公望少为人婿，老而见去，屠牛朝歌，赁于棘津，钓于磻溪。"

宋元明清时的赘婿始分为两种：一种是"养老婿"，终身在妻家作赘，顶门当差，田间劳作，赡养女方父母等。明初诗人王逢《浦东女》诗："丁男殉俗各出赘，红女不暇亲桑麻。"说的就是赘婿代替了女子树艺桑麻的劳作。另一种是"舍居婿"，赘婿不改姓，待女方父母亡后携妻儿回原籍，留下一子继立女方门户。

20 世纪初，山东邹县"其有风之陋者，赘婿一事，婿承岳产，为他人后，永不归宗"[1]。这种情况是养老婿，之所以被称作"风之陋者"，是因为到民国时，"永不归宗"的养老婿已不多了。民国二十六年（1937 年）的上海《川沙县志》载近代民谚说："入赘女婿不是人，倒栽杨柳不生根。要望丈人丈母招横事，领了家婆就动身。"[2]这是"舍居婿"，只要"丈人丈母招横事"，就可出舍独居或认祖归宗。

现在虽提倡男到女家，仍然受到世俗偏见的阻碍，被称作"倒插门"。

---

〔1〕胡朴安：《中华全国风俗志・下篇・卷二・山东・邹县之婚礼》，郑州：中州古籍出版社，1981 年版。

〔2〕丁世良、赵放主编：《中国地方志民俗资料汇编》华东卷上引，北京：书目文献出版社，1995 年版，第 29 页。

卖妻儿的现象从先秦到民国史不绝书，如果买者是用来做妻妾，则也是一种婚姻媒介。另外，以妻抵债、典当、赌妻等也属这一类。

卖妻之俗起于先秦。《战国策·齐策三》载："象床之直千金，伤此若发漂，卖妻子不足偿之。"《韩非子·六反》载："嫁妻卖子者必是家也。"《元典章·户部》载，江西行省段万十四将妻子假作弟妹，卖给谭小十为妻。湖广刘子明将妻作妹，受财嫁与王万四为妻。江西一带称卖妻为"嫁生妻"。《昭萍志略》载："至有嫁生妻者，尤深恶痛绝。议事多于废寺旷野中，以夜行之，见者咄为不祥。谚有'住茅房，讨生妻，愁老一世'之谣。"[1]

元代禁止受财转嫁妻子，《元史·刑法志二·户婚》载："诸受财嫁卖妻妾及过房弟妹者，禁！"

以妻抵债和赌妻之风也很普遍。

王安石夫人吴氏用90万钱为其买一妾，原来是位将军的夫人，因押运米船丢失，以家产赔偿不足，又卖妻。王安石"呼其夫，令为夫妇如初，尽以钱赐之"[2]。

明代赌妻之风尤盛。担任《永乐大典》副总裁的梁时，"其父贫无行，以博得妇，生子。逾年，又博而负，人携之去，随其母长，乃走会稽山中读书。洪武中以善书授岷府纪善，迁翰林典籍，修《永乐大典》，充副总裁"[3]。

典妻是因经济贫困，无力维持生计，将妻子按一定的期限典当给别人。对方一般已婚无子，家财富足，缴纳一定的租金，借妻生子。这种风俗自宋代开始流行，元明清沿袭成俗。民国二十三年（1934年）浙江《宣平县志》载："近更有典妻恶俗，或十年或八年不等，限内生子属于受典者，限满仍退还前夫。"

元、明、清的法律都有禁止典妻的条文，但仍屡禁不止。如《元史·刑法志》载："受钱典雇妻妾者，禁。"《大清会典·事例·刑部户律婚姻》："凡将妻妾受财典雇与人为妻妾者，杖八十。（父）典雇女者杖六十。"

---

〔1〕丁世良、赵放主编：《中国地方志民俗资料汇编》华中卷引，北京：书目文献出版社，1995年版。
〔2〕（南宋）赵善璙：《自警编》卷二《操修类·无嗜好》，载《景伊文渊阁四库全书》第八百七十五册，台湾：商务印书馆，1983年版，第249—250页。
〔3〕（清）钱谦益：《列朝诗集小传乙集·梁典籍时传》，上海：上海古籍出版社，1983年版，第202页。

第2节 婚礼

《周易·序卦》载："有天地然后有万物，有万物然后有男女，有男女然后有夫妇，有夫妇然后有父子，有父子然后有君臣，有君臣然后有上下，有上下然后礼仪有所错（措）。"

《礼记·郊特牲》云："天地合而后万物兴焉，夫婚礼万世之始也。"

《礼记·昏义》云："昏礼者，将合二姓之好，上以事宗庙而下以继后世也，故君子重之。""昏礼者，礼之本也。"

婚礼被看成是君臣父子、人伦礼仪之根本，家庭盛衰的关键，受到"君子"和全社会的高度重视。古代"礼不下庶人"，只有正妻能享受婚礼，妾及寡妇改嫁没有资格享受。

《周礼·地官司徒·媒氏》称："令男三十而娶，女二十而嫁。"

《礼记·内则》载，男子"二十而冠，始学礼""三十而有室，始理男事"。郑玄注曰："室犹妻也。"女子"十有五年而笄，二十而嫁，有故二十三而嫁"。郑玄注曰："谓应年许嫁者，女子许嫁，笄而字之。其未许嫁，二十则笄。""故，谓父母之丧。"

男三十、女二十嫁娶，仅仅是礼制规定，古

人的说法也不尽一致，实际都打破了这一限制。

《国语·越语上》载，越王勾践为增强国力和人力，规定："女子十七不嫁，其父母有罪；丈夫二十不娶，其父母有罪。"

《汉书·惠帝纪》载："女年十七以上至三十不嫁，五算。"

《晋书·武帝纪》载："制：女年十七，父母不嫁者，使长吏配之。"

唐玄宗开元二十二年（734 年）规定："诏男十五，女十三以上，得嫁娶。"[1]宋朝效仿开元婚制，唐、宋两朝是倡导早婚的时期。

元、明、清三朝的婚龄，基本是男 16 岁、女 14 岁。如《明史·礼志九》载："凡庶人娶妇，男年十六，女年十四以上，并听婚娶。"

男子二十而冠，女子十五而笄，也叫"结发"。女子订婚后，即用丝缨束住发髻，表示她已经有了对象，即《礼记·曲礼》说的"女子许嫁，缨"。到成婚的当夜，由新郎解下。《仪礼·士昏礼》载："主人入，亲说（脱）妇之缨。"郑玄注曰："妇人年十五许嫁，笄而礼之，因著缨，明有系也。盖以五彩为之，其制未闻。"所以，人们称第一次结婚的夫妻为结发夫妻。《文选》载苏武诗："结发为夫妻，恩爱两不疑。"《东京梦华录》卷五《娶妇》载，男女"留少头发，二家出匹缎、钗子、木梳、头须之类，谓之合髻"。此种礼仪就是结发的演变。

传统婚礼特别重视结发夫妻的第一次结婚，再婚的礼仪就简单了。民国二十三年（1934 年）《夏津县志续编》载："娶再醮妇，仪式极简，无鼓吹，不亲迎，以车不以轿，故俗称'拉后婚'。"[2]

一、六礼

《仪礼·士昏礼》记载了传统婚姻六礼的详细过程。

〔1〕《新唐书·食货志一》，北京：中华书局，1975 年版。

〔2〕丁世良、赵放主编：《中国地方志民俗资料汇编》华东卷上引，北京：书目文献出版社，1995 年版，第 141 页。

（一）纳采

纳，接纳；采，采择。纳采即接纳采择之礼，后来也称“合婚”“说媒”等。男方托媒向女方提亲，女方答应后，以兽皮和雁做小礼物向女方求婚。

《仪礼·士昏礼》称：“昏礼下达，纳采用雁。”郑玄注：“达，通达也。将欲与彼合昏姻，必先使媒氏下通其言，女氏许之，乃后使人纳其采择之礼。”唐贾公彦疏：“男父先遣媒氏（至）女氏之家通辞往来，女氏许之，乃遣使者行纳采之礼也。言下达者，男为上，女为下，取阳倡阴和之义。”清胡培翚《仪礼正义》载：“自纳采至请期五礼，皆遣使者行之。”

女方也可主动向男方求婚，往往自谦曰“执箕帚”。秦末吕公对刘邦说：“臣有息女，愿为季（刘邦）箕帚妾。”〔1〕东汉班昭《女诫》曰：“年十有四，执箕帚于曹氏。”

东晋太尉郗鉴派门生到司徒王导家为女儿求婚，门生回来说：“王氏诸少并佳，然闻信至，咸自矜持，惟一人在东床坦腹食，独若无闻。”郗鉴说：“正此佳婿邪！”〔2〕一打听，原来是王羲之。这就是“坦腹东床”的故事。

东北地区称纳采为“换盅”“放定”“下小茶”“押婚”“挂钩”等。民国二十三年《奉天通志》载：“倘婚议既定，男家将簪珥、布帛之属，偕媒人至女家行定聘礼。女家设宴，易杯而饮之，俗谓换盅，又曰放定，亦曰定聘礼。锦、义、兴城诸县谓之押婚，又有谓之挂钩者，其称尤俚，此即《仪礼》纳采之义。”

（二）问名

《仪礼·士昏礼》称：“宾执雁，请问名。”郑玄注曰：“问名者，将归卜其吉凶。”问名即男家正式求婚，请媒人执雁问清女方姓氏，本人的名字及出生年、

〔1〕《史记·高祖本纪》，北京：中华书局，1959 年版。
〔2〕《晋书·王羲之传》，北京：中华书局，1974 年版。

月、日、时等，以回去占卜吉凶。

后来问名扩大到门第、财产、职位、容貌、健康等方面。江南旧俗，男家至女家问名，女家将女子年庚八字裹以红纸，副以红米、千年红，由媒人交付男家。媒人默然不语，持至男家厨房，供于灶神座下。如三日内家中平安，即请算命者合婚，或求签占卜。若三日内有碎碗破钵等事，或八字相克，则借故将八字退还女家。

东北地区称问名为“合婚”。民国二十三年《奉天通志》载：“男家介媒氏索女之庚贴，请星士推卜命造，或有互换子女庚贴，互相推卜者，谓之合婚。即《仪礼》问名之义。”

（三）纳吉

男家卜得吉兆，备礼通知女家，决定联姻。《仪礼·士昏礼》称：“纳吉用雁，如纳采礼。”郑玄注曰：“归卜于庙，得吉兆，复使使者往告，昏姻之事于是定。”贾公彦疏：“未卜时，恐有不吉，婚姻不定，故纳吉乃定也。”

通过纳吉，双方的婚姻关系正式确定。浙江一带称“缠红”“传红”，辽宁海城称“装烟”。胡朴安《中华全国风俗志·下篇卷二·济南采风志》载，山东“男家纳吉之日，用荤素菜果盒、面一盘，上加枣栗、绒花鬏髻等件，谓之油头粉面，送之女家，多少称家之有无，谓之‘合礼’。此礼最重，虽极贫者，亦不可少”。

（四）纳徵

《仪礼·士昏礼》称：“纳徵，玄纁、束帛、俪皮。”郑玄注曰：“徵，成也。使使者纳币以成昏礼。”

纳徵即今天的下聘礼。周代，庶人用缁帛，士大夫用玄纁、束帛、俪皮。玄是稍微透红的黑色，纁是浅红色，玄纁是染祭服的染料。俪皮是成对的鹿皮，婚礼称“俪皮之礼”，夫妻称“伉俪”，皆由此而来。

（五）请期

《仪礼·士昏礼》称："请期用雁。主人辞，宾许，告期。如纳徵礼。"郑玄注："主人辞者，阳倡阴和，期日宜由夫家来也。夫家必先卜之，得吉日，乃使使者往。辞，即告之。"

请期即男家卜得吉日，告知女家，征求意见，有请女方决定之意。民间多由男女双方共同商定日期，由占卜者卜定为吉日后，送一期帖至女家，或由媒人口头通知，俗称为"提日子""送日子"等。

（六）亲迎

亲迎即新郎亲至女家迎娶。《仪礼·士昏礼》规定：亲迎那一天，新郎穿黑色礼服，乘黑漆车子，前有人执烛前导，后有从车，前往女家迎娶。

先秦时没有轿，魏晋以后才出现步辇、肩舆等。五代以后，迎新娘多用花檐子（花轿），新郎骑马或乘轿，轿用红绿彩绸装饰，故称花轿，并以鼓乐前导。《东京梦华录》卷五《娶妇》讲："至迎娶日，儿家以车子或花檐子发迎客引至女家门，女家管待迎客，与之彩段，作乐催妆上车檐。"吴自牧《梦粱录·嫁娶》也说，男方"引迎花檐子或粽檐子、藤轿，前往女家，迎取新人"。后来则演变成用红绿彩绸装饰的花轿。现在称新娘下汽车，也称"下轿"。

"齐俗不亲迎"，是山东婚俗的特色。春秋齐国女子只有来到夫婿家，才能一睹新郎真面目。《诗经·齐风·著》称："时不亲迎也。"其中有"俟我于著（门屏）乎而""俟我于庭乎而""俟我于堂乎而"的诗句。朱熹解释说："婚礼，婿往女家亲迎，齐俗不亲迎，故女至婿门，始见其俟己也。"

据各地方志记载，近代山东"亲迎""不亲迎"的礼俗交错存在于同一个地区。如道光二十四年（1844 年）《济南府志》载："自章丘以下诸县犹遵行亲迎之典，惟历城否。历之边村僻里亦有行之者，所谓'礼失求诸野也'。"胡朴安《中华全国风俗志·下篇卷二·济南采风志》讲："齐俗不亲迎，间亦有行之者。

▲《纳采礼筵宴图》

选自清代庆宽绘《载湉大婚图册》。纳采礼成后开始纳采筵宴。参加的有内大臣、侍卫、八旗公侯以下满洲二品、汉二品以上官，宴后父于外堂。

▲《纳吉》

选自清代庆宽绘《载湉大婚图册》。图中皇后（使）至邸第内堂，后母等跪迎。类似于民间男家卜得吉兆，备礼通知女家，决定联姻。

莱属之诸城，则守礼不衰，竟有不亲迎不得为妻者。”

南宋朱熹的《家礼》合六礼为三礼：纳采兼问名，纳吉（币）兼纳徵，亲迎兼请期，即两种婚礼的程序合为一次完成。《明史·礼志九》载：“朱子《家礼》无问名、纳吉，止纳采、纳币、请期。”据各地方志记载，明清时期的士大夫之家多袭用六礼。

上述六礼，除纳徵外，其他五礼的礼品都有雁，后来以鸡、雉、鹜、鹅替代。《仪礼·士昏礼》中，贾公彦疏曰：“婚礼有六，五礼用雁，纳采、问名、纳吉、请期、亲迎是也，唯纳徵不用雁……雁木落南翔，冰泮北徂，夫为阳，妇为阴，今用雁者，亦取妇人从夫之义。”即希望妻子像鸿雁一样，群飞有序、来去有时、前鸣后和。古代称提亲为“委禽”，原因也在此。《左传·昭公元年》载：“郑徐吾犯之妹美，公孙楚聘之矣，公孙黑又使强委禽焉。”“强委禽”就是强行提亲。

二、合卺（jǐn）、拜舅姑、庙见

到男家后的礼仪比较简单，《礼记·郊特牲》讲：“婚礼不用乐，幽阴之义也。乐，阳气也，婚礼不贺，人之序也。”《礼记·曾子问》说：“嫁女之家，三夜不息烛，思相离也；取妇之家，三日不举乐，思嗣亲也。”到男家后的仪式，大体可分三步。

（一）合卺

合卺即夫妻“共牢而食，合卺而酳”[1]。牢指祭祀的牺牲，“共牢而食”是共食一牲，即一头小猪。“合卺而酳”是各执一瓢酒漱口。《礼记·昏义》孔颖达疏曰：“共牢而食者，在夫之寝，婿东面，妇西面，共一牲牢而同食，不异牲。合卺而酳者，酳，演也。谓食毕饮酒演安其气。卺谓半瓢，以一瓠分为两瓢谓之卺。婿之与妇各执一片以酳，故云合卺而酳。”

〔1〕《礼记·昏义》，载《十三经注疏》，北京：中华书局，1980 年影印版。

到了宋代，“合卺而酳”发展为喝交杯酒。《东京梦华录》卷五《娶妇》载：“用两盏以彩结连之，互饮一盏，谓之交杯酒。”吴自牧《梦粱录·嫁娶》称“交卺礼”，以红绿同心结绾盏底，行交卺礼”，然后把两盏“一仰一覆，安于床下，取大吉利意”。

▲合卺杯

（二）拜舅姑

由于古代晚上行婚礼，拜舅姑是在第二天早上，到唐朝仍然如此。唐朱庆余《近试上张水部》诗：“洞房昨夜停红烛，待晓堂前拜舅姑。”

《礼记·昏义》载：“夙兴，妇沐浴以俟见。质明，赞见妇于舅姑。妇执笲（fán，竹器）、枣、栗、腶修（脯加姜桂曰腶修）以见。赞醴（礼）妇，妇祭脯、醢，祭醴，成妇礼也。舅姑入室，妇以特豚馈，明妇顺也。厥明，舅姑共飨妇，以一献之礼奠酬。”

第二天清晨，新妇沐浴更衣，等待拜见舅姑。天亮时，新妇手捧竹器，内盛枣、栗、腶修，至舅姑处所行拜见礼，然后用脯、醢、醴祭祀。舅姑进门后，新妇献上礼物，还要洗净手给舅姑食一特豚。《礼记·郊特牲》载：“舅姑卒食，妇馂余。”即待舅姑吃完后，新妇把剩下的吃完，以表示对舅姑的孝养。舅姑食用后，共同“飨妇以一献之礼”。古代以酒食慰劳曰飨，即舅姑向新妇进酒，感谢她的拜献。如果新妇是庶子之妇，则没有飨妇之礼，派人送酒给新妇喝就行了。《仪礼·士昏礼》载："庶妇，则使人醮之。"在亲迎前，父亲也要为儿女醮酒。《礼记·昏义》称："父亲醮子而命之迎。"《仪礼·士昏礼》称："父醴女而俟迎者。"古代饮酒，主人劝酒曰"酬"，客人回敬曰"酢"，酌不酬酢曰"醮"。所以，后来寡妇改嫁称"再醮"，典出于此。

唐朝贾公彦《仪礼·士昏礼》疏曰："枣、栗，取其早自谨敬，腶修取其断自修正，是用枣、栗、腶修之义也。"出于古代生育型的婚姻价值选择，后来无论是拜舅姑，还是婚礼的其他环节，均转义为"早立子"了。清人王士禛《池北偶谈》称："齐俗娶妇之家必用枣、栗，取'早立子'之义。"乾隆十八年（1753 年）《博山县志》[1] 载："嫁女妆奁内多贮枣栗，谓早立子也。按古礼，妇人执贽必用枣、栗，枣音与早同，取夙兴之义；栗取慎栗之义。事同说异，特后人传讹耳。"

明清民国时期拜舅姑，新妇要带自己的针线活送给舅姑和家人。

民国二十六年（1937 年）的辽宁《海城县志》载："新妇拜祖先及舅姑，以次拜宗族前辈，俗谓'分大小'，即质明见舅姑礼也。新妇以女红献舅姑（即枕头顶、腰搭、荷包之属），舅姑分赠戚友，谓之'散箱'。"

民国二十六年辽宁《桓仁县志》载，当地流传新妇婚前做鞋的歌谣："做新鞋，仔细算，公两双，婆两双，丈夫两双我两双，剩下两双压柜箱。"

民国三年（1914 年）山东《庆云县志》[2] 载："新妇进枕履、巾囊诸物于舅姑，曰'送针线'，合家大小及戚族近者皆送。"

（三）庙见

庙见即新妇拜祭夫家的宗庙，一般在三个月后举行。《仪礼·士昏礼》载："妇入三月，然后祭行。"

[1] 丁世良、赵放主编:《中国地方志民俗资料汇编》华东卷上引，北京：书目文献出版社，1995 年版，第 101 页。

[2]《海城县志》《桓仁县志》《庆云县志》，载丁世良、赵放主编：《中国地方志民俗资料汇编》东北卷第 67、98 页，华东卷上第 155 页，北京：书目文献出版社，1995 年版。

《东京梦华录》卷五《娶妇》载，宋代结婚当日即到家庙参拜。南宋朱子《家礼》改为三日庙见。明代民间婚礼按洪武三年（1370年）诏令，拜公婆与拜祖先一并于亲迎的第二日举行，庶子之妇则不须行庙见礼。到民国时期，庙见礼仍然存在。

安徽《黟县四志·地理志》载："婚礼三朝，夫妇同至宗祠拜祖，即妇人庙见之礼俗。"

民国二十四年（1935年）山东《德县志》[1]载："三日拜翁姑已，由姑率新妇见于庙，拜祖先。"

先秦时期，新妇没庙见而死亡，则由男家盛殓，归葬女方祖茔，作"未成妇"看待。下葬时，其夫不能执杖及送葬，木主也不能进入男家宗祠。《礼记·曾子问》载："女未庙见而死，则如之何？"孔子曰："归葬于女氏之党，示未成妇也。"

没庙见前，丈夫可随时将新妇遣送回娘家。所以，妇家送新娘的车马一直留在夫家，随时准备将遭休弃的女儿接回，以表示自谦。《战国策·齐策四》载，赵太后的女儿出嫁燕国为燕后，时刻担心被遣回，每祭祀总是祷告"必勿使反"，由此可见，这种遣返率是很高的。

庙见后，男方使人将车马送回，叫作"反马"，让女方父母吃个定心丸。《左传·宣公五年》载："冬，来反马也。"孔颖达疏曰："礼，送女适于夫氏，留其所送之马，谦，不敢自安于夫。若被出弃，则将乘之以归，故留之也。至三月庙见，夫妇之情既固，则夫家遣使反其所留之马，以示与之偕老，不复归也。"

按当时礼制规定，新妇刚出嫁后是不能回娘家探望的，叫作"女安夫之家"[2]。新妇更不能越境回娘家，"妇人既嫁，不逾竟（境）"[3]。"反马"时，新婚夫妇也不能亲自去。齐大夫高固娶鲁宣公的女儿叔姬，九月亲迎，冬月和叔姬一同"反马"。《春秋·宣公五年》讥刺他这种非礼行为，故意称"子叔姬"，而不称

〔1〕丁世良、赵放主编:《中国地方志民俗资料汇编》华东卷上引，北京：书目文献出版社，1995年版，第113页。

〔2〕《左传·桓公十八年》杜预注，载《十三经注疏》，北京：中华书局，1980年影印版。

〔3〕《谷梁传·庄公二年》，载《十三经注疏》，北京：中华书局，1980年影印版。

“高叔姬”，意思是只承认叔姬是鲁宣公的女儿，不承认她是高固的妻子。

先秦时期，国君的女儿、夫人已有归宁的风俗，但不是在新婚之时。《左传·庄公二十七年》载：“冬，杞伯姬来，归宁也。凡诸侯之女，归宁曰来，出曰来归，夫人归宁曰如某，出曰归于某。”孔颖达疏曰：“归宁者，女子既嫁，有时而归问父母之宁否。父母没，则使卿归问兄弟也。”

后来新妇结婚不久就可以“归宁”“回门”，就是由“反马”流变出来的。

民国二十三年（1934年）的《奉天通志》载，结婚“越四日或七日，女家接女并婿，宴飨而归，谓之‘回酒’，亦曰‘回门’，即古反马之义”。

民国二十四年（1935年）的北京《怀柔县新志》[1]：“嫁至夫家，一月归宁，谓之‘反马’。”

三、两汉婚礼的变异

先秦时期的婚礼较为简约，亲迎前的五礼只是反映了双方互相磋商的过程。两汉时期，社会经济有了长足的发展，人们不再满足古板而沉闷的旧式婚礼，不愿偷偷摸摸地“昏时行礼”，不再固守婚礼“不乐不贺”的古训，不仅追求婚礼的豪华铺张、大操大办，而且制造婚礼喧嚷纷闹的喜庆色彩。

（一）婚礼的繁文缛节、聘礼的规格急剧升级

从汉代开始，帝王、富贵之家带头，上行下效，以致恶性循环、愈演愈烈。

汉惠帝娶鲁元公主之女，“聘黄金二万斤”，后汉桓帝纳梁皇后“悉依孝惠皇帝纳后故事，聘黄金二万斤，纳采，雁、璧、乘马、束帛，一如旧典”[2]。王莽进“杜陵史氏为皇后，聘黄金三万斤，车马、奴婢、杂帛、珍宝以巨万

〔1〕《奉天通志》《怀柔县新志》，载丁世良、赵放主编《中国地方志民俗资料汇编》东北卷第6页、华北卷第18页，北京：书目文献出版社，1995年版。
〔2〕《后汉书·懿献梁皇后纪》，北京：中华书局，1965年版。

计”[1]。

《潜夫论 · 浮侈篇》说：“富贵嫁娶，车軿各十，骑奴侍僮夹毂节引，富者竞欲相过，贫者耻不逮及。”

汉宣帝以后，结婚要大摆宴席。《汉书 · 宣帝纪》载，五凤二年（公元前56年）诏曰：“夫婚姻之礼，人伦之大者也；酒食之会，所以行礼乐也。今郡国二千石或擅为苛禁，禁民嫁娶不得具酒食相贺召。由是废乡党之礼，令民亡所乐，非所以导民也。《诗》不云乎：‘民之失德，乾餱以愆。’勿行苛政。”

地方官“禁民嫁娶不得具酒食相贺”，正符合婚礼“不乐不贺”的古礼，在这里被说成是“苛政”了。由于结婚大摆筵席是皇帝倡导，自然就迅速蔓延了。

汉代开始，姑娘出嫁要陪送妆奁。西汉卓文君和司马相如之所以开酒店，就是为了争得妆奁。其父卓王孙被迫陪送的妆奁是僮百人、钱百万，还有第一次出嫁时的衣被财物。西汉少君嫁给鲍宣，“装送资贿甚盛”。东汉马融“家世丰豪”，其女嫁给袁隗，“装遣甚盛”，因此受到袁隗的奚落。

秦朝由于兵役徭役繁重，不养活男婴，有“生男慎勿举”的民谣。到了汉代，社会风气为之一变，闺女养大了，再陪上钱财嫁到别人家，养闺女是”赔钱货“的观念开始产生，世人多不举女婴。

《汉书 · 王吉传》载：“聘妻送女亡节，则贫人不及，故不举子。”此处的“子”，即是女。

《汉书 · 外戚传》载，汉成帝皇后赵飞燕，“初生时，父母不举，三日不死，乃收养之”。

《颜氏家训 · 治家》载：“世人多不举女，贼行骨肉。”“吾有疏亲，家饶妓媵，诞育将及，便遣阍竖守之。体有不安，窥窗倚户。若生女者，辄持将去，母随号泣，莫敢救之。”这种弃婴现象开始于汉代，该篇引东汉陈蕃语说：“盗不过五女之门。”即有五个闺女的人家陪送妆奁都陪光了，肯定穷，强盗都不去。这种重生男，轻生女的观念和弃女婴的恶习一直到新中国成立前。

---

〔1〕《汉书 · 王莽传下》，北京：中华书局，1962年版。

民国二十年（1931 年）辽宁《义县志》载："娶个媳妇满屋红，赔送姑娘满屋空。"

民国十八年（1929 年）的河北《新河县志》载民间谚语说："儿子是柴火（财货）垛，闺女是赔钱货。""一个闺女三辈子害。"

民国二十年（1931 年）河北《迁安县志·谣俗篇》载："杜梨树，开白花，养活闺女是白搭。"

民国二十四年（1935 年）河北《晋县志料》载："三女不富，三子不贫。"[1]

（二）制造喧嚷纷闹的喜庆色彩——闹新房、听房、盖头巾

闹新房产生于两汉，也叫闹房、吵房、戏妇，是指新婚之夜，亲朋毕聚洞房中，嬉闹新婚夫妇的活动。

东汉仲长统的《昌言下》载："今嫁娶之会，捶杖以督之戏谑，酒醴以趣之情欲。宣淫佚于广众之中，显阴私于族亲之间。污风诡俗，生淫长奸，莫此之甚，不可不断者也。"

东晋葛洪《抱朴子·外篇·疾谬》载："俗间有戏妇之法，于稠众之中，亲属之前，问以丑言，责以慢对，其为鄙渎，不可忍论。或蹙以楚打，或系脚倒悬，酒客酗蓇（yòng），不知限齐，至使有伤于流血，踒折支体者。"

清末《点石斋画报》上有则新闻，新郎见新娘被众人调笑，一怒之下，舀起一勺粪朝众人泼去。至今全国各地都有闹新房的风俗，无论长辈、晚辈都可参与，叫作"新婚三日无大小"。

由于闹新房"宣淫佚于广众之中，显阴私于族亲之间"，破坏夫妻相敬如宾的礼仪氛围，在齐鲁礼仪之邦的流行不及南方各省份严重。近人胡朴安发现，山东"新人入门后，凡贺客登堂者皆不令见，入夜母送子入房，亲友概不得入，故无南省闹房恶习，此风最佳"[2]。直到今天，山东虽也有"新婚三日无大小"的俗

〔1〕《义县志》《新河县志》《迁安县志·谣俗篇》《晋县志料》，载丁世良、赵放主编《中国地方志民俗资料汇编》东北卷第 213 页，华北卷第 94、229、510 页，北京：书目文献出版社，1995 年版。

〔2〕胡朴安：《中华全国风俗志·下篇》卷二《山东·济南采风志》，郑州：中州古籍出版社，1981 年版。

语，闹恶作剧过头的较少。

闹新房常要到深更半夜，也有的通宵达旦。闹新房结束后，仍有一些调皮的人在窗外窃听新婚夫妇的言语与动静，以为笑乐，叫“听房”。东汉袁隗和马融之女新婚之夜的对话，都被人听去了。《后汉书·列女传》载：

> （袁）隗问之曰：“妇奉箕帚而已，何乃过珍丽乎？”对曰：“慈亲垂爱，不敢逆命。君若欲慕鲍宣、梁鸿之高者，妾亦请从少君、孟光之事矣。”隗又曰：“弟先兄举，世以为笑。今处姊未适，先行可乎？”对曰：“妾姊高行殊邈，未遭良匹，不似鄙薄，苟然而已。”又问曰：“南郡君（马融）学穷道奥，文为辞宗，而所在之职，辄以货财为损，何邪？”对曰：“孔子大圣，不免武叔之毁；子路至贤，犹有伯寮之愬（谮）。家君获此，固其宜耳。”隗默然不能屈，帐外听者为惭。

《世说新语·假谲》载：“魏武少时，尝与袁绍好为游侠，观人新婚，因潜入主人园中，夜叫呼云：‘有偷儿贼！’青庐中人出观，魏武乃入，抽刃劫新妇，与绍还出。”这里既有听房，又有“抽刃劫新妇”的闹新房活动。

魏晋南北朝时，新娘结婚开始戴盖头巾。上述“以纱縠蒙女氏之首”，即盖头巾。唐朝段成式《酉阳杂俎》卷一《礼异》载，北朝婚俗，“女将上车，以蔽膝覆面”。南朝新娘则以丝制的红巾和却扇遮羞。《世说新语·假谲》载，温峤“既婚，交礼，女以手披纱扇，抚掌大笑曰：‘我固疑是老奴，果如所卜。’”南朝梁何逊《看伏郎新婚诗》云：“何如花烛夜，轻扇掩红妆。”

《资治通鉴·中宗景龙二年》记载，除夕夜，唐中宗声称为御史大夫窦从一完婚，内侍引新娘出，以金缕罗扇遮面，与窦从一对坐。唐中宗命窦从一朗诵《却扇诗》数首，待拿开却扇一看，原来是中宗韦皇后的老乳母王氏。胡三省注曰：“唐人成婚之夕，有《催妆诗》《却扇诗》，李商隐代董秀才《却扇诗》云：莫将画扇出帷来，遮掩春山滞上才。若道团圆是明月，此中须放桂花开。”

四、催妆、馔（nuǎn）女、拜堂——婚礼的进一步演变

唐朝段成式《酉阳杂俎》卷一《礼异》载："北朝婚礼，青布幔为屋，在门内外，谓之青庐，于此交拜。迎妇，夫家领百余人，或十数人，随其奢俭，挟车俱呼：新妇子，催出来！至新妇登车乃止。"可知催妆婚俗起自南北朝的北方游牧民族，在门前用青布幔搭成帐篷，新娘在里面化妆，男方带人来迎娶时在帐篷外大叫，直到新娘出来上车为止。

唐宋时期，催妆被吸收到汉族婚俗中来，挟车高呼变成了高雅的催妆诗。唐诗中有不少催妆诗，如陆畅《云安公主下降奉诏作催妆诗》：

> 云安公主贵，出嫁五侯家。天母亲调粉，日兄怜赐花。
> 催铺百子帐，待障七香车。借问妆成未，东方欲晓霞。

为了让新娘尽快化妆，结婚前几日还要送彩缎、头面和化妆品。南宋吴自牧《梦粱录》卷二十《嫁娶》载："先三日，男家送催妆花髻，销金盖头，五男三女花扇、花粉、洗项、画彩钱果之类。"

馔女即旧志所称之"馔敬"，又称暖女，民间叫送小饭、送大饭。

乾隆二十七年（1762 年）山东《乐陵县志》载："女家具水角（饺）、麦面，谓之'送小饭'。二日拜家庙及翁姑与夫家之尊长，女家送酒馔进舅姑前，舅姑飨之，谓之'送大饭'。"

道光十二年（1832 年）山东《商河县志》亦有"妇家具馔于舅姑前"的记载。其中的按语更为详细："结婚之第一日，女家遣女眷二人以肴馔来，谓之'送小饭'。当夕，女家之尊辈以合饼来，谓之'送晚饭'。次晨，女家又遣女眷以面食来，谓之'送早饭'，俗称'送梳妆面'。是午，女之父母及眷属以肴馔来，谓之'送大饭'，亦称'馔饭'，即旧志所称之'馔敬'。"

拜堂之俗开始于唐朝，唐朝诗人王建《失钗怨》云："双杯行酒六亲喜，我家新妇宜拜堂。"据《东京梦华录》卷五《娶妇》载："次日五更，用一卓（桌），

盛镜台镜子于其上，望堂展拜，谓之‘新妇拜堂’。”后来的拜堂又称“拜天地”“拜花堂”“拜高堂”，把举行婚礼时拜天地、拜祖先、拜舅姑、夫妻对拜统统称为拜堂。

从汉代婚礼变异以来，在男家举行的仪式越来越繁复多样，《东京梦华录》卷五《娶妇》和吴自牧《梦粱录》卷二十《嫁娶》均详细记载了这些细节。

结婚前一日，女家先来挂帐，铺设房卧，谓之“铺房”。男家用车或花檐子将新娘接来，新妇下车，有阴阳人执斗，内盛谷豆钱果，望门而撒，小儿辈争拾之，谓之“撒豆谷”。新妇入门，踏青布条或毡席，不得踏地，入房中坐床上，谓之“坐富贵”。送新妇的客人急饮三杯而返，谓之“送走”。新郎于床前请新妇出，两家各出一彩缎，绾一同心，谓之“牵巾”，男挂于笏，女搭于手，男倒退，女前行，面对面而出，到家庙参拜。回房后，有妇人以金钱彩果撒掷，谓之“撒帐”。接着是“合卺”、喝交杯酒。交杯酒是用彩丝把酒杯连在一起，每人喝一杯。第二天五更，拜堂、拜尊长亲戚，新妇献上彩缎或自己做的鞋袜，谓之“赏贺”；尊长亲戚复回一匹彩缎，谓之“答贺”。第二日或第三日、第七日，新郎参拜妇家，谓之“回门”。第三日，女家携礼物前来作会，谓之“暖女”。第七日，女家接女归，男家送彩缎头面，谓之“洗头”。一个月后，大会相庆，谓之“满月”。

这些记载，大体具备了近现代婚礼的雏形。“百里不同风，千里不同俗”，由于民族和地区不同，婚礼的花样、程序虽各不相同，却都大同小异。

第3节 婚姻禁忌

一、同姓不婚

在实行族外婚时，人们已经认识到近亲婚配的害处，开始加以限制。

《左传·僖公二十三年》称："男女同姓，其生不蕃。"

《国语·晋语四》载："同姓不婚，恶不殖也。"

《魏书·高祖纪上》载："夏殷不嫌一族之婚，周世始绝同姓之娶。"夏商时期还有同姓成婚的存在，从周代开始，人们认为同姓为婚是似于禽兽的乱伦行为，从制度上严禁同姓为婚。《太平御览》卷五四一《礼仪部一九·婚姻上》引《礼外传》："夏殷五世之后则通婚姻，周公制礼，百世不通，所以别禽兽也。"

《礼记·坊记》载："娶妻不娶同姓，以厚（远）别也，故买妾不知姓则卜之。"

《礼记·郊特性》载："娶于异姓，所以附远厚别也。"

《白虎通·嫁娶》载："不娶同姓者，重人伦，防淫泆，耻与禽兽同也。"

《唐律·户婚律》规定："诸同姓为婚者各徒

婚姻禁忌指双方联姻或婚姻生活中的种种禁例。

二年，缌麻以上，以奸论。”

历史上的“秦晋之好”，就遵守了同姓不婚的原则，秦国是嬴姓，晋国是姬姓。晋献公嫁女给秦穆公，秦穆公嫁女给做人质的晋惠公夷吾的太子圉，后来即位为晋怀公。秦穆公以宗女五人嫁晋公子重耳，并以原太子圉之妻为重耳媵妾。《左传·僖公二十四年》载：“晋侯（文公）逆夫人嬴氏以归（秦穆公女文嬴也）。”这种同姓不婚是严格的，但并不科学。比方中国婚俗中的姑舅、两姨亲，不是同姓，却是近亲。

尽管法律是这样，仍有同姓婚配者，就连最尊崇周礼的鲁国鲁昭公也曾娶同姓的吴女。《左传·哀公十二年》载：“昭公夫人孟子卒。昭公娶于吴，故不书姓。”《论语·述而》中，陈司败指责说：“君取于吴为同姓……君而知礼，孰不知礼？”

齐国同姓为婚者更不稀罕。《左传·襄公二十五年》载，齐国大夫崔杼欲娶东郭偃的姐姐棠姜，东郭偃说：“男女辨姓，今君出自丁，臣出自桓，不可。”〔1〕东郭偃的意思是，您是齐丁公的后代，我是齐桓公的后代，都是姜姓，不可以通婚。崔杼坚持娶了棠姜。

齐国庆舍把女儿嫁给同宗卢蒲癸，有人对卢蒲癸说：“男女辨姓，子不辟宗，何也？”卢蒲癸回答说：“宗不余辟，余独焉辟之？赋诗断章，余取所求焉，恶识宗？”〔2〕卢蒲癸的意思是说，同宗都不避我，我为什么避同宗？就好像诗赋断章取义，我管它同宗不同宗？

那么，什么是“宗”呢？根据《史记·五宗世家》司马贞索隐，“同母者为宗也”。汉景帝 14 子，除汉武帝外，其他 13 子为王，分别是 5 个母亲生的，分成 5 个宗，司马迁把他们归于“五宗世家”。

到了清雍正时，始把同姓和同宗分开，婚姻只禁同宗，不禁同姓。

《大清会典事例·刑部·户律婚姻》载：“凡同姓为婚者，各杖六十，离异。”雍正八年（1730 年）定例：“或于名分不甚有碍者，听各该原问衙门临时斟酌。议奏，其姑舅、两姨姊妹为婚者，听从民便。”虽对同姓结婚弛禁，但严禁同

---

〔1〕《左传·襄公二十五年》，载《十三经注疏》，北京：中华书局，1980 年影印版。
〔2〕《左传·襄公二十八年》，载《十三经注疏》，北京：中华书局，1980 年影印版。

宗："凡娶同宗无服之亲，及无服亲之妻者，各杖一百。"

与同姓不婚相联系的还有"讥娶母党"，即不能娶母家宗族的女子。中表不婚，即兄妹、姐弟、姊妹及堂兄弟姊妹的子女不能互相婚配。实际上民间风俗并非如此，像姑舅亲、两姨亲等相当盛行，南宋词人陆游和唐琬就是姑舅亲。

20世纪初，胡朴安指出，山东邹县"其有风之陋者……如姑舅兄妹成亲、母女配父子、夫赘妇家，名曰'钩拐'，为之养老管业。"〔1〕

二、士庶不婚

魏晋南北朝以前，中国婚姻的门第观念并不太严重，没有士族、庶族的区别，仅有"齐大非耦""辞霍不婚"的说法。

《左传·桓公六年》载，齐僖公想把女儿文姜许给郑太子忽，被谢绝了。别人问其故，太子忽说："人各有耦（偶），齐大，非吾耦也。"旧时因用"齐大非耦"表示门第不当，不敢高攀而辞婚。南朝萧道成为儿子向桓闳求婚，桓闳推辞说："辞霍不婚，常所嘉揖。齐大非偶，所以不敢承殊眷。"〔2〕

"辞霍不婚"的是西汉京兆尹隽不疑，大将军霍光想把女儿嫁给他，隽不疑"固辞不肯当"。《文选·弹事》载，南朝沈约说："齐大非偶，着乎前诰；辞霍不婚，垂称往烈。"

自魏晋士族门阀制度形成后，士族和庶族保持严格的界限，不通婚共坐。尤其是东晋南朝的王谢家族，实际上构成了一个强强联合的婚姻集团，能高攀上这二姓的，仅有郗氏、卫氏、袁氏、庾氏、羊氏等屈指可数的士族高门。如果士族屈尊与庶族联姻，就要受社会舆论的指责。

南朝齐富阳富人满璋之以五万钱为聘礼送东海王源，为儿子求婚，王源将女儿嫁给满氏。御史中丞沈约竟上书弹劾王源，说"王满联姻，实骇物听"，并奏

〔1〕《中华全国风俗志·下篇》卷二《山东·邹县之婚礼》，郑州：中州古籍出版社，1981年版。
〔2〕《太平御览》卷五四一《礼仪部二〇·婚姻下》引吴均《齐春秋》，北京：中华书局，1960年影印版。

请“免源所居官，禁锢终身”[1]。

东魏大将侯景叛降南朝梁，被封为河南王、大将军，门第不算不高。他要娶王、谢家的女儿，梁武帝拒绝说：“王谢高门，非偶，可于朱（异）张（绾）以下访之。”气得侯景咬牙切齿地说：“会将吴儿女以配奴！”[2]

甚至士族变成了穷光蛋、残废，也不肯屈尊。

南朝陈太原王氏的王元规8岁丧父，家道中衰，投靠临海郡的舅舅。当地土豪刘瑱家资巨万，想把女儿嫁给他。王元规表示：“姻不失亲，古人所重，岂得苟安异壤，辄婚非类。”[3]

北朝士族博陵崔辨的孙女眇一目，没有求婚的，准备降低门第，嫁给庶族。崔辨之女哭着说：“岂令此女屈事卑族！”[4]让儿子李翼娶了自己的侄女。

隋唐时期，以王谢为代表的江南士族衰落了，而北方清河（今山东武城）崔氏、博陵（今河北安平）崔氏、范阳（今河北涿州市）卢氏、赵郡（今河北邯郸）李氏、陇右（今甘肃）李氏、荥阳郑氏、太原王氏等五大姓，仍坚持不与庶族通婚，逼不得已，则多要陪门财，甚至连皇族李氏也不放在眼里。房玄龄、魏徵、李世勣等都以能和上述五大姓联姻为光荣。唐高宗时的宰相薛元超，自认为平生有三恨：“始不以进士擢第；不娶五姓女；不得修国史。”[5]和五大姓联姻，竟与进士擢第相提并论，可见当时婚姻门第观念之重。《资治通鉴·高宗显庆四年》载：

> 初，太宗疾山东士人自矜门第，婚姻多责资财，命修《氏族志》，例降一等，王妃、主婿皆娶勋臣之家，不议山东之族，而魏徵、房玄龄、李勣家皆盛与为婚，常左右之，由是旧望不减。或一姓之中更分为某房、某眷，高下悬隔。李义府为其子求婚不获，恨之，故以先帝之旨劝上矫其弊。壬戌，诏后魏陇西李宝、太原王琼、荥阳郑温、范阳卢子迁、卢浑、卢辅、清河崔

[1]（南朝梁）萧统：《文选》卷四〇《弹事》，上海：上海古籍出版社，1992年版。
[2]《南史·侯景传》，北京：中华书局，1975年版。
[3]《陈书·儒林传》，北京：中华书局，1972年版。
[4]《魏书·催辨传》，北京：中华书局，1974年版。
[5]（北宋）王谠：《唐语林》卷四《企羡》，上海：上海古籍出版社，1985年版。

宗伯、崔元孙、前燕博陵崔懿、晋赵郡李楷等子孙，不得自为婚姻，仍定天下嫁女受财之数，毋得受陪门财（胡注：所谓陪门财者，女家门望未高，而议姻之家非耦，令其纳财，以陪门望）。然族望为时所尚，终不能禁。或载女窃送夫家，或女老不嫁，终不与异姓为婚。其衰宗落谱，昭穆所不齿者，往往反自称禁婚家，益增厚价。

这种情况一直持续到唐后期，唐文宗欲把真源、临真二位公主嫁给士族，对宰相说："民间修婚姻，不计官品而上阀阅。我家二百年天子，顾不及崔、卢耶？"[1]

另外，唐代"良贱不婚""官民不婚"的禁例也比较典型。

五代以来，士族没有了，等级观念受到一定的冲击，"取士不问家世，婚姻不问阀阅"[2]，"娶其妻不顾门户，直求资财"[3]，富民可凭借资财和官员联姻，官民不婚的界限有所缩小。尽管如此，婚姻门当户对的门第观念却依然存留下来。新中国成立前的对联"朱陈百里村非远，王谢千秋门并高"，就反映了传统的婚姻门第观念。

三、居丧不婚

按古代丧服，父母死，子女要服丧三年，不能婚配。在汉文帝以前，甚至帝王举丧期间，民间也不得嫁娶。汉文帝遗诏："无禁取妇嫁女。"[4]

《礼记·曾子问》记载了孔子与曾参关于居丧不婚的对话：

曾子问："昏礼既纳币，有吉日（已请期），女之父母死，则如之何？"

〔1〕《新唐书·杜兼传》，北京：中华书局，1975 年版。
〔2〕《通志》卷二五《氏族略第一》，北京：中华书局，1987 年版。
〔3〕吕祖谦：《宋文鉴》卷一〇八《福州五戒》，上海：上海古籍出版社，1987 年版。
〔4〕《汉书·文帝纪》，北京：中华书局，1962 年版。

孔子曰："婿使人吊。如婿之父母死，则女之家亦使人吊。"

曾子问："亲迎，女在涂（途），而婿之父母死，如之何？"

孔子曰："女改服，布深衣，缟（白或未经染色的绢）緫（绢的一种）以趋丧。女在涂，而女之父母死，则女反（返）。"

曾子问："除丧则不复昏礼乎？"

孔子曰："祭，过时不祭，礼也。又何反于初？"

也就是说，丧事结束后，也不能举行婚礼了。

自隋朝到清朝的法律，都把居父母丧嫁娶列为"不孝"，而不孝是十恶不赦之罪。

生老是人生旅途的全程，包括从出世、孩提、成年、壮年到老年各阶段的人生礼俗。它又与衣食住行、婚姻、丧葬、节日、信仰等风俗重叠沟通，集中地反映了中国人的人生价值观念。

第七章

生老风俗

第1节 对新生命的呼唤

一、祈子风俗

祈子风俗包括祈孕和怀孕后祈求生男孩。原始社会初期，古人还不知道性交与生育的内在联系，认为是“神圣母感天而生子”[1]，即女祖先感受动植物或其他非生物的精灵而怀孕。后来，人们发现了生育的秘密。《周易·系辞下》叫作“男女构精，万物化生”。

自从人类了解了生育的秘密和婚姻定型后，各种祈子的仪式便产生了。远古的各民族都存在过对不同形式的生殖器崇拜，是最早的祈子仪式。龙山文化和齐家文化遗址中，都发现有石且（zǔ）和陶且，是男性的生殖器塑像，反映了对交合生育的祈求。根据地区、民族不同，古代都流行着各种不同的祈子风俗，最常见的是祈求送子神。

（一）古代的送子神

中国社会的送子神是一个多元而不确定的神灵，由于中国信仰的模糊性和实用功利性，高

〔1〕《说文十二下·女部》，北京：中华书局，1963年版。

一个新生命的诞生，究竟开始于怀胎，还是分娩，医学界、法学界或许有不同的看法。生子继宗的宗法观念和婚姻价值观念却无视这些论证，而把人生礼俗大大提前了。当母亲十月怀胎，早已是各种人生礼俗的交汇点了。

禖、土地爷爷、天后、泰山碧霞元君、观音菩萨、王母娘娘等，只要能满足人们得子的愿望，任何一位神灵都可被奉为送生娘娘或送生爷爷，都能得到求子的香火。前秦苻坚的母亲“祈子于西门豹祠，其夜梦与神交，因而有孕，十二月而生坚焉”[1]。曲阜人往往去孔子出生地尼山向山神求子。西门豹祠、尼山山神，也都是主宰生育的神灵。

高禖

高禖是古代帝王为求子所祀的送子神。《礼记·月令》载：“是月（仲春之月）也，玄鸟至。至之日，以太牢祠于高禖。天子亲往，后妃帅九嫔御。乃礼天子所御，带以弓韣（dú 弓袋），授以弓矢于高禖前。”郑玄注曰：“高辛氏之世，玄鸟遗卵，娀简吞之而生契，后王以为媒官嘉祥而立其祠焉。变媒言禖，神之也。”“带以弓韣，授以弓矢，求男之祥也。”这位送子神化为玄鸟遗卵，使商的始祖母娀简（简狄）受孕生子，因其祠在郊外，又称“郊禖”。

南宋郑樵《通志》卷四十三《礼二·高禖》载，每逢玄鸟到来的仲春之月，两汉、晋、北齐、隋、唐等朝皇帝、皇后都设坛庙祭祀高禖。“汉武帝年二十九乃得太子，甚喜，始立为高禖之祠于城南，祭以特牲（太牢）。后汉因之，祀于仲春之月。”北齐“每岁元（玄）鸟至之日，皇帝亲帅六宫祀青帝于坛，以太昊配而祀高禖之神，以祈子”。

高禖应是中国最早的送生娘娘，近代仍然流行。民国二十四年（1935 年）山东《莱阳县志》载：“凡子女初生……设祭于房，由产婆奠酒焚楮，谓之谢送生神，即高禖也。”

麒麟送子

古人很早就熟悉麒麟，并把它视为仁兽、嘉瑞。《春秋·哀公十四年》载：“西狩获麟。”杜预注曰：“麟者仁兽，圣王之嘉瑞也。”《太平御览》卷八八九《兽部·麒麟》引《孝经右契》曰：“孔子夜梦丰沛邦有赤烟气起，颜回、子夏侣往观之。驱车到楚西北范氏之庙，见刍儿捶麟，伤其前左足，束薪而覆之。孔子曰：‘儿汝来，姓为谁？’儿曰：‘吾姓为赤松子。’孔子曰：‘汝岂有所见

〔1〕《晋书·苻坚载记》，北京：中华书局，1974 年版。

乎？'‘吾所见一禽，如麇羊头，头上有角，其末有肉，方以是西走。’孔子发薪下，麟视孔子而蒙其耳，吐三卷书。孔子精而读之。”

汉魏时传说麒麟是吉祥的象征，能为人带来子嗣，并把麒麟“吐三卷书”的传说提前，作为孔子出生的嘉瑞。西晋王嘉《拾遗记》卷三载：“夫子未生时，有麟吐玉书于阙里人家，文曰：‘水精之子，系衰周而素王。’”“素王”的意思是，孔子未居帝王之位而有帝王之德。文中的“水精”还真与《管子·水地》中“人，水也。男女精气合，而水流形”的说法相吻合。这是“麒麟送子”的最早传说。

魏晋南北朝时，人们常呼聪颖可爱的男孩为“麒麟”。南朝梁徐陵“母尝梦五色云化而为凤，集右肩上，已而诞陵。年数岁，家人携之以侯宝志，（摩）顶曰：‘天上石麒麟也。’”[1]

到唐朝时，麒麟送子的传说已很完整了。唐诗人杜甫《徐卿二子歌》曰：“君不见徐卿二子多绝奇。感应吉梦相追随。孔子释氏亲抱送，并是天上麒麟儿。”在这首诗中，孔子、释迦牟尼都成了送生神。

▲清　《麒麟送子》年画

〔1〕《太平御览》卷八八九《兽部·麒麟》引《三国典略》，北京：中华书局，1960年影印版。

民间普遍认为，求拜麒麟可以生育得子。祈求麒麟送子不是祭祀礼拜，而是家家门墙上挂一张麒麟送子的年画。

张仙送子

传说古代的张仙有两人：五代后蜀皇帝孟昶、蜀地道人张远霄。明人郎瑛《七修类稿》卷二十六《辩证类》载："近世无子者多祀张仙以望嗣，然不知其故也。蜀主孟昶，美丰仪，喜猎，善弹弓。乾德三年（965 年）蜀亡，掖庭花蕊夫人随辇入宋宫，夫人心尝忆昶，悒悒不敢言，因自画昶像以祀，复佯言于众曰：'祀此神者多有子。'一日，宋祖见而问之，夫人亦托前言，诘其姓，遂假张仙。蜀人历言其成仙之后之神处，故宫中多因奉以求子者，遂蔓延民间。……张仙名远霄，五代时游青城山成道，老泉有赞。"

清人赵翼在《陔余丛考》卷三十五中，旁征博引，认为孟昶投降入汴京，宋太祖认识他，花蕊夫人悬挂"孟昶挟弹图"欺骗不了宋太祖，是后人因其从蜀地带来，传说为孟昶的画像。赵翼还讲："《苏老泉集》有《张仙赞》，谓张名远霄，眉山人，五代时游青城山成道。陆放翁《答宇文使君问张仙事》诗自注云：'张四郎常挟弹，视人家有灾者，辄以铁丸击散之。'又《赠宋道人》诗云：'我来欲访挟弹仙，嗟哉一失五百年。'"最后引明人胡应麟语："古来本有此'张弓挟弹图'，后人因此附会以张弓为张，挟弹为诞，遂流传为祈子之祀。此亦不加深考而为是臆说也。"也就是说，古代就有"张弓挟弹图"，后人附会成孟昶或张远霄，并附会出张仙的种种故事。

明代编修的《历代神仙通鉴》载，宋仁宗 50 多岁尚未得子，晚上梦见一美男子，面若敷粉，五绺长髯飘逸下垂，手挟着弓弹，说："我是桂宫张仙。天狗在天上掩日月，到世间吃小儿，陛下因天狗守垣，故不得嗣，今特来用弓弹逐之。"宋仁宗醒后，立刻命人画了梦中所见的张仙图，贴在宫中以祈子。

民间信仰的"张仙"根本不在意他是孟昶还是张远霄，只要能送子、佑子就够了。人们将他奉为专管人间送子之事的"诞生之神"，称他为"张仙爷"。他手中拿的弓也和古代生男孩"悬弧"的旧俗联系起来，"弹"与"诞"字谐音，暗含"诞生"之意。

山东济南黑虎泉西侧有一"胤嗣泉"，新中国成立前曾有一座张仙庙，庙中

▲张仙射天狗

供奉的就是给人送子的张仙。该泉在张仙庙下，故名“胤嗣泉”[1]。清光绪（1875—1908年）年间山东省潍县年画“张仙射天狗”中的张仙，左手张弓，右手执弹，作仰面直射天狗状，右上角画有一只天狗。他身边还有五个天真活泼的小孩。民间过年祭神，家家要请一张张仙神像贴在房间内。

送生娘娘

中国古代有九天玄女（玄鸟）、碧霞元君、观音菩萨、天后、王母娘娘等许多个送生娘娘。香火最盛的送生娘娘是泰山碧霞元君，全国各地都有泰山行宫、碧霞祠、元君殿，俗称“奶奶庙”，祈子、拴娃娃主要是求她。北京白云观元君殿的中座为天仙圣母碧霞元君，左座分别为催生娘娘和送子娘娘，右座为眼光娘娘和天花娘娘，整个是一处保护婴幼儿的神灵机构。泰山拴娃娃的地方主要有山顶碧霞祠送子娘娘殿、半山腰的斗母宫、山下的王母池三处，北斗众星之母的斗母娘娘，瑶池的王母娘娘，也都是送生娘娘、有的在送生娘娘庙内还供奉“送生爷爷”“送生哥哥”。如山东聊城有多座泰山行宫，庙中的送生娘娘手抱婴儿，陪坐在碧霞元君身旁。这位娘娘手下就有一个“送生哥哥”，肩背一条布褡子，里面装满了泥娃娃。

（二）拴娃娃

拴娃娃又称“拴喜”“拴孩儿”“抱孩子”，是流行于全国各地的一种祈子方式，

〔1〕参见子文：《胤嗣泉与张仙射天狗的传说》，载《济南时报》，2009年3月5日。

一般在碧霞宫、王母祠、观音寺、子孙堂、张仙庙、高禖祠中举行。这些祠庙为迎合民间传宗接代的需求，备有各种泥娃娃供祈子者挑选。山东聊城泰山行宫神像的供桌上便有很多光着腚的泥娃娃，戴着红兜兜，留着刘海，挂着项圈，或坐或爬，嬉笑玩耍，栩栩如生，全是男孩，露着“小鸡儿”。[1]拴回来的孩子，一般都要一日三餐供奉水饭。如果生了孩子，还要给庙主丰厚的报酬。

全国各地拴娃娃祈子风俗中，最普遍的是向泰山碧霞元君求子，这一风俗由来日久，至少可以追溯到明代中期。明嘉靖十一年（1532 年），皇太后遣太子太保到泰山，为明世宗向碧霞元君求子，现存的嘉靖求子《御祝文》[2]，是目前所见最早的泰山求子史料。

每年的四月八日是碧霞元君的诞辰，“妇女赴泰山行宫烧香”[3]者川流不息。泰山是名山，泰山碧霞元君是最正宗的送生娘娘，全国各地来拴娃娃的也特别多。

在婚礼上，都备有百子图、枣、栗子、石榴、花生、筷子等，也都蕴含着“早生贵子”的企盼。

根据各地的地方志记载，各地刚结婚的青年男女还流行着中秋夜偷瓜祈子的风俗，叫作“摸秋”。瓜与“娃”谐音且多籽（子），尤其是与“男娃”谐音的南瓜，更是摸秋者的理想目标。民国二十一年（1932 年）的《新京备乘》[4]载：“江南妇女艰于子嗣者，每于中秋夜潜伏菜园，摘一瓜回，以为宜男之兆，谓之摸秋。”

（三）占梦和占卜

当人们盼望的小生命孕育时，祈子仪式又演变为判断、祈求生男孩以及预测新生儿的前程。

---

〔1〕吴云涛：《聊城的拴娃娃与祀张仙》，载《民俗研究》，1988 年第 2 期。

〔2〕马铭初、严澄非校注：《岱史校注》，青岛：青岛海洋大学出版社，1992 年版，第 149 页。

〔3〕丁世良、赵放主编：《中国地方志民俗资料汇编》华东卷上引民国十八年《泰安县志》，北京：书目文献出版社，1995 年版，第 277 页。

〔4〕丁世良、赵放主编：《中国地方志民俗资料汇编》华东卷引，北京：书目文献出版社，1995 年版，第 351—352 页。

▲清　冷枚　《百子图》（一）

▲清　冷枚　《百子图》(二)

早在先秦时期，占梦、占卜预测生男生女的风俗业已流行。

《诗经·小雅·斯干》载："维熊维罴，男子之祥。维虺（huǐ 毒蛇）维蛇，女子之祥。"这是周宣王命人以圣人之法占梦，梦见熊罴是生男孩的征兆，梦见蛇是生女孩的征兆。唐人徐夤《府主仆射王抟生日》还提到这一说法："熊罴先兆庆垂休，天地氤氲（yīn yūn）瑞气浮。"

史书上把梦感与生子联系起来的记载比比皆是。东晋王嘉的《拾遗记》[1]载："帝喾（kù）之妃，邹屠氏之女也。常梦吞日则生一子，凡经八梦，则生八子。"其中，挚和尧王天下，契和弃是商、周的始祖。后来史书往往讲"梦日入怀，必生天子"[2]。汉武帝、孙权、十六国刘渊、北魏拓跋珪等，都是其母梦日怀孕而生。

春秋晋惠公夷吾流亡在梁国时，其妻怀孕过了预产期，请人占卜。卜者说是将生一男一女，但将来男为人臣（奴隶），女为人妾。夷吾为生下来的儿女取名时，男的叫圉，女的叫妾。后来，圉到秦国做了人质，妾也跟随去做了侍女。[3]

除占梦、占卜外，民间还有各种预测生男生女的风俗。有的根据孕妇的口味来判断，叫作"酸儿辣女"；有的根据肚子的形状来判断，有"肚尖生男，肚圆生女"之说；有的用男左女右的原则，根据孕妇的举止来判断，如孕妇先用左脚过门槛生男，否则生女。

占验生男生女毕竟是被动的，古人还试图通过自己的主动进取来改变胎儿的性别。

西晋张华《博物志》卷十《杂说下》载："妇人妊娠，未满三月，着婿衣冠，平旦左绕井三匝，映详影而去，勿反顾，勿令人知见，必生男。"

《千金方·养胎论》引徐之才语曰："妊娠三月，名始胞，当此之时，未有定仪，见物而化。欲生男者操弓矢，欲生女者弄珠玑。欲子美好，数视璧玉。欲子贤良，端坐清虚。是谓外象而内感者也。"

上述风俗都反映了古人对生男孩的盼望和锲而不舍的追求。

---

〔1〕《古今图书集成·乾象典·日部》引，北京：中华书局，成都：巴蜀书社，1985 年版。
〔2〕《晋书·慕容德载记》，北京：中华书局，1974 年版。
〔3〕参见《左传·僖公十七年》，载《十三经注疏》，北京：中华书局，1980 年影印版。

二、胎教

古人强调“外象内感”，胎儿能受母亲言行的感化，“感于善则善，感于恶则恶”。所以孕妇必须谨守礼仪，给胎儿以良好的影响，叫作“胎教”。

汉代学者把胎教的源起归于文王、成王之母。

西汉刘向《列女传》[1]载：“古者妇人妊子，寝不侧，坐不边，立不跸，不食邪味，割不正不食，席不正不坐，目不视于邪色，耳不听于淫声。夜则令瞽诵诗，道正事。如此，则生子形容端正，才德必过人矣。”

《小学稽古篇》[2]载：“太任文王之母，挚任氏之中女也，王季取以为妃。太任之性端一诚庄，惟德之行，及其娠文王，目不视恶色，耳不听淫声，口不出敖言。生文王而明圣，太任教之，以一而识百，卒为周宗。君子谓太任为能胎教。”

《大戴礼记》[3]载：“周后妊成王于身，立而不跂（qǐ），坐而不差，独处不踞，虽怒不詈（lì），胎教之谓也。”

孟子母曾言：“吾怀妊是子，席不正不坐，割不正不食，胎教之也。”[4]

可知，早在先秦时期就形成了胎教的风俗。其中，孟母胎教的故事在民间广为流传。

《博物志》卷十《杂说下》对胎教的内容做了比较全面的记载：

> 妇人妊娠，不欲令见丑恶物，异类鸟兽。食当避其异常味，不欲令见熊罴虎豹，御及射鸟射雉，食牛心、白犬肉、鲤鱼头。席不正不坐，割不正不食，听诵诗书讽咏之音，不听淫声，不视邪色。以此产子，必贤明端正寿考。所谓父母胎教之法。故古者妇人妊娠，必慎所感，感于善则善，恶

〔1〕《古今图书集成·家范典·教子部·总论》引，北京：中华书局，成都：巴蜀书社，1985年版。
〔2〕《古今图书集成·家范典·教子部·纪事一》引，北京：中华书局，成都：巴蜀书社，1985年版。
〔3〕《太平御览》卷三六〇《人事部一·孕》引，北京：中华书局，1960年影印版。
〔4〕《韩诗外传》卷九第一章，北京：中华书局，1980年版。

则恶矣。妊娠者不可啖兔肉，又不可见兔，令儿唇缺。又不可啖生姜，令儿多指。

张华所阐述的胎教内容有：

其一，遵守礼仪。“听诵诗书讽咏之音，不听淫声，不视邪色”“席不正不坐，割不正不食”。

其二，避丑恶异物、异味和凶险事物。例如，不见熊罴虎豹等异类鸟兽，不观射鸟、射雉等打猎活动，避开异常气味等。

其三，不食禁忌食物。这一风俗是由“不视”演变来的。《淮南子·说山训》称：“孕妇见兔而子缺唇，见麋而子四目。”后来，经过人们的筛选，淘汰了过于荒诞的成分，由“不视”演变为“不食”。

唐代医学家孙思邈的《千金方·养胎论》列举了许多孕妇的饮食禁忌：

妊娠食羊肝，令子多厄，食山羊肉，令子多病；妊娠食驴、马肉令子延月，食骡肉难产；妊娠食兔肉、犬肉，令子无音声并缺唇；妊娠食鸡肉、糯米，令子多寸白虫；妊娠食鸡子及干鲤鱼，令子多疮；妊娠食椹并鸭子，令子倒出、心寒；妊娠食雀肉并豆酱，令子满面黑干黯黑子；妊娠食雀肉并酒，令子心淫情乱，不畏羞耻；妊娠食鳖，令子短项；妊娠食冰浆，绝胎。[1]

现在孕妇仍有许多禁忌风俗，其实就是从古代胎教中流变下来的。

胎教的目的是培养出贤明、端正、寿考的儿子，与孔子“非礼勿视，非礼勿听，非礼勿言，非礼勿动”[2]的态度是一致的。其中固然有许多荒诞、迷信成分，但它又是古代妇幼保健、优生优育等经验的积累，包含着科学的因素。

首先，它主张优化一切影响胎儿发育的外界环境，注重用美感来诱导和感化胎儿，通过孕妇的生理、心理作用来达到优生优育，反映了古代教育的超前意识

〔1〕《博物志》《千金方》均为《古今图书集成·人事典·初生部》引，北京：中华书局，成都：巴蜀书社，1985年版。

〔2〕《论语·颜渊》，载《诸子集成》，上海：上海书店，1986年影印版。

和望子成龙的强烈愿望。

其次，不见丑恶异物，不打猎等禁忌，包含着避免因外界刺激和惊吓而冲动胎气的科学因素。

再次，“孕妇见兔而子缺唇，见麋而子四目”的说法，也是对生育实践的误解。古代多近亲结婚，缺唇、四目、多指等怪胎现象屡屡使人们恐惧，促使人们去探寻产生怪胎的原因，对许多不吉祥的东西因心存忌讳而产生种种附会。每产生一种附会，都向科学边缘靠近一步。

最后终于发现：“男女同姓，其生不蕃（繁）。”在科学知识贫乏的古代，它反映了古人对危害人类生育现象的抗争意识，是古代生育医学发展的必经阶段。

现代科学证明，优美的音乐能促进人体的内分泌，调节血流量和兴奋神经，也能使胎儿感知，促进其发育。孙思邈在《千金方·养胎论》中，从医学角度论证说：“弹琴瑟，调心神，和情性，节嗜欲，庶事清净，生子皆良，长寿，忠孝仁义，聪慧无疾，斯盖文王胎教者也。”足见胎教对促进古代优生学、医学发展和发达的作用。

第2节 幼有所长

一、悬弧挂帨（shuì）和弄璋弄瓦

《礼记·内则》载："子生，男子设弧于门左，女子设帨于门右。三日始负子，男射女否。"

《礼记·射义》载："男子生，桑弧蓬矢六，以射天地四方。天地四方者，男子之所有事也。"

先秦时期，人家生男孩，在门左挂弓。三日后，负子用六支箭射向天地四方，以示男儿尚武和志在四方；生女孩则在门右挂一块佩巾。因此，古代生男称作"悬弧""设弧"，男子生日称作"悬弧之辰"；生女孩或女子生日则称"设帨"。刘禹锡《赠进士张诗》云："忆尔悬弧日，余为座上宾。举箭食汤饼，祝辞添麒麟。"包何《相里使君第七男生日》亦有"他时干蛊声名著，今日悬弧宴乐酣"的诗句。

《诗经·小雅·斯干》载："乃生男子，载寝之床。载衣之裳，载弄之璋。""乃生女子，载寝之地。载衣之裼，载弄之瓦。"

"璋"是古代的一种玉器，"瓦"是纺织用的纺锤。该文是说，生了男孩，放到床上，穿上衣裳，玩弄玉璋，希望将来有玉一样的品德。生下女孩，放到地上，用裼衣包起来，让她玩弄

▲玉璋

当人们企盼的小生命呱呱坠地，各种风俗仪式接踵而至。

纺锤，希望将来熟悉女红。所以，古代生男孩叫作“弄璋”，生女孩叫作“弄瓦”。唐朝奸相李林甫庆贺别人诞子，贺词称“闻有弄獐之庆”，把“璋”错写成“獐”，众客皆掩口而笑。宋代大文豪苏轼写诗讽刺他说：“甚欲去为汤饼客，惟愁错写弄獐书。”[1]

二、三日洗儿和满月

三日洗儿又称“三朝洗儿”“洗三”“汤饼会”。追根溯源的话，来自“悬弧”风俗中的“三日始负子，男射女否”。

东魏高澄生子，“三日而孝静帝幸世子（高澄）第，赠锦彩及布帛万匹”。高澄推辞赏赐，请求允许他接受诸权贵的贺礼，“于是十屋皆满”[2]。可知当时十分重视“三日之礼”。

一般认为，“洗三”风俗起自唐代。安禄山与杨贵妃荒唐地互认为母子，在母子关系的掩护下淫乱狎戏。天宝十年（751 年）正月二十二日是安禄山的生日。三日那天，杨贵妃把 40 余岁的安禄山当作婴儿，搞了个“洗三”的闹剧。《资治通鉴·玄宗天宝十载》载：

> 甲辰，禄山生日，上及贵妃赐衣服、宝器、酒馔甚厚。后三日，召禄山入禁中，贵妃以锦绣为大襁褓裹禄山，使宫人以彩舆舁之。上闻后宫欢笑，问其故，左右以贵妃三日洗禄儿对。上自往观之，喜赐贵妃洗儿金银钱，复厚赐禄山，尽欢而罢。

杨贵妃干出如此勾当，唐玄宗还得强作欢颜地赏赐，足见当时“洗三”风俗必定十分流行，且已有较长的历史。

---

〔1〕《古今图书集成·人事典·初生部》引《缃素杂记》，北京：中华书局，成都：巴蜀书社，1985 年版。
〔2〕《北齐书·文襄元后传》，北京：中华书局，1972 年版。

天复二年（902 年），唐昭宗被逼流亡在凤翔，自顾不暇，“皇女生三日，赐洗儿果”[1]，可知“洗三”是不能免的。北宋苏轼《贺子由生孙》诗：“昨闻万里孙，已振三日浴。”

洗儿除给婴儿沐浴外，还要大宴亲朋。宴会上最注重的食品是汤饼，故又称“汤饼宴”。从悬弧风俗中所引的刘禹锡、苏轼的诗可知，去庆贺的客人还自称“汤饼客”。南宋王明清的《挥麈前录》解释说，“必食汤饼者，世所谓长寿面者也”。

主人除大宴宾客外，还要染红鸡蛋，与面条一起分送乡里，谓之“喜面”“分红蛋”。

苏轼讲，闽人三日洗儿，家人宾客都要戴葱和钱。葱使儿聪明，钱使儿富。[2]南宋以后，这一风俗北渐，北方亦流行起来。

满月又称“弥月”“足月”。唐高宗龙朔二年（662 年），“子旭轮（唐睿宗）生，满月，大赦”[3]。皇子满月要大赦天下，可知满月也是重大的人生礼俗。

满月的礼仪内容与“洗三”相似，亦称作“满月洗儿”“洗儿会”，是南北风俗融汇的结果。

唐朝段公路《北户录》载：“岭南俗，家富者妇产三日或足月洗儿。做团油饭，以煎鱼虾、鸡鹅、猪羊、灌肠、蕉子、姜桂、盐豉为之。”后来该俗北渐，北方也流行“满月洗儿”。《东京梦华录》卷五《育子》载：“至满月则生色及绷绣线，富贵家金银犀玉为之，并果子，大展洗儿会。……浴儿毕，落胎发，遍谢坐客。”在满月，亲朋毕集，携礼贺喜。对产妇来说，满月还意味着“坐月子”期满，不能再卧床养息，该恢复正常的家务劳动了。

唐代韩愈的《寄卢仝》诗写道：“去年生儿名添丁，意令与国充耕耘。”因此，古代生儿又称“添丁”。在宗法观念浓厚的中国，生子继宗，人丁兴旺是

---

〔1〕（唐）韩偓：《金銮密记》，《古今图书集成·人事典·初生部》引，北京：中华书局，成都：巴蜀书社，1985 年版。

〔2〕《古今图书集成·人事典·初生部》引《爱日斋丛抄》，北京：中华书局，成都：巴蜀书社，1985 年版。

〔3〕《新唐书·高宗本纪》，北京：中华书局，1975 年版。

人们的普遍追求，故而庆贺添丁之喜的“洗三”“满月”也一直流变到近现代。

三、百岁和周岁试儿

▲百岁长命锁

百岁指婴儿出生100天，也叫“百晬（zuì）”。百岁那天，亲友携礼相贺，主人设宴作庆，还要从百家讨来铜钱，买一把用金、银或铜制作的锁，上刻有“长命富贵”“百家宝锁”的字样，戴到婴儿胸前，叫作“百家锁”或“百岁长命锁”，据说能长命百岁，防止夭折。

周岁也叫“周晬”，主要礼俗是试儿，又称“抓周”“试周”“试晬”。此俗兴起于南北朝的江南。颜之推《颜氏家训·风操篇》载：

> 江南风俗，儿生一期，为制新衣，盥浴装饰。男则用弓矢纸笔，女则刀尺针缕，并加饮食之物，及珍宝服玩，置之儿前，观其发意所取，以验贪廉愚智，名之为试儿。亲表聚集，致宴享焉。自兹已后，二亲若在，每至此日，常有酒食之事耳。

这里除详记试儿的内容外，还由于试儿和“宴享亲表”，启动了后来每年的生日。

唐宋时，试儿风俗传到北方。《东京梦华录》卷五《育子》载：“生子百日，置会，谓之‘百晬’。至来岁生日，谓之‘周晬’。盛果木、饮食、官诰、笔研（砚）、筭称等经卷、针线应用之物，观其所先拈者，以为征兆，谓之‘试晬’。”北宋初大将曹彬周岁时，“父母以百玩之具罗于席，观其所取。彬左手持干戈，右手挂俎（zǔ）豆（祭器），斯须取一印，他无所视，人皆异之”[1]。曹彬是真定灵寿人，今属河北，周岁时当在五代，那时北方已有试儿风俗，一直流传至今。

〔1〕《宋史·曹彬传》，北京：中华书局，1975年版。

四、十二生肖

古代以天干地支纪年，人的出生之年还命定着一种特定的文化符号，叫作十二生肖或十二属相。例如，子（鼠）年出生的肖（属）鼠，丑（牛）年出生的肖牛，以后每逢子年、丑年，即为本命年。用特定动物纪历的“兽历”，在印度、埃及、希腊、古巴比伦都曾存在，但把它们作为人的属相，恐怕仅见于中国。这种人与禽兽息息相关的生肖风俗有着悠久的历史和丰富的文化内涵。

十二生肖源于氏族社会的动物、星宿崇拜和古代的历法。明代学者方以智《通雅》卷十二讲：“《方言》以十二生肖配十二辰，为人命所属，莫知所起。”《方言》的作者是西汉扬雄。前蜀冯鉴《续事始》讲，“黄帝立子丑十二辰，以名月，以名兽，配十二辰属子”，将此归属于黄帝的首创。

其实，十二地支与生肖的对应关系，春秋时代就初步确立了。《诗经·小雅·吉日》云：“吉日庚午，既差我马。”以午对马。《左传·僖公五年》载：“龙尾伏辰。”以辰对龙。

1975年，湖北云梦睡虎地发现的秦简《盗者》一篇中载：

> 子，鼠也；丑，牛也；寅，虎也；卯，兔也；辰，龙也；巳，虫也；午，鹿也；未，马也；申，环也；酉，水也；戌，老羊也；亥，豕也。

其中的“虫”，即蛇；“环”古读猨，即猿，与猴同；“水”古读雉，即野鸡。与现代不同的有午鹿、未马、戌老羊三条。竹简的年代是战国后期，当时的十二生肖已很完整了。

东汉王充《论衡·物势篇》提到寅虎、戌犬、丑牛、未羊、亥豕（猪）、巳蛇、子鼠、午马、酉鸡、卯兔、申猴十一种地支和生肖。同书《言毒篇》讲：“辰为龙，巳为蛇，辰巳之位在东南。”可知，以十二生肖配十二辰，并“为人命所属”，在汉代已流行了。

北周宇文护之母被扣押在北齐，写信给宇文护说：“生汝兄弟，大者属鼠，

子鼠（句斟字嚼）

丑牛（对牛弹琴）

寅虎（一山不容二虎）

卯兔（守株待兔）

辰龙（叶公好龙）

巳蛇（刘邦斩蛇）

午马

未羊（羊车望幸）

申猴（朝三暮四）

酉鸡（闻鸡起舞）

戌狗

亥猪

▲清　任薰　《十二生肖图册》

这本图册讲述的是十二生肖故事，每帧图像都用与生肖有关的典故来表现，比如“守株待兔”“叶公好龙”“闻鸡起舞”等。

▲宋 《十二生肖墓陶》

次者属兔，汝身属蛇。”[1]进入中原的鲜卑族也接受了汉族的生肖文化，并以此来激发儿子对母亲的思眷，足见南北朝时已是习以为常的风俗了。

由生肖风俗又产生了中国人特有的生辰八字。每个人出生的年、月、日、时，各有天干地支相配，四项共八个字，故称“生辰八字”。天干、地支又各与五行相对应，并以此来推算一个人的命运。

把动物作为年、月、日、时和“人命所属”的文化符号，通过生动的形象思维来增加联想，便于直观形象地推算时光和年龄，增加生活情趣。一个人的年龄是不断增长变化的，而属相却终生不变。随着时光的流逝，人们可以忘记多年不见的亲友的年龄，但只要记住属相，就能准确地推算出来。另外，通过对动物的崇拜和美化，将其集中映印在人身上，以此来体现人的主体地位，既反映了中国风俗文化的人文精神，又增加了人对大自然的热爱和归属感。

然而，生肖和八字又以五行相克和兽性来解释人的命运，尤其是在诞生、婚娶、丧葬等人生礼俗中，形成了许多忌讳。例如，羊年生孩子不吉利，“三月羊，靠南墙，生活无着多凄凉”。据报道，1991年是羊年，人口出生率大大下降[2]。在婚姻方面则忌讳更多，什么“青龙克白虎”“虎鼠不结婚”“两只羊，活不长”“鸡狗相配断头婚”，到现在仍然影响着人们的婚姻。尤其是古代的妇女，一旦丈夫早死，便被认定为克夫命，被视为比洪水猛兽更可怕，终生要面对社会的歧视、冷遇，甚至迫害。

〔1〕《周书·宇文护传》，北京：中华书局，1971年版。
〔2〕《今年出生的孩子为何少？》，载《文摘报》，1991年11月3日。

第3节　踏上人生之路

一、孩提、幼学、成童

小儿二三岁间在襁褓之中，可以提抱，故称作“孩提之童”“孩抱”。《孟子·尽心上》称：“孩提之童，无不知爱其亲者。”《后汉书·李善传》载：“虽在孩抱，奉之不异长君。”

“小儿五岁曰鸠车之戏，七岁曰竹马之戏。”[1]据《后汉书·礼仪志》，鸠指鸠杖，是汉代赐给八九十岁老人的玉杖，长九尺，以鸠鸟为端饰。鸠鸟为不噎之鸟，有祝老人不噎之意。这里指5岁小儿骑鸠杖为车戏耍。竹马指小儿骑竹竿当马。东汉郭伋巡行州部，有数百儿童骑竹马欢迎他。李白《长干行》诗：“郎骑竹马来，绕床弄青梅。”后因用“青梅竹马”来形容小儿女天真无邪，亲昵嬉戏。

《礼记·内则》载：“六年，教之数与方名。七年，男女不同席，不共食。八年，出入门户及即席饮食，必后长者，始教之让。九年教之数日。十年出就外傅，居宿于外，学书记……十有三年，学乐诵诗，舞勺。成童，舞象，学射御。”

在中国古代，“老有所终，壮有所用，幼有所长，矜、寡、孤、独、废疾者皆有所养”，是儒家理想化的社会蓝图。因此，中国的人生礼仪，不同的年龄有不同的名称、义务和权利。随着专制制度的加强，越来越强调人对国家和皇帝的义务，而人生的权利却被淡化了。

〔1〕《古今图书集成·人事典·七岁部》引《谈苑》，北京：中华书局，成都：巴蜀书社，1985年版。

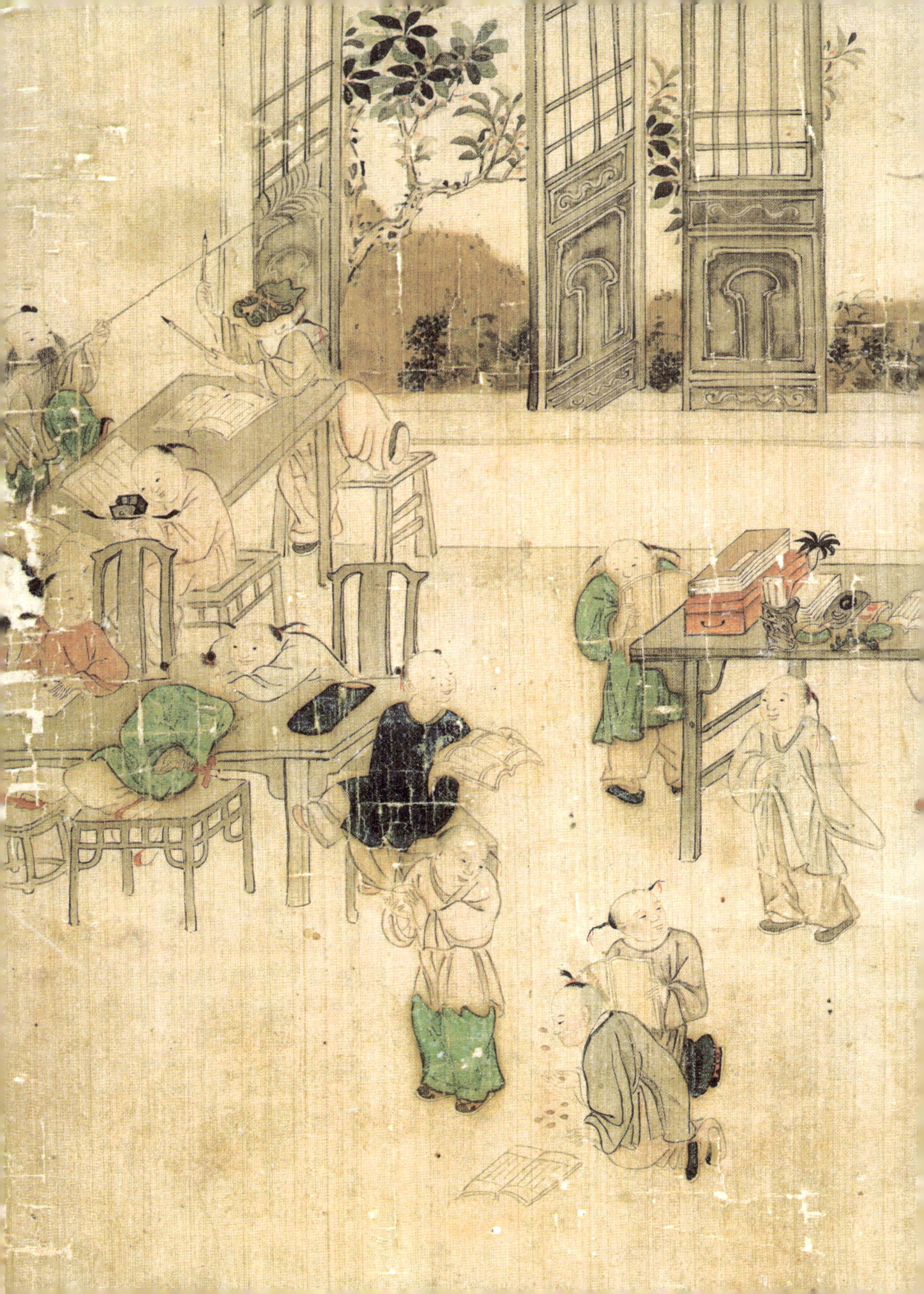

◀明　仇英《村童闹学图》

▲清　佚名　《闹学顽戏》

鬧學

《汉书·食货志上》载："古者八岁入小学，学六甲、五方、书计之事，始知室家长幼之节。十五岁入大学，学先圣礼乐，而知朝廷君臣之礼。"

"数日"即朔望和六十甲子；"舞勺"是文舞；"舞象"是武舞。"六甲"，指六十甲子；"五方"指分辨五方之名和书籍；"书计"即算术。整个学习内容是自然知识和礼乐制度。

上述两条记载讲的是成人前的整个教育过程。6岁就该让小儿掌握数字和东西南北了。《礼记·曲礼》载："人生七年曰悼，虽有罪而不加刑焉。"悼有二意，一为怜爱，二为知廉耻。《释名·释长幼》讲："悼，逃也。知有廉耻，隐逃其情也。"7岁即男女不同席，不共食，可见"悼"应为隐逃之意。8～10岁入小学，所以《礼记·曲礼》称："人生十年曰'幼学'。"13～15岁入大学。《释名·释长幼》称："十五曰'成童'。"孔子讲的"十有五而志于学"，就是成童和入大学的年龄。

总之，从幼学开始到成童、到成人礼之前，所有的自然知识和礼仪都应该具备了。在整个古代，人们都热衷于"神童""圣童"的赞赏。孔融4岁让梨，项橐（tuó）7岁为圣人师，司马光7岁砸缸，黄香9岁温席，甘罗12岁为上卿，都成为教育、激励子女大器早成的事例，反映了古人望子成龙的强烈期盼。

二、冠礼

冠礼即成年礼，是人生重要的里程碑。它表示从此和童年告别，正式跨入成年人的行列，人们也按照大人的礼仪来对待和要求他了。在先秦，"礼不下庶人"，冠礼只是贵族男子的专利，秦汉以后成为普遍的成年礼仪。

古代男子"二十而冠"[1]，即20岁举行"冠礼"，也叫"加元服"，民间俗称"上头"，所以20岁也称"弱冠"。

《仪礼·士冠礼》记载了这一复杂的礼仪。举行冠礼前，用蓍（shī）草占卜日期和称作"宾"的主持人，叫作"筮日""筮宾"，然后按卜得的日期在宗庙

〔1〕《礼记·内则》，载《十三经注疏》，北京：中华书局，1980年影印版。

举行加冠仪式。加冠时，将头发挽成髻，将冠戴上，用笄和冠缨固定住。始加缁布冠，表示从此有治人权；再加皮弁，表示有当兵的权利和义务；三加爵弁，表示有资格祭祀。因此，冠礼又称“三加之礼”。加冠后，“宾”和父母用酒向加冠者祝贺，称作“醮子”。还要由“宾”起一个字。《礼记·冠义》讲：“冠而字之，成人之道也……成人之者，将责成人礼焉也。”

冠礼完毕，要参拜国君、大夫、亲朋，宣告自己成人，获得社会的承认。春秋晋国赵武加冠后，分别拜见栾书、韩厥、范燮等诸大夫，大家都讲了些祝贺和勉励的话。韩厥讲：“戒之，此谓成人。成人在始与善。始与善，善进善，不善蔑（无）由至矣；始不善，不善进不善，善亦蔑由至矣。如草木之产也，各以其物（类）。人之有冠，犹宫室之有墙屋也，粪除而已（喻洁身自修），又何加焉？”〔1〕这大概就是“责成人礼焉”了。

先秦庶人的成人礼，只是在发髻上覆以巾。《释名·释首饰》称：“巾者谨也，二十成人，士冠庶人巾。”

女子也有成年礼，《礼记·内则》讲，女子“十有五年而笄”。把头发挽成髻，插上笄就行了。女子十三四岁时，头发自然下垂，或以巾覆盖，形似豆蔻，故又将女子十三四岁时称作“豆蔻年华”。杜牧《赠别》诗：“娉娉袅袅十三余，豆蔻梢头二月初。”

秦汉以后，冠、笄的年龄不再局限于20岁、15岁，而是因地因人而异。秦始皇13岁即位，九年行冠礼，已是22岁了。《晋书·礼志下》载：“诸王十五而冠。”《南史·孝义传》载，东晋末年，华宝的父亲要戍守长安，临行说：“须我还，当为汝上头。”由于长安陷落，父亲一去不返，华宝至70岁也没婚冠。

南朝人重冠礼，北朝至隋唐则不太重视。隋朝王通在《文中子·礼乐篇》中疾呼：“冠礼废，天下无成人矣！婚礼废，天下无家道矣！”唐代柳宗元在《答韦中立书》中也说：“古者重冠礼，将以责成人之道……数百年来，人不复行。”〔2〕

唐宋以后的冠礼一般在16岁左右，仪式也趋于简朴。司马光《训子孙文》讲：“俟其子年十五以上，能通《孝经》《论语》，粗知礼义，然后冠之，斯为美

〔1〕《国语·晋语六》，上海：上海古籍出版社，1978年版。
〔2〕《古今图书集成·礼仪典·冠礼部》引，北京：中华书局，成都：巴蜀书社，1985年版。

矣。”《至元嘉禾志》载，元朝桐乡一带，“男子十六始冠，亦有婚而冠者，女子归而笄”。《嘉靖宁波府志》载，明朝宁波地区，士农工商多行冠礼，“一从简朴，仅取成礼”。[1]

清军入关后，严令汉民薙发梳辫，数千年的冠冕服制最终绝迹。受此冲击，冠礼的变异更加严重。清人福格《听雨丛谈·冠礼》讲：“海内冠礼久失，惟国家存之。公孙胄子十八岁方许拜官，宗室子二十岁始冠顶戴。童生入学后有冠顶之礼。”这里的加冠，已变成“冠顶戴”了。

据各地方志记载，清朝民国的冠礼虽久不流传，但仍有冠礼的遗风。民国七年上海《章练小志》载：“古人冠而后字，斯礼久废。今泖滨农家，弱冠后为酒食，邀里中士人命字，召乡党食之，谓之‘庆号’。”乾隆二十七年（1762年）山东《乐陵县志》载：“男子十五以上随便加冠。”道光二十一年（1841年）山东《武成县志续编》载：“古礼久废，成童则加帽。”民国十八年山东《泰安县志》载：“冠礼久废，即以婚礼为冠礼。既婚娶，谓之成人。未婚娶，谓之童子。”[2]这都蕴含着“冠而字之”的成年礼俗。

古代“敬冠事”，把童年和成年清楚地界定开来。《礼记·曲礼》云：“人生十年曰幼学，二十曰弱冠。”加冠后“将责成人礼焉者，将责为人子、为人弟、为人臣、为人少者之礼行焉”[3]。弱冠即成年，要立即“去幼志，顺成德”，不仅要以成人的资格和礼仪修养来进行人际交往，还要承担起对国君、父兄的忠信孝悌之道。

冠礼又是敦促青少年成人、成熟的界牌。它使一个乳臭未干的娃娃倏忽间跃入一个成人的境界，使自尊、自爱、自重，加强自我修养成为弱冠者的自觉意识，也使承担社会责任和为国家、为民族立事立功变为有志者的强烈愿望。

汉武帝时，欲令南越王入朝。弱冠的终军请缨说：“愿受长缨，必羁南越王

---

〔1〕《至元嘉禾志》《嘉靖宁波府志》，均为《古今图书集成·礼仪典·冠礼部》引。

〔2〕丁世良、赵放主编：《中国地方志民俗资料汇编》华东卷引，北京：书目文献出版社，1995年版，第51、130、137、275页。

〔3〕《礼记·冠义》，载《十三经注疏》，北京：中华书局，1980年影印版。

而致之阙下。"[1]东汉班超年轻时，立下了投笔从戎、立功异域的壮志。南朝宋宗悫年少时对叔父说："愿乘长风，破万里浪。"[2]唐代诗人王勃在《滕王阁序》中抒发自己的抱负和怀才不遇时说："无路请缨，等终军之弱冠；有怀投笔，慕宗悫之长风。"

现在从法律上讲，18 岁即成为有选举权的合法公民，可许多 18 岁的青少年根本没有成人的自觉境界和责任感，民间的家长也老嫌子女"没蜕孩子皮"，这与现代风俗中没有童年与成年的界定礼俗，有一定的关系。

三、姓、氏、名、字、号

姓名是每个人特定的文化符号，古代中国是个宗法社会，姓和氏又是宗法血统的标志，所以显得特别复杂和严格。

（一）姓和氏

《说文十二下·女部》讲："姓，人所生也。古之神圣母感天而生子，故称天子……《春秋传》曰：'天子因生以赐姓。'""感天而生"即与有生命的动植物或日、月等无生命的自然物感应而生。"因生以赐姓"即以感应物为姓，它往往也作为本氏族的图腾。

东汉王充《论衡·奇怪篇》记载了"感生得姓"的传说。

大禹母吞薏苡而生大禹，故夏以"姒"为姓。契母吞玄鸟（燕子）卵而生契，故殷商以"子"（古人称蛋为子）为姓。弃母履大人迹（熊足迹）而生弃，故周以"姬"（迹）为姓。薏苡、玄鸟、熊也分别是三代的图腾。居住在陕西黄土高原上的黄帝号有熊氏，也是姬姓。姬的古文"臣"是熊迹的象形字。姬姓的

[1]《汉书·终军传》，北京：中华书局，1962 年版。
[2]《宋书·宗悫传》，北京：中华书局，1975 年版。

周人应该是黄帝族的直系后裔。

随着氏族的繁衍，一个同姓氏族又衍生出许多胞族和父系家族，这就出现了氏。高阳氏颛顼和高辛氏帝喾就是姬姓黄帝分支出的二氏。《史记·五帝本纪》说："黄帝二十五子，其得姓者十四人。"这里提到的姓，又是从姬姓衍变出的氏。后来，高辛氏又分支出伯奋氏、仲堪氏、叔献氏、季仲氏；伯虎氏、仲熊氏、叔豹氏、季狸氏，两个胞族，共八氏。〔1〕

先秦时期，男子的姓不言自明，而氏则不断变化。鲁国姬姓，鲁孝公的后代有臧氏、郈（hòu）氏、柳氏。鲁桓公的后代有孟孙氏、叔孙氏、季孙氏。齐国姜姓，其后代有高氏、国氏、崔氏等。古代男子称氏，妇人称姓。男有氏以别贵贱，女有姓以别婚姻。

《礼记·大传》载："四世而缌，服之穷也。五世袒免，杀同姓也。六世亲属竭矣。"东汉郑玄注曰："四世共高祖，五世高祖昆弟，六世以外亲尽无属名，其庶姓别于上。"即高祖以下的所有四代子孙，都可以高祖的名号为氏。到第五代子孙出现后，原高祖的氏由嫡系子孙继承，世代流传，而非嫡系子孙以原曾祖为高祖，就以他的名号为氏了。

那么，古人取氏都有哪些依据呢？根据《白虎通·姓名》和《风俗通·佚文·姓氏》的记载，氏的来源可分为九类。

氏于号。即以徽号（图腾）为氏。尧号陶唐氏，舜号有虞氏，其后裔因以唐、虞为氏。

氏于谥。即以谥号为氏，如武、宣、穆等。

氏于爵。即以爵位为氏。《白虎通·姓名》讲："王者之子称王子，王者之孙称王孙，诸侯之子称公子，公子之子称公孙。"《论语》中有王孙贾、公子荆、公孙朝等，都是氏。

氏于国。即以国名或封邑为氏。国名如鲁、曹、宋、卫等氏。鲁大夫展禽的封邑在柳下，以他为始祖的后裔称柳氏。也有的以国名加爵名，如夏侯、葛伯等。

氏于官。即以官为氏。如司马、司徒、司寇、司空、司城等。

〔1〕参见《左传·文公十八年》，载《十三经注疏》，北京：中华书局，1980年影印版。

氏于字。《白虎通·姓名》讲："公孙之子，各以其王父字为氏。"先秦时的字主要是伯、仲、叔、季，其实是兄弟们的排序，伯者长也，仲者中也，叔者少也，季者幼也。长子有的称伯，有的称孟。《白虎通·姓名》载："适（嫡）长称伯，伯禽是也；庶长称孟，鲁大夫孟氏是也。"这种用来排序的字，也成为后裔的氏。

氏于居。即以居住地为氏。如城、郭、池、园、东门、东郭、百里等。

氏于事。即以百工技艺为氏。如从事巫卜、制陶、丘墓的后裔，各以巫、卜、陶、丘为氏。

氏于职典。即以掌典的职事为氏。此氏不太常见，《风俗通》提到的有三马、五鹿、青牛、白马等。

秦汉以后，姓与氏合一，无论嫡系、非嫡系都以祖上的姓、氏为姓了。由于种种原因，仍可能出现新的姓。东汉第五伦，本战国齐国田氏的后裔，因是六国旧贵族，被第五批迁徙到长陵（在今陕西省），故以"第五"为姓。其他还有皇帝赐姓，从主人、养父、继父姓，冒姓，少数民族改汉姓等。

（二）名和"五名六避"

《白虎通·姓名》称："名者，幼小卑贱之称也。""《礼服传》曰：子生三月，则父名之于祖庙。"春秋鲁国大夫申缟曾讲过取名的五条原则和六种避讳：

> 名有五，有信、有义、有象、有假、有类。以名生为信，以德命为义，以类命为象，取于物为假，取于父为类。不以国，不以官，不以山川，不以隐疾，不以畜牲，不以器币。周人以讳事神。名，终将讳之。故以国则废名，以官则废职，以山川则废主，以畜牲则废祀，以器币则废礼。[1]

《礼记·曲礼》《论衡·诘术》也有相同的记载。根据这些原则和以后史书的记载，古人取名大体有以下原则。

〔1〕《左传·桓公六年》，载《十三经注疏》，北京：中华书局，1980年影印版。

根据天干、地支或干支相配五行取名。《白虎通·姓名》讲："殷以生日名子。"从商代开始，就以所生之日的天干命名，如太甲、盘庚、武丁等。到西周，又以天干相配五行，或干支相配取名，如秦将白乙丙、楚公子子庚。

根据出生时的生理特征及有关情况命名。即申繻说的"信、义、象、假、类"。鲁公子友的手纹像"友"字，便取名为友，这是"名生为信"。周文王出生时有圣瑞，祖父古公亶父以为能昌盛周室，为其取名为昌，这是"德名为义"。孔子的头顶中间低四周略高，像曲阜郊外的尼丘山，取名为丘，字仲尼，这是"类名为象"。孔子生子时，有人送来鲤鱼祝贺，为儿取名曰鲤，字伯鱼，这是"取于物为假"。鲁庄公的生日与父亲鲁桓公相同，取名为同，这是"取于父为类"。

秦汉以后取名，也大多遵守这些传统风俗。南朝宋范晔是母亲在厕所生的，头被砖所伤，以"砖"为小字。岳飞生时，有大禽在屋上飞鸣，因名为"飞"。二者是遵从了"假"和"义"的传统。

以梦中所见之象取名，也叫"梦象法"。郑文公的妾梦见天使给她一枝兰花而怀孕生子，文公为公子取名"兰"，即后来的郑穆公。[1]因此，古代妇人怀孕，又称"梦兰""兰梦"。北周庾信《奉和赐曹美人》诗："何年迎弄玉，今朝得梦兰。"李白的名字也是母亲梦见长庚星（金星，又称太白星）而取的。

根据占卜所得的结果取名。在本章第一节中，晋公子夷吾为儿子取名圉，为女儿取名妾，就是占卜的结果。

待事而名。即初生时不取名，待以后有了值得纪念的大事时，因事命名。春秋鲁国叔孙庄叔击败狄人，俘获侨如、虺（huǐ）、豹三个俘虏，便用三个人的名字分别为自己的三个儿子命名。[2]叔孙庄叔不可能在这年顿生三子，有的是生后待事而名，有的是事后而生。《左传·定公八年》载："（鲁）苫越生子，将待时而名之，阳州之役获焉，名之曰'阳州'。"为儿子取俘虏的名字来纪念战功的风俗也流行于蒙古族。也速该征讨塔塔儿部，抓了两个俘虏，年长者叫铁木真。恰好妻子生子，便为子取名叫铁木真。铁木真即后来震撼亚欧大陆的成吉思汗。

---

〔1〕参见《左传·宣公三年》，载《十三经注疏》，北京：中华书局，1980年影印版。
〔2〕参见《左传·襄公三十年》，载《十三经注疏》，北京：中华书局，1980年影印版。

上述申繻的话还道出了周人取名的“六避”。之所以不以国名、官名、山川名、隐疾名、畜牲名、器币名取名，是为了避名讳。如果用这些为国君之子命名，待其继位后，为了避讳，势必因重大事物名称的更改而造成混乱。晋僖公名司徒，“司徒”这个官名只好被废弃。鲁献公名具，鲁武公名敖，只好将鲁国境内的具山、敖山改称“其乡之山”。古代特别重视祭祀，用猪、羊、俎、豆等命名，不仅要避讳，更不能用来做祭祀的牺牲和器物。

由此我们可以理解《礼记·曲礼》中“入境而问禁，入国而问俗，入门而问讳”的礼制意义所在。春秋晋国范献子聘于鲁，问起了具山、敖山，鲁人说是先君之讳，范献子感到自己失礼，非常尴尬。[1]

不光是国君，其他贵族和平民也要避父祖名讳，因此也要遵守“六避”的取名原则。正如国君一样，也有偶犯避讳者。孔子弟子司马耕，字子牛，即以畜牲命名。

《礼记·曲礼下》载，先秦时期还有一条取名礼制，叫作“君子已孤不更名”。即父亲死后，为自己取的名字不能再更改，否则就是遗弃其父。

秦汉以后，不再讲究这些原则。汉文帝名恒、汉武帝名彻，宁肯将恒山改为常山、将彻侯改为列侯，也要坚持自己的名，反映了封建君主权力的加强。上述《颜氏家训·风操》列举的以禽、鲤、虮虱、犬子、狗子、驴子、驹子、豚子等为乳名者，比比皆是。

“君子已孤不更名”的原则也有所松动。由于名为“幼小卑贱”之称，往往不太雅，入学后许多人都改名。司马相如名犬子，“相如既学，慕蔺相如之为人也，更名相如”[2]。这里虽没说相如之父是否健在，至少说明是他以自己的意愿而更名。《南齐书·张敬儿传》载，南齐张敬儿本名苟儿，“宋明帝以其名鄙”而改，其弟也由“猪儿”改为恭儿。《南齐书·曹虎传》载，曹虎本名虎头，“世祖（齐武帝）以虎头名鄙，敕改之”。既然是皇帝敕改，就不管父亲是否健在了。

实际上，秦汉以后的名往往称“小字”，入学后再另取一名。如范晔名晔，

〔1〕参见《国语·晋语九》，上海：上海古籍出版社，1978年版。
〔2〕《汉书·司马相如传》，北京：中华书局，1962年版。

小字砖；王安石名安石，小字獾郎。如果小字较雅，就不必另取了。

（三）幼名冠字

字是举行冠礼时正式起的称呼，即上述“冠而字之，成人之道也”。《白虎通·姓名》讲，“人所以有字者何？所以冠德明功，敬成人也”。

字一般要与名意义相通，《白虎通·姓名》云：“闻其名即知其字，闻字即知其名。”如孔子名丘字仲尼，其子名鲤字伯鱼。后世一般也遵守这名、字互应的习俗。如诸葛亮字孔明、岳飞字鹏举、毛泽东字润之，等等，字和名均同义。

《礼记·檀弓上》称：“幼名，冠字，五十以伯仲，死谥，周道也。”是讲在称呼别人时，幼年称其名，成年称其字。对50岁以上的老者直呼其字也不尊重了，应称呼他的伯、仲。对死者称谥号。所以，古人自称称名，以表示自谦。称别人则称字而不能称名，表示尊敬，即“敬成人”。关系特殊称名，则表示亲昵或随便。《论语》中，孔子对弟子都称名而不称字，体现了和谐的师生关系。称名、称字所反映的“简”“敬”的语气，与现在称乳名和称学名基本相同。

（四）号

号是指人的别号、绰号，先秦时期就已出现。春秋范蠡帮助越王勾践灭吴后弃官经商，先后自称“鸱夷子皮”“陶朱公”。百里奚是秦穆公用五张羊皮从楚国赎回来的，号曰“五羖大夫”。吕不韦为相国，秦王嬴政称他为“仲父”。

古人的称号可分为以下几类：

赐号。即帝王对臣民赏赐的称号。如周文王号姜太公曰“太公望”，周武王又尊他为“师尚父”，齐桓公尊管仲为“仲父”。南宋孝宗赐号郭雍为“冲晦处士”，后又封“颐正先生”。有的不是赐号，而是皇帝随便给臣下起的绰号。北魏大臣古弼头尖且刚正不阿，魏太武帝呼他为“笔头”。

舆论称号。即社会群众阶层所起的称号。古代民众向来有参政议政、褒贬是非、臧否人物的传统，给人的称号表达了赞誉、敬仰、讥讽、鞭笞、痛斥等各种心境，是社会舆论对某一个人的评价。汉代的召信臣、杜诗勤政爱民，被称为“召父”“杜母”；包拯因铁面无私被称为“阎罗包老”；蔡京等六名奸臣被称作“六贼”，也有的是外族起的称号。匈奴称汉代李广为“飞将军”，契丹称杨延昭为“杨六郎”。

自号。自号往往是自己的个性、人生追求任真自得的写照，或是对社会、时政洒脱不羁的宣泄和讽刺。宋代的文人学士中，自号蔚然成风，最为盛行。苏轼号“东坡居士”，邵雍号“安乐先生”，陆游号“放翁”。几乎所有的文士都要为自己起个称号。明朝“江南四大才子”之一的祝允明，因右手有枝生于手指，自号枝山。

（五）妇女姓氏

值得注意的是，氏、名、字、号除像李清照那样的女性外，一般妇女是不全或者根本没有的。其实，在先秦时期，妇人不仅有姓，而且有名有字。《礼记·曲礼》载：“女子许嫁，笄而字。”不过这个字仅仅是伯、仲、叔、季而已。按《白虎通·姓名》的说法，古代“男女异长，各自有伯仲”，即兄弟姐妹并不混合排序，按男女各自排序。一般的称呼是先字后姓，如“伯姬”即字伯姓姬。出嫁后，若嫁给国君，则在前面冠以国名；嫁给贵族，则冠以夫氏。如鲁国姬姓，鲁女嫁给杞国国君，称杞伯姬；嫁给宋国大夫荡氏，称荡伯姬。[1]当时，男子50岁以上尊称伯仲，这样称呼妇女不见得怎么低下。

秦汉以后，妇女“笄而字”的“字”的风俗逐渐消失。据历代正史《列女传》记载的情况来看，书香之家的女子多有名有字。东汉大儒班彪的女儿名昭，字惠班；东晋谢安侄孙女字道韫。一般百姓之女则只有小字（即乳名）而无名字，从称呼来看，出嫁前称小字，出嫁后无论是否有名字，则统称张氏、李氏等姓氏了。

---

〔1〕参见《春秋·僖公三十一年》《春秋·僖公二十五年》，载《十三经注疏》，北京：中华书局，1980年影印版。

第4节 敬老养老

一、暮年巡礼

《论语·为政》载孔子语曰："吾十有五而志于学，三十而立，四十而不惑，五十而知天命，六十而耳顺，七十而从心所欲，不逾矩。"因此，人们又以"而立""不惑""知天命"等标志各个年龄阶段，它与古代礼制所划分的年龄段基本吻合。

据《礼记·曲礼》的记载，成年礼以后可划分为如下阶段。

"人生三十曰壮，有室"。即30岁称"壮"，应该有家室了。孔子的"而立"也有立家室之意，主要指学立德成。晋人陆机有一首自十岁至百岁的《百年歌》讲："三十时，行成名立有令闻，力可扛鼎志干云。"

"四十曰强，而仕"。壮久则强，一是智虑强，即孔子的"不惑"；二是气力强。可以出仕做官了。《百年歌》讲："四十时，体力克壮志方刚，跨州越郡还帝乡。"

"五十曰艾，服官政"。《朱子大全》认为："艾，发之苍白者，如艾之色也。"40岁做官是"为士，以事人治官府小事也。服官政者为大夫，以长人与闻邦国之大事也"。《释名·释长幼》讲："艾，治也。治事能断割，芟刈无所疑

▲清　黄慎　《五老图》（局部）

也。”也就是说，强年做官只是帮人处理小事，艾年则要处理邦国大事。《百年歌》讲：“五十时，荷旄仗节镇家邦。”

“六十曰耆（qí），指使”。耆年无奔走服役之事，可以自己的旨意指使别人了。古代以干支纪年，60年正好一个循环周期，故耆年又称“花甲”。唐人赵牧《对酒短歌》曰：“手挼六十花甲子，循环落落如弄珠。”

“七十曰老，而传”。70岁始称“老”，“自称曰老夫”，传家事于子，致政事于君。所以，70岁也是古代致仕告老的年龄。由于杜甫《曲江》诗中有“人生七十古来稀”的诗句，又称70岁为“古稀之年”。民间到了70岁也不再从事农耕了。唐人窦巩《代邻叟》诗：“年来七十罢耕桑，就暖支羸强下床。满眼儿孙身外事，闲梳白发对残阳。”

“八十、九十曰耄（mào）”。80岁也称“耋（dié）”。《诗经·鲁颂·閟宫》云：“黄发台背，寿胥与试。”又称耄耋为黄发，90岁为鲐（台）背。明人文徵明《戊午元旦》诗：“百岁几人登耄耋，一身五世见曾元。”黄发鲐背为寿徵，应激励老年壮志。明人程嘉燧《题画赠戚四丈八十》诗：“莫言八十渐衰老，叱咤可走千貔貅（pí xiū）。相逢掀髯但一笑，意气尚欲横九州。”

人生百年曰“期颐”。《庄子·盗跖》讲：“人上寿百岁，中寿八十，下寿六十。”《列子·杨朱篇》讲：“百年，寿之大齐。得百年寿者，千无一焉。”人寿以百年为期，故曰“期”。享年及于耄期，诚足可贵，可以颐养天年了。

二、敬老养老

（一）儒家的敬老理想与传统风俗

敬老养老是中华民族的传统美德，也是儒家的社会理想。《礼记·曲礼上》规定的敬老原则有：

“谋于长者，必操几杖以从之。长者问，不辞让而对，非礼也。”

“年长以倍，则父事之；十年以长，则兄事之；五年以长，则肩随之；群居

◀明 谢环 《香山九老图》

五人，则长者必异席。”

《礼记·乡饮酒义》载：“乡饮酒之礼，六十者坐，五十者立待，以听政役。”

《礼记·王制》载：“凡养老……五十养于乡（乡学），六十养于国（国中小学），七十养于学（大学）。”“五十杖于家，六十杖于乡，七十杖于国，八十杖于朝。九十者，天子欲有问焉，则就其室。”

孟子对齐宣王讲：“老吾老，以及人之老；幼吾幼，以及人之幼；天下可运于掌。”[1] 并提出了当时流行的“为长者折枝”的敬老风俗。

进入封建社会后，历代王朝都有不同程度的赈济年长者和鳏寡孤独者的措施，偶尔给饥寒交迫的老人一点微薄的救济。尽管是敬老养老的虚伪招牌，毕竟是保留了一点儿进入阶级社会后逐渐消失了的美好的东西，且对社会风俗起着导向作用。民间社会风俗则仍然运载着儒家敬老养老的理想，并由古代理想的礼仪形式内化为人们的心理情感，凝结为一种带有规范性、秩序性的社会道德意识。

中国古代不仅敬老养老，而且贵老，老人的资历、经验、见识得到高度尊重。《诗经·大雅·板》称：“老夫灌灌，小子跷（qiāo）跷。”意思是老人欲尽其谋，少者却骄而不受。春秋秦穆公不听蹇叔的劝谏而伐郑，惨遭失败后，总结出“询兹黄发，刚罔所愆”[2] 的教训。这大概就是现在讲的“不听老人言，吃亏在眼前”俗语的历史渊源了。《荀子·致士篇》讲：“耆艾而信，可以为师。”现代人常讲“嘴上没毛，办事不牢”。在民俗语言中，高傲者自称“老子”，称对方为“小子”，都透出了对年长、资历的看重，对年轻人的轻视。青年就意味着无知和服从，老年就意味着智慧和权威。中国人也常讲“有志不在年高”“后生可畏”，这固然是对后辈的肯定，但它仍是一种贵老心态的反映，是对反常事物的惊奇发现和无可奈何的认同。正常情况下应该是年高者有志，先生者可畏。

（二）敬老文化评说

敬老尊长固然是中华民族的传统美德，也是中国礼仪之邦的文明标志。在这

〔1〕《孟子·梁惠王上》，载《诸子集成》，上海：上海书店，1986年影印版。
〔2〕《尚书·秦誓》，载《十三经注疏》，北京：中华书局，1980年影印版。

样一个“老有所终”的国度里，老人不仅能得到安度晚年的慰藉和对一生付出的回报，而且在孤独、寂寞、失落中少了一些遗憾和哀怨，在贵老文化的氛围中多了一些满足和平衡。

然而，这种敬老贵老的文化传统，渊源于远古的氏族制度和长期的宗法社会，适应了几千年进化迟缓而又稳定的农业生活节奏，又有着贵经验不重创新、讲资历而压抑后辈的消极作用。严复《论世变之亟》曾讲：“中国夸多识而西人重新知。”它不仅延长了社会新老更替的周期，而且消磨了生气勃勃的进取和创新精神，造成了人们一味迷恋传统、经验，向后看的陋习和保守求稳的惰性。

风俗文化沟通着历史与现实，在现代人的文化心理中，不仅以人的经验和资历为贵，一个国家、民族也以古老为贵。我们中国人一直在为中华民族 5000 年的悠久历史而感到自豪，把古老、悠久作为高傲的资本，来树立比发达国家优越的自信，这正是来自贵老文化根的呼唤。

三、生日和祝寿

祝寿是敬老养老具体的礼仪形式之一，是指在老人诞辰举行的庆祝活动，故老人的生日又称“寿诞”。

《诗经·小雅·蓼莪（lù é）》载：“哀哀父母，生我劬（qú）劳。”生日那天，要思念父母生我的艰辛，作哀戚状，不能宴乐庆贺。由于敬老养老的习俗和重视生命延续的观念，先秦两汉盛行随时随地向人献酒、献金上寿的礼俗。《诗经》中有许多上寿的记载。

《诗经·大雅·江汉》云：“虎拜稽首，天子万年。”

《诗经·小雅·天保》云：“如南山之寿，不骞不崩。”

《诗经·豳风·七月》云：“跻彼公堂，称彼兕觥，万寿无疆。”

这里分别是向天子、贵族、主人上寿。

《管子·小称》载：“桓公、管仲、鲍叔牙、宁戚四人饮，桓公谓鲍叔牙曰：‘阖不起为寡人寿乎？’”《燕丹子》载：“太子（燕太子丹）置酒请荆轲，酒

清 王文炜《祝寿图》

酣，太子起为寿。”[1]鸿门宴上，范增为刺杀刘邦，召项庄“入前为寿”[2]。这些都是随时献酒祝寿的习俗。

送寿礼的风俗也产生了。《史记·刺客列传》载，战国严仲子“奉黄金百镒，前为聂政母寿”。《战国策·赵策三》载，赵国平原君“以千金为鲁连寿”。《史记·卫将军骠骑列传》载，西汉大将军卫青以五百金为王夫人寿。都是以金作寿礼祝寿的习俗。

祝寿、献酒和献金上寿，虽有祝愿健康长寿之意，但都不是在生日这天进行，只是单纯地上寿，而不是庆祝寿诞。

民间庆贺生日起源于南北朝的江南，上述周岁试儿，大宴宾客已启动过生日的风俗。《颜氏家训·风操》记载周岁试儿后，接着说：

〔1〕《太平御览》卷五三九《礼仪部一八·上寿》引，北京：中华书局，1960年影印版。

〔2〕《史记·项羽本纪》，北京：中华书局，1959年版。

自兹以后，二亲若在，每至此日，尝有酒食之事尔。无教之徒，虽已孤露，其日皆为供顿，酣畅声乐，不知有所感伤。梁孝元年少之时，每八月六日载诞之辰，常设斋讲。自阮修容薨殁之后，此事亦绝。

当时过生日有两种情况，一种是双亲在世，生日那天设酒庆贺，父母去世后，就不再过生日了。梁元帝每年八月六日过生日，自生母阮修容死后，就不再过了。另一种是所谓的“无教之徒”，亦即民间，父母去世后仍置酒乐，庆祝生日。所以，顾炎武讲：“生日之礼，古人所无。至齐梁间，乃行此礼。”〔1〕

这两种情况一直延续到唐前期。唐太宗对长孙无忌讲：“今日吾生日，世俗皆为乐，在朕翻成伤感……诗云‘哀哀父母，生我劬劳’。奈何以劬劳之日更为宴乐乎！”〔2〕

唐玄宗开元十七年（729 年），丞相源乾曜、张说奏请，将唐玄宗的生日（八月初五）定为千秋节，“布于天下，咸令宴乐，休假三日，群臣以是日献甘露醇酎，上万岁寿酒”〔3〕。唐玄宗诏准曰：“依卿来请，宣付所司。”这是皇帝明确表态把献酒上寿的古礼与生日合并起来了。

杨贵妃 37 岁生日时，唐玄宗亲到华清池为她祝寿，命 15 岁以下的梨园弟子在长生殿演奏新曲，从岭南运送的荔枝到达，遂将新曲定名为《荔枝香》。

可知自唐玄宗开始，皇帝、贵妃都开始庆贺寿诞了。依照此例，唐宋皇帝都为自己的生日立节庆贺。如唐肃宗的生日叫“天成地平节”，唐武宗叫“庆阳节”。宋代皇帝生日又称“圣节”。宋太祖的圣节叫“长春节”，宋徽宗的圣节叫“天宁节”，北宋九朝皇帝都有圣节。还有的为皇太后生日立节，如宋仁宗为刘太后正月初八生日立“长宁节”。明清时期，皇帝、皇太后的生日统称为“圣寿节”“万寿节”，皇后、皇太子的生日称为“千秋节”。

每遇皇帝、皇太后、皇后、皇太子生日，往往普天同庆。文武百官进献寿礼，皇帝大宴群臣，有时还大赦天下，明清时还要请教坊司或戏班演戏贺寿。

〔1〕《日知录》卷一三，上海：上海古籍出版社，1984 年版。
〔2〕《资治通鉴·太宗贞观二十年》，北京：中华书局，1959 年版。
〔3〕张说：《请八月五日为千秋节表》，载《全唐文》卷二二三，北京：中华书局，1960 年版。

1894年阴历十月初十是慈禧太后60岁寿辰，不惜挪用海军经费，提前几年将清漪园重修为颐和园。寿辰前后，美化宫殿、宴席、赏赐等各项开支共耗费白银1000多万两。

从宋代起，收取寿礼还成为各级官吏搜刮民财的有效方式。宋太祖开宝年间（968—976年），神泉县令张某张榜公布自己和妻子的生日，以暗示僚属百姓送礼。[1]南宋绍兴二十六年（1156年），“诏内外见任官，因生日受所属庆贺之礼及与之者（送礼者），各徒三年，赃重者依本法”[2]。收取寿礼的歪风竟严重到朝廷立法禁止的程度。由此可知，北宋末蔡京的“生辰纲”所传不虚。

民间的祝寿活动也盛行起来。寿诞那天，要设寿堂，挂寿联、寿图，摆宴庆贺。寿联上写“寿比南山松不老，福如东海水长流”之类的联语。寿图有《寿星图》《王母献寿图》《八仙庆寿图》《麻姑献寿图》等。麻姑是传说中的长寿女仙，东晋葛洪的《神仙传》说她能指米为珠，曾见东海三次变为桑田。东汉桓帝时，麻姑降蔡经家，年似十八九岁，说近日蓬莱海水又变浅了。[3]

寿宴中不可缺少的是汤饼和寿桃。汤饼即上述洗儿风俗中的长寿面，此后每年过生日都要吃，寿诞上就更不可缺少了。桃是长寿果。传说，汉武帝好长生之道，西王母将三千年一熟的蟠桃送给他，汉武帝食后欲留核种之。西王母说：“此桃三千年一实，中土地薄，种之不生。”[4]西王母还向汉武帝传授了长生之道和修炼长生的符书。《西游记》中，孙悟空偷吃蟠桃、王母娘娘开蟠桃会的情节，更加强了人们对寿桃的重视。民间庆寿的寿桃一般用白面制作，尖部染上红色。

直到今天，人们仍遵循这一古老的传统，以充分体现时代特色的各种形式庆祝老人的生日，祝愿他们健康长寿。

---

〔1〕《古今图书集成·官常典·县令部》引《骇闻录》，北京：中华书局，成都：巴蜀书社，1985年版。
〔2〕《建炎以来系年要录》卷一七五，北京：中华书局，1966年版。
〔3〕《太平广记》卷六〇《女仙五》引，北京：中华书局，1961年版。
〔4〕《太平御览》卷六六一《道部三·真人下》引《集仙录》，北京：中华书局，1960年影印版。

后　记

承蒙广大读者厚爱和中国工人出版社的支持，《写给中国人的社会风俗史》终于和读者们见面了。

本书是在《中国社会风俗史》的基础上修订而成，原书共分为服饰风俗、饮食风俗、住居风俗、行旅风俗、节日风俗、婚姻风俗、生老风俗、丧葬风俗、信仰风俗九章内容。2000年出版后，历经重印、修订和再版，不断有专家、读者来信鼓励、商讨，并提出许多建设性意见。张雪丽先生还撰写了《〈中国社会风俗史〉评介》（载《中国史研究动态》2003年第2期），对本书作了非常中肯的评价和详细的介绍。笔者在教学、读书、研究中不断积累了许多新材料，产生了一些新想法。越是这样，笔者就越发感到原书的不足和亟须充实、改进之处，也越发感到，一本书要想达到完善，必须经过千锤百炼，才能精益求精。因此，每次修订再版，笔者总要对全书重新进行编纂、调整、修改，充实各章节内容，补充或置换更典型的材料和图片，重新核对引文和注释。

中国工人出版社这套“写给中国人的传统文化”丛书，旨在约请传统文化领域的作者，用严谨的考据但又深入浅出的语言、精美的包装但又典雅的风格，给普通读者普及传统文化，本书有幸被选入这套丛书。为了不辱使命，除了对节选出的服饰、饮食、住居、行旅、岁时节日、婚姻、生老七章内容再一次进行认真修订，还新增了大量珍贵的历史图片。在本书编写过程中，中国工人出版社的葛忠雨先生参与了全部节选、修订过程，并为本书提供了所有新增图片。我的研究生、山东济宁一中教师于慧也参与了节选和修订工作。

在此，向他们以及广大读者、专家，表示衷心感谢！